Hans Jantzen

Ottonische Kunst

Neuausgabe,
erweitert und kommentiert
durch ein Nachwort
von
Wolfgang Schenkluhn

DIETRICH REIMER VERLAG BERLIN

CIP-Titelaufnahme der Deutschen Bibliothek

Jantzen, Hans:
Ottonische Kunst / Hans Jantzen. – Neuausg. / erw. u. kommentiert durch e. Nachw. von Wolfgang Schenkluhn. – Berlin : Reimer, 1990
ISBN 3-496-01069-X

Dieser Neuausgabe liegt die letzte, vom Verfasser auf den neuesten Stand gebrachte und gekürzte Ausgabe, unter demselben Titel 1959 in der Reihe »rowohlts deutsche enzyklopädie« erschienen, zugrunde.

Umschlaggestaltung:
Werner Ost, Frankfurt a. M.
unter Verwendung einer Abbildung aus dem »Evangeliar Ottos III.«,
Bayerische Staatsbibliothek, München.

ISBN 3-496-01069-X

Inhaltsverzeichnis

‹DAS ZEITALTER DER OTTONEN›

Die Anfänge der deutschen Kunst sind untrennbar mit der Entstehung des ‹Reiches› verknüpft. Das Reich selbst, eine Schöpfung der sächsischen Herrscher des 10. Jahrhunderts, erwuchs aus jenen weltweiten geschichtlichen Vorgängen, in denen als Folge der Begegnung und Auseinandersetzung der germanischen Völker mit den antiken mittelmeerischen Kulturen sich die Geburt des Abendlandes vollzog. Dieser umfassende, Jahrhunderte währende geschichtliche Vorgang erstreckte sich über verschiedene Phasen, von denen die durch Karl den Grossen bestimmte sich als die für die Geschichte des Abendlandes wichtigste erwies. Im karolingisch-fränkischen Imperium lagen noch ungeschieden die Möglichkeiten für die späteren ‹deutschen› und ‹französischen› Nationalkulturen. Sie trennten sich beim Verfall der karolingischen Macht, und nun bildete sich, von germanischen Völkern getragen, eine europäische Mitte heraus, das deutsche ‹Reich›, das in mannigfachen Kämpfen zu politisch geschlossener Form gelangte. So wurde denn das 10. Jahrhundert ein deutsches Jahrhundert. Ein neues Geschlecht gelangte in dem Augenblick, als der sterbende Konrad, der Franke, dem Sachsen Heinrich die Reichsinsignien übersenden ließ, zur Führung. Unter den sächsischen Herzögen als Königen erlebte das Reich zunächst seine Festigung gegen innere Widerstände und gegen äußere Feinde. Der Kampf gegen Slawen und Ungarn wurde von Heinrich I. mit Erfolg bestanden. Es wirkt wie ein Symbol, daß von Heinrichs Aufträgen für die Kunst zufällig nur die eine Nachricht erhalten ist, daß er in seiner Merseburger Pfalz den Sieg über die Ungarn darstellen ließ.

Auf den Grundlagen, die Heinrich I. schuf, hat sein Sohn Otto aufgebaut[1]. Von dem Namen Ottos des Grossen strahlt ein vielfacher Glanz aus, der eine neue Vorstellung vom Abendlande ankündet, denn ihm gelang die Verwirklichung der Idee christlichen Kaisertums abendländischer Prägung. Ottos staatsmännischer Genius, verbunden mit der Stärke seines Charakters und der Stetigkeit seines Planens, verlieh dem Reich die entscheidende Geltung in der Mitte Europas. Nach dem Sieg über die ungarischen Raubheere, den er an der Spitze der deutschen Stämme auf dem Lechfelde 955 erfocht, galt Otto unbestritten als Führer der abendländischen Christenheit. Diese Stellung verband ihn in einem besonderen Sinne mit Vergangenheit und Zukunft. Das deutsche mittelalterliche Kaisertum begann sich zu formen. Schon bei der Wahl zum König hatte Otto die innere Verbindung mit dem politischen Ideengehalt des fränkischen Reiches der Karolinger wieder aufgenommen. 936 ließ

---

1 Für das Historische vgl. Robert Holtzmann, Geschichte der sächsischen Kaiserzeit. München 1941. Angaben über Quellen und Literatur daselbst S. 528 ff.

er sich feierlich in der Pfalzkapelle Karls des Grossen zu Aachen krönen. Damit war politisch der Blick auf die karolingische Überlieferung gelenkt, ein auch für die Geschichte der deutschen Kunst bedeutsames Zeichen. Einer der glanzvollsten Bauten fränkischer Baukunst, die Aachener Pfalzkapelle, die heute noch Zeugnis von dem Bauwollen Karls des Grossen ablegt, erstand bei der Königskrönung Ottos I. zu neuer Geltung innerhalb des staatlichen Lebens. Seitdem verschwindet die Aachener Pfalzkapelle nicht mehr aus dem Gesichtskreis der Ottonen. Es fehlt sogar nicht an mehrfachen Einwirkungen baukünstlerischer Art von Aachen her auf die ottonische Architektur.

Aber Otto der Grosse hat nicht etwa Aachen als eine Art Mittelpunkt staatlichen Lebens bevorzugt. Das politische Schwergewicht lag in Sachsen, an der Ostgrenze, die damals mit der Elbe gegeben war. Magdeburg wurde der Lieblingsaufenthalt Ottos, ausgezeichnet als Morgengabe für seine erste angelsächsische Gemahlin Edith (Edgitha), dann baulich betont durch den um 955 begonnenen, prachterfüllten Dombau und schließlich erhoben zum Erzbistum als Mittelpunkt der Slawenmission.

Auch nach dem Süden öffnete Otto dem Reich weite Horizonte. Sieben Jahre nach dem großen Siege über die Ungarn ließ er sich in Rom die Kaiserkrone aufs Haupt setzen. Das Kaisertum, das an die Beherrschung Oberitaliens und Roms geknüpft war, wurde damit im Geiste Karls des Grossen erneuert. Schließlich gelang es Otto auch, mit dem Ostreich eine erwünschte Verbindung politischer und kultureller Art zu gewinnen. Ein Jahrzehnt nach der Kaiserkrönung Ottos kehrte Erzbischof Gero von Köln als Leiter einer Gesandtschaft aus Byzanz mit der Prinzessin Theophanu als der erwählten Gattin Ottos II. zurück, so daß jetzt auch die staatliche Beziehung zu Ostrom in eine feste Form gebracht war.

Otto der Grosse ist 973 gestorben. Unter den unerhört schicksalsvollen Regierungszeiten von Sohn und Enkel, Ottos II. und Ottos III., wurde das Erbe nicht immer glücklich verwaltet. Unter dem dritten Otto drohte die Entfremdung des Kaisers von der Heimat. Das Schwergewicht aller Bestrebungen schien sich nach Rom zu verlagern. Aber das Reich bestand. Es vermochte auch Rückschläge zu überwinden, bis Heinrich II. mit ruhigerer Hand das Reich auf die Grundlage der deutschen Macht zurückführte und eine *renovatio regni francorum* erstrebte und gewann.

Die drei Ottonen haben dieser Epoche der sächsischen Herrscher in Deutschland ihren glanzvollen Namen gegeben. Magdeburg, Aachen und Rom – zugleich die Namen der Kaisergrabstätten – stehen als weitleuchtende Zeichen über ihren staatsmännischen Bestrebungen. Sie umfassen, wenn man sie richtig als Zeichen für das germanische, karolingische und das spätantike Erbe versteht, auch die großen Bereiche, aus denen heraus sich die deutsche ottonische Kunst entfaltet.

Das geschieht etwa seit der Zeit der Erneuerung des Kaisertums. Indessen steht die ottonische Kunst nicht mit einem Schlage als eine fertige da. Sie ist weder schnell gewachsen, noch ist sie für uns leicht überschaubar. Im letzten Drittel des 10. Jahrhunderts mehren sich die Zeugnisse, und um die Jahrtausendwende gewinnt sie eine Blüte von höchster, leuchtender Färbung. In ihr spiegelt sich in einer eigentümlichen Größe ein Geist, der, von germanischer Herkunft bestimmt, aus dem Gedanken des christlichen Gottesstaates heraus an einer ersten bedeutenden Formung der deutschen Kunst arbeitet und weithin das künstlerische Antlitz des Mittelalters bestimmt. Inwiefern sie auch über die sächsische Kaiserzeit hinausgreift, wird im vorliegenden Band (S. 56 ff) eingehend erörtert.

Die ottonische Kunst ist eine im hohen Maße aristokratische Kunst. Zunächst in dem Sinne, daß die Auftraggeber den höchsten Ständen des Reiches angehören. Die Kaiser selbst wie die Angehörigen des kaiserlichen Hauses sind in zahlreichen Fällen vertreten. Als Bauherren kennen wir, um nahegelegene Beispiele zu nennen, HEINRICH I. in Quedlinburg und Merseburg, OTTO I. in Magdeburg, HEINRICH II. in Bamberg und Basel, BRUNO, den Bruder OTTOS DES GROSSEN, in Köln und Soest, MATHILDE, eine Enkelin gleichfalls OTTOS DES GROSSEN, in Essen. In weitaus größerem Umfange kommen dann die Reichsbischöfe in Betracht, von denen wiederum viele dem Königshause verwandt waren [1] — oder die doch den vornehmen Familien entstammten. Ihre Bedeutung als Bauherren ist kaum hoch genug einzuschätzen. Zahlreiche Bischofssitze sind architekturgeschichtlich noch heute eng mit den Namen von Bischöfen aus ottonischer Zeit verknüpft, sei es, daß wir ihre Gründungsbauten noch in den Umwandlungen späterer Jahrhunderte besitzen, oder daß wir sie doch wenigstens erschließen können. NOTKER VON LÜTTICH, MEINWERK VON PADERBORN, WILLIGIS VON MAINZ (ausnahmsweise ein Sachse von geringerer Herkunft), BURKHARD VON WORMS, WERNER VON STRASSBURG, ULRICH VON AUGSBURG, BERNWARD VON HILDESHEIM, THIETMAR VON MERSEBURG, POPPO VON TRIER gehören neben zahlreichen anderen hierher. Auch die Frauen des hohen Adels standen nicht zurück und haben als Äbtissinnen für manchen Neubau gesorgt. Die weiblichen Mitglieder der Ezzonen, durch ihre Mutter MATHILDE, eine Tochter OTTOS II., dem ottonischen Herrscherhause unmittelbar verwandt, zeigten sich beispielsweise alle baufreudig und sind unter anderen mit so bedeutenden Neubauten wie St. Maria im Kapitol zu Köln und St. Gertrud in Nyfels verbunden.

Einige der ottonischen Bischöfe müssen wir uns nach den Quellen wie nach den noch vorhandenen Zeugnissen als besonders kunstverständige Männer vorstellen, wie namentlich EGBERT VON TRIER (977—993), einen Sohn des GRAFEN DIETRICH II. VON HOLLAND, und BERNWARD VON HILDESHEIM (993—1022), Enkel des sächsischen PFALZGRAFEN ATHELBERO. Von BERNWARD wissen wir, daß er selbst im Kunsthandwerk ausgebildet war. Alle diese Angehörigen adeliger Geschlechter sind uns überdies nicht nur als Bauherren bekannt.

---

1 HEINRICH SCHNITGER, Die deutschen Bischöfe aus den Königssippen von Otto I. bis Heinrich V. Diss. München 1938.

Viele von ihnen begegnen uns auch als Stifter und Schenker kirchlicher Kunstwerke erlesenster Pracht und Form, sei es, daß es sich um die Herstellung kostbar ausgestatteter liturgischer Handschriften handelt, sei es um einzigartige Werke der Goldschmiedekunst.

Träger der künstlerischen Kultur waren die Domschulen und die großen Benediktinerklöster, in denen sich im wesentlichen das gesamte geistige Leben der Zeit formte. Unter den Klöstern gab es wiederum noch solche, die aus karolingischer Überlieferung her hohe Bedeutung besaßen, wie Fulda, Hersfeld, Corvey oder in Süddeutschland St. Gallen und die Reichenau. Im 10. Jahrhundert blühte unter der sächsischen Königsherrschaft das Klosterleben auf, und gerade im Gebiete des Herzogtums Sachsen kam es zu zahlreichen Neugründungen, wobei auch die Frauenklöster – vielfach für die unverheirateten Töchter des Kaiserhauses und der adeligen Familien bestimmt – eine bedeutende Rolle in der Erziehung zur Bildung spielten. Das Mönchtum selbst war den vornehmen Familien des Volkes aufs engste verbunden. Was in einzelnen Fällen für die Zusammensetzung des Konvents in bedeutenden Klöstern nachgewiesen wurde, daß sie nur Äbte vornehmer oder doch freier Geburt kannten und daß die Männer der Kunst und Wissenschaft denselben Anforderungen entsprachen, das gilt auch für das übrige Reich[1]. So ergibt sich das Bild einer weithin vom Adel bestimmten klösterlichen Kultur des 10. Jahrhunderts. Selbstverständlich standen nicht alle Dom- und Klosterschulen in gleichem Ansehen. Auf den verschiedenen Gebieten der Kunst besaßen die Klöster auf der Reichenau, in Trier, Echternach, Köln, Fulda, Hildesheim, Regensburg ihren besonderen Ruhm seit dem 10. oder beginnenden 11. Jahrhundert.

Die kunstgeschichtlichen Voraussetzungen, von denen aus sich diese Kunst entfaltet, sind bereits mit den Namen angedeutet, die auch politisch entscheidendes Gewicht besitzen: Aachen als Repräsentant des Karolingischen, Rom als Hort der Spätantike, Byzanz mit seiner erlesenen künstlerischen Kultur stehen im Vordergrund.

Das Verhältnis der ottonischen Kunst zur karolingischen, wie es sich für so viele Erscheinungen der Architektur, Malerei und der kirchlichen Kleinkunst beobachten läßt, ist fast mit den gleichen Worten zu umschreiben wie das politische: das Karolingische bildet eine Grundlage, aber es erfährt eine völlige Umformung, die nicht allein von der karolingischen Überlieferung her genährt wird. Denn obwohl es nicht an zahlreichen verbindenden Fäden zwischen ottonischer und karolingischer Kunst fehlt, kann das Ottonische doch nicht als unmittelbare ‹Entwicklung› vom Karolingischen her verstanden werden, ganz abgesehen davon, daß das Ottonische kunstgeographisch einen eigenen Bereich umfaßt. Vielmehr spürt man überall, wie es im deutschen Reichsgebiet des 10. Jahrhunderts zu be-

---

1 Für die Reichenau vgl. beispielsweise A. Schulte im Reichenauer Jubiläumswerk ‹Die Kultur der Abtei Reichenau›. 1924.

deutsamen neuen Ansätzen der germanischen Möglichkeiten zur Kunst kommt, die auf Überwindung des Karolingischen hindeuten.

Dahin gehört denn auch die Tatsache, daß das Ottonische sich nicht ausschließlich an den karolingischen Überlieferungsbereich hält, sondern, wenn es gilt, unvermittelt an die christliche Antike, wie sie durch die römische Kunst vor allem des 4. und 5. Jahrhunderts gegeben war, anknüpft. Auch hier handelt es sich nicht um eine Kontinuität in der Entwicklung der frühmittelalterlichen Kunst bis zur ottonischen Epoche, sondern um ein neuartiges Zurückgreifen auf eine seit rund 500 Jahren vergangene Kunstwelt.

Daß für das deutsche 10. Jahrhundert die römisch-christliche Kunst neben der karolingischen am Horizont der Überlieferung steht, das Längstvergangene neben dem Nächstvergangenen, ist weniger auffallend, als es auf den ersten Anblick erscheint. Einmal ist dieses Verhältnis zur Überlieferung nicht ohne weiteres von unserem eigenen geschichtlichen Denken aus zu kennzeichnen. Die Bezeichnung ‹Rückgriff› ist ja von unserem historischen Denken aus gewonnen, für das alles Geschehen weit nach rückwärts gestaffelt hinter uns liegt. Für die ottonische Epoche breitet sich die abgelaufene ‹Zeit›, vergegenwärtigt durch ihre bleibenden Denkmäler, gleichmäßig aus und bietet ohne besondere Betonung des geschichtlichen Abstandes die verschiedensten Möglichkeiten für eine Anknüpfung und auswählende Umbildung. So ist das Verhältnis zu Rom in erster Linie im Sinne einer Aufnahme des Stofflichen zu verstehen, ganz abgesehen davon, daß dem Römischen und Byzantinischen solche Elemente entnommen werden, die der Erreichung der eigenen Ziele dienen. Rom und Byzanz sind in dieser Zeit die Quellen für die ganz konkreten Bildvorstellungen der christlichen Kunst, die der Norden von sich aus nicht besaß und die er sich, sofern sie nicht bereits in der karolingischen Kunst enthalten waren, aus anderen Brunnen holte. Erst was mit diesem Stoff ‹geschah›, macht den Inhalt der ottonischen Kunst aus.

Man kann diesen Gehalt nicht verstehen, ohne sich gewisse Züge der religiösen Kultur dieser Zeit einer starken Gläubigkeit zu vergegenwärtigen. Die frühdeutsche Zeit hat den christlichen Staat als Gottesherrschaft auf Erden verstanden. Die Kaiser, von Gott gekrönt, sind Christi Stellvertreter und haben die Aufgabe, die Kirche zu schützen und das Christentum zu verbreiten. Da Königtum und Priestertum vereinigt sind, so besteht für jene Zeit eine einzigartige Verschmelzung von weltlicher und geistlicher Macht, zumal die Kaiser sich bis zum Investiturstreit politisch auf die Reichsbischöfe stützen konnten. Jeder Vorgang in der staatlichen Wirklichkeit berührte grundsätzlich das Verhältnis zu Gott. Indessen läßt sich auf allen Lebensgebieten eine unmittelbare Nähe zu Gott verspüren, und diese leiht auch der Frömmigkeit der Zeit, soweit sie uns sichtbar wird, die entscheidenden Züge.

Der Fromme lebt schlicht gläubig in Erwartung des ewigen Lebens, das ihm als ein Jenseits durch die Machtgestalt Christi sicher vor Augen steht. Christus ist ein kraftvoller Held und Sieger, dessen Leben und Wundertaten die Bürgschaft für die Überwindung alles Bösen bieten. Er greift unmittelbar und sichtbar wie eine Naturmacht in das Leben ein und wirkt durch die Reliquien der Märtyrer des christlichen Glaubens Wunder. Der Wunderglaube beherrscht den Christen ebenso wie ‹Traum› und ‹Gesicht› in weitem Maße. THIETMAR, BISCHOF VON MERSEBURG, aus vornehmem sächsischen Geschlecht, der Geschichtsschreiber der Zeit[1], schildert unaufhörlich wunderbare Begebenheiten, einfache etwa der Art, daß auf das Gebet einer Äbtissin, die keinen Wein zur Pflege und zum Abendmahl übrig hatte, das am Tage vorher bis auf den Grund ausgeleerte Weinfaß sich wieder zu füllen begann; oder solche etwa, die als Zeichen für die Gewißheit der Auferstehung von den Toten genommen werden. THIETMAR hat von Augenzeugen in Magdeburg gehört, wie die Toten auf dem Kirchhof Lichter aufsteckten. In Deventer sah ein Priester die Toten in der Kirche opfern. Und THIETMAR selbst erlebt es mit seinem Gefährten, wie ‹verstorbene Personen miteinander eine Unterredung hielten›. Oder es finden sich Wunderzeichen von jener überwältigenden Bildvorstellung wie damals, als der Herzog der Abdriten 983 Hamburg plünderte und verbrannte. THIETMAR schreibt: ‹Aus der Höhe herab kam eine goldene Hand, senkte sich mit ausgestreckten Fingern mitten in die Feuersbrunst und schwebte angefüllt vor aller Augen wieder zurück. Dies sah staunend das Heer, dies voll Schrecken Mistuwoi. Mir wurde es von Avico erzählt, der damals sein Kapellan, nachher mein geistlicher Bruder war. Ich aber bin mit ihm zu der Ansicht gelangt, daß die Reliquien der Heiligen in dieser Weise von der Hand des Herrn erfaßt zum Himmel emporgeschwebt sind und die Feinde geschreckt und verjagt haben.› Wem fällt dabei nicht die aus den Wolken gereckte Hand Gottes ein, wie sie so häufig auf Bildern der Zeit wiederkehrt!

Man darf solche Erzählungen nicht als überspannte religiöse Phantasietätigkeit beiseite schieben. Sie weisen vielmehr auf eine seelische Macht hin und beruhen auf einem bestimmten Wirklichkeitsbegriff, der für das 10. Jahrhundert Gültigkeit hat. Dieser Wirklichkeitsbegriff wird dadurch gekennzeichnet, daß das Überweltliche konkret erlebbar erscheint und daß Gott persönlich in das Schicksal des einzelnen eingreift. Zur weiteren Bestimmung des Wirklichkeitsbegriffes jener Zeit ist auch der Reliquienverehrung zu gedenken. Sie gehört zwar dem ganzen Mittelalter an, aber in der karolingisch-ottonischen Epoche erreicht sie ihre höchste Geltung. Die Märtyrer sind die Blutzeugen Christi, und durch die Reliquien dieser christlichen Märtyrer tut der Allmächtige Wunder. Dabei ist die politische Bedeutung der Reliquien nicht minder groß als die religiöse. Als der Leib des hl. Vitus von den Franken nach Sachsen (Corvey) übertragen wurde, begann das Reich der Fran-

---

1 Die Chronik des THIETMAR VON MERSEBURG, hg. von R. HOLTZMANN, 1935. Übersetzung vom gleichen Verf. in den ‹Geschichtschreibern der deutschen Vorzeit›, Bd. 39. 4. Aufl. 1939.

ken zurückzugehen, das der Sachsen aber nahm zu. Das ist die Anschauung der Franken selbst, wie sie WIDUKIND erzählt. Bei einem Freundschaftsbündnis zwischen HEINRICH I. und dem westfränkischen KÖNIG KARL DEM EINFÄLTIGEN war das Pfand die Hand des Märtyrers Dionysius, die als ‹göttliches› Geschenk von WIDUKIND erwähnt wird. Und THIETMAR berichtet zum Jahre 960, daß OTTO DEM GROSSEN zu Regensburg ‹in Anwesenheit aller Großen der Leib des hl. Mauritius und einiger Genossen desselben nebst anderen Teilen heiliger Körper überbracht wurde. Dies alles wurde mit den höchsten Ehren, wie es sich ziemte, nach Magdeburg gesandt und dort von den einmütig versammelten Einwohnern der Stadt und des Landes in Empfang genommen, wird auch zum Heile des ganzen Vaterlandes daselbst bis auf den heutigen Tag verehrt›.

Die Form dieser Verehrung übernahm die Architektur, und damit ist eine wichtige Verbindung dieser Erscheinung mit der Kunstgeschichte der Zeit gegeben. Die Reliquienverehrung trägt in die frühdeutsche Architektur mit ihren immer wachsenden Kryptenanlagen scharfgeprägte Züge ein[1].

Der durch die Erlebbarkeit der Allmacht des Christus-Helden, durch Wundergläubigkeit und Reliquienkult bestimmte Wirklichkeitsbegriff hindert indessen nicht, daß der Fromme fest auf dem irdischen Boden steht, auf dem er gemäß dem christlichen Heilsplan lebt. Himmlische und irdische Gewalt sind aufs engste miteinander verbunden und prägen das Verhältnis von Kirche und Staat als einer noch durch keine Rivalitätsbestrebungen in Frage gestellten Einheit.

Für die Verflechtung der geistlichen und weltlichen Macht bietet das Leben der Bischöfe anschauliche Beispiele. BRUNO, ERZBISCHOF VON KÖLN, war zugleich Herzog von Lothringen. Mochte es sich hier bei dem Bruder des Kaisers auch um einen innerpolitischen Sonderfall handeln, bedingt durch die Wichtigkeit Lothringens für das Reich, so hatte WIDUKIND es gar nicht einmal nötig, sich für solchen Fall auf ein Begebnis des *Alten Testaments* zu berufen[2], sondern die Vereinigung priesterlicher, administrativer und juristischer Ge-

---

1 Viele Reliquien kamen noch in ottonischer Zeit aus dem Süden. Kein Bauherr versäumte es, sich mit diesen Schätzen zu versorgen. Als Beispiel mag BERNWARD VON HILDESHEIM erwähnt werden. Er nahm in Rom, wie THANGMAR berichtet, ‹aus dem geöffneten Sarge des hl. Thimotheus, im Beisein des Wächters, den der Kaiser dort aufgestellt hatte, einen ganzen Arm des heiligen Märtyrers mit sich›. Zugleich mußte er für den Kaiser den ganzen Körper des Märtyrers Exsuperantius nach Goslar mitbringen. 1007 wurde BERNWARD in Tours dadurch geehrt, daß man ihm Reliquien vom Körper des hl. Martin schenkte, ‹während es sonst schon für das Höchste geachtet wurde, wenn jemand nur einen kleinen Teil von der Kutte oder den übrigen Gewändern des heiligen Bekenners erlangen konnte›. Bei der Weihe der Krypta von St. Michael in Hildesheim 1015 wurden 66 Reliquien beigesetzt!

2 Die Sachsengeschichte des WIDUKIND VON KORVEI, übersetzt in den Geschichtsschr. d. dtsch. Vorzeit, Bd. 33. 5. Aufl. 1931.

walt entsprach alter Rechtsordnung bei den Germanen. So gilt es denn auch im übrigen, daß die Bischöfe ebensosehr mit den weltlichen wie mit den geistlichen Angelegenheiten ihres Bereiches beschäftigt sind. Ottonische Bischöfe bauen nicht nur Kirchen, sondern auch Burgen, bestimmen nicht nur das geistliche Leben, sondern kämpfen auch in der Schlacht. ULRICH VON AUGSBURG half im liudolfinischen Aufstande mit Truppen dem Kaiser und verteidigte 955 Augsburg gegen die Ungarn. Und von BERNWARD VON HILDESHEIM wissen wir, daß er 1001 in Rom, als OTTO III. auf dem Aventin von den Römern hart bedrängt wurde, ‹mit der heiligen Lanze im Vordertreffen schrecklich blitzend›, zur Engelsburg sich durchschlug.

Auch das monastische Leben der Zeit erscheint keineswegs weltfremd, nicht einmal weltfern. Im ottonischen deutschen Benediktinertum, das vom Adel getragen wurde, konnte sich das asketische Ideal von Cluny nicht durchsetzen. Zudem widersprachen die Ideen von Cluny der engen Bindung des deutschen Mönchtums an den Staat. Es verhielt sich durchweg kaisertreu. Im allzu Weltlichen lag vielmehr eine starke Gefahr für die klösterliche Zucht, wie die so oft notwendigen Reformen, zumal unter HEINRICH II., aber auch schon zu OTTOS DES GROSSEN Zeiten erkennen lassen. Die Menschen sündigen und scheuen gelegentlich nicht vor dem Äußersten zurück, aber sie sind überzeugt, daß Gott ihnen vergibt, wenn sie die rechte Demut zeigen. Es geht ein ausgeprägter, schlichter, gottgläubiger Zug christlicher Frömmigkeit durch die Zeit. Alles Tun wird – mindestens der Idee nach – auf das Ewige bezogen. Und so wird auch für die Kunst nur dasjenige darstellungswürdig, was an den Ewigkeitsbezug gemahnt.

I. DIE BAUKUNST

Die ottonische Epoche, die zunächst die sächsische Kaiserzeit umfaßt[1], ist eine überwältigend baufreudige. Viele Ortsnamen und gerade so bedeutende wie Magdeburg und Hildesheim, Köln und Essen, Lüttich und Metz, Mainz, Worms und Straßburg, Augsburg, Regensburg und Bamberg erhalten in ottonischer Epoche zum ersten Male durch die Sakralbauten ihren besonderen Klang, den sie im Verlaufe der mittelalterlichen Kunstgeschichte bewahren. Und welche Bedeutung, welcher Wille zum Großen liegt allein in eben dieser Tatsache, daß alle diese Bauten, darunter die bedeutendsten Bischofskirchen, in dieser ersten und machtvollsten Zeit des Reiches errichtet wurden. Es ist, als werde für alle Zeiten der Grundriß für das Reich gelegt. Wir können uns kaum vorstellen, wie stark und entscheidend ein monumentaler Sakralbau in jener Zeit, die aus einem alles bezwingenden religiösen Geiste schuf, gewirkt haben muß, einer Zeit, da es zudem noch keinen Wettbewerb aus anderen baulichen Bereichen, ausgenommen vielleicht dem Wehrbau, gab. Sakrale Architektur war eine das Leben als Ganzes bestimmende Macht, zugleich sinnfälliger Ausdruck für die Einheit von christlichem Glauben und politischem Machtwillen.

Herzogtum Sachsen

Der Reichtum der Erscheinungen in ottonischer Zeit ist groß. Ganze Kunstlandschaften treten neu hervor, am überraschendsten vor allem in Sachsen, worunter das alte Herzogtum Sachsen mit Elbe und Saale als der damaligen Ostgrenze des Reiches zu verstehen ist. Und es zeugt nun recht für eine hohe Begabung zur Kunst, wie in der ottonischen Epoche hier in diesem norddeutschen germanischen Gebiete eine Baukunst mit bestimmten landeseigenen Zügen und besonderen Schönheitswerten aufwächst, die noch in den nachfolgenden Jahrhunderten bis zur Gotik hin dem sächsischen Kultbau ihr Gepräge gab. Am Rhein und in Lotharingen herrscht mehr Überlieferung vom Karolingischen her. Bei den Franken und Schwaben und Bayern kennen wir einzelne Kunstzentren, die in sehr verschiedener Weise Anteil an dem Gesamtgebilde der ottonischen Kunst gewinnen.

In Sachsen lassen sich die Anfänge ottonischer Baukunst zunächst am anschaulichsten verfolgen.

Unter Heinrich I. tritt die Bedeutung Sachsens als einer besonderen baukünstlerisch geprägten Landschaft noch nicht zutage. Sein Werk ist die politische Festigung des Reiches. So liegt das Schwergewicht zu dieser Zeit auf dem Wehrbau. Der frühe Wehrbau ist freilich noch kaum erforscht. Doch dürfen wir uns vorstellen, daß neben den noch vielfach verwendeten Holzbauten mit Erdwerken auch be-

---

1 Über die geschichtlichen und kulturgeschichtlichen Voraussetzungen vgl. das Enzyklopädische Stichwort S. 157 ff.

deutendere Anlagen in Stein ausgeführt wurden, wie es Burg und Pfalz Werla an der Oker zeigt. Die Verbindung von Wehrbau und Pfalz tritt uns zu jener Zeit öfter entgegen. Und daß HEINRICH I. als Vorbereitung auf die kriegerische Abrechnung mit den Ungarn eine ganze Reihe befestigter Anlagen herrichten ließ, berichten uns zeitgenössische Quellen wie WIDUKIND und THIETMAR.

Was sonst aus der Zeit HEINRICHS I. an Bauten erhalten ist, führt uns nach *Quedlinburg*. Quitilingaburg als Pfalz, Burg und Nonnenstift gehört zu den wichtigsten geschichtlichen Stätten des sächsischen Herrscherhauses. Oft verweilten die Ottonen in Quedlinburg, wo sie mit Vorliebe das Osterfest feierten. HEINRICH I. bestimmte es zu seiner Grabstätte, und später ist auch seine Gattin, die KÖNIGIN MATHILDE (gest. 968) hier beigesetzt, und zwar in der Peterskirche, die auf dem Berge lag und — zur Krypta umgestaltet — im Beginn des 12. Jahrhunderts von der Servatiuskirche, die heute den Eindruck bestimmt, überbaut wurde. Doch läßt sich die Form der Peterskirche aus der Zeit von etwa 930 noch erschließen [1]. Man muß sie sich sehr bescheiden vorstellen, diese kleine dreischiffige Basilika mit runder Apsis, entsprechend der Rundung der noch bestehenden Confessio, mit Stützenwechsel im Langhaus und einer Westempore, die 936 eingefügt wurde, als der Nonnenkonvent in Wendhausen als fürstliches Nonnenstift nach Quedlinburg verlegt wurde. Eine Säule davon hat sich innerhalb der heutigen Krypta erhalten: Sie trägt ein Pilzkapitell, ein erstes Anzeichen, daß Sachsen als baukünstlerisches Neuland auch unabhängig von der Antike zu neuen Kapitellformen zu gelangen vermochte [2].

Das Pilzkapitell findet sich noch einmal in Quedlinburg in der Wipertikrypta, der ehrwürdigsten baulichen Reliquie aus HEINRICHS Zeiten, einem kleinen Raum, der wahrscheinlich aus der Umwandlung einer karolingischen Kapelle entstand. Bei handwerklich einfachster Zurichtung der Steine zeigt sie in der Gliederung auffallend reiche Motive: Stützenwechsel, waagerechten Achitrav mit Tonnengewölbe, durchbrochene Chorwand und Umgang, in dessen Außenwand eine Reihe von Nischen eingelassen ist.

Zur Zeit OTTOS DES GROSSEN und seiner unmittelbaren Nachfahren etwa im Laufe eines halben Jahrhunderts erhält dann Sachsen als baukünstlerische Landschaft ein bestimmteres Gepräge. Freilich hat sich nicht viel erhalten. Doch gibt es noch zwei Bauten, die uns eine lebendige Anschauung von der sächsischen Architektur jener Zeit zu vermitteln vermögen: Gernrode und St. Michael in Hildes-

---

1 Literatur für die zu behandelnden Bauten am bequemsten im Katalogteil bei EDGAR LEHMANN, Der frühe deutsche Kirchenbau. Berlin, 1938, 2. Aufl. 1949. Im gleichen Werk Grundrisse und Schnitte.

2 Ottonische Pilzkapitelle aus dem Kreuzgang von St. Pantaleon in Köln (um 965) hat HARTWIG BESELER veröffentlicht: ‹Fragen zum ottonischen Kreuzgang des Pantaleonklosters in Köln›. In: ‹Karolingische und Ottonische Kunst›. Wiesbaden 1957, S. 159 ff. Ebd. Anm. 11 über jüngere Datierung der Pilzkapitelle.

heim. Nimmt man noch den bedeutendsten, freilich nur in seinen allgemeinsten Zügen zu erschließenden Bau Ottos des Grossen, den Magdeburger Dom, hinzu und als Beispiel für den bescheidenen Bau eines Adeligen die als Ruine erhaltene Stiftskirche Walbeck, so zeigt sich gleich eine Vielheit von Planungen und künstlerischen Absichten. Magdeburg ist der Bau eines ins Weite greifenden Königs und Kaisers, Gernrode die Gründung eines ihm nahestehenden Mannes, des Markgrafen Gero, dem die wichtigsten Aufgaben gegen den Osten anvertraut waren. Walbeck ist die Kirche eines Familienklosters im Burgbezirk eines angesehenen Adeligen. Die Michaeliskirche in Hildesheim schließlich ist der Bau eines der kunstverständigsten Bischöfe in der Zeit um die Jahrtausendwende. So verschieden wie die Bauherren, so verschieden sind in diesen Fällen auch die Bauaufgaben und die Lösungen.

Zeitlich wie seiner politischen Bedeutung nach an erster Stelle ist der *Magdeburger Dom* Ottos des Grossen zu nennen, begonnen 955. Magdeburg, an der Elbegrenze gegen die Slawen, stand im Mittelpunkt der kaiserlichen Ostpolitik. Otto bevorzugte den Ort von früh an als Lieblingsaufenthalt. In dem Neubau des Domes sammelte sich ein politischer Ideengehalt im Sinne einer Zeit des Reiches, in der Staat und Kirche eine Einheit bildeten und jeder kirchlichen Organisation zugleich staatliche Bedeutung zukam. Welche Machtstellung Otto seiner Gründung Magdeburg zugedacht hatte, geht daraus hervor, daß er unablässig bemüht war, dort ein Erzbistum zu errichten. 968 erreichte er dieses Ziel mit einer vom Papst bewilligten außerordentlich starken Besetzung des Domkapitels.

Der Bau Ottos brannte 1208 nieder, ein für uns unersetzlicher Verlust. Er wurde durch den heute bestehenden gotischen Dom ersetzt. Nach dem, was Forschungen und Grabungen festgestellt haben, handelt es sich bei dem Dom Ottos des Grossen um eine umfangreiche Anlage, eine dreischiffige Säulenbasilika mit (vielleicht) doppeltem Querschiff, Ostchor und Apsis zwischen Türmen, Krypta (von der ein Teil ausgegraben ist). Der Abschluß im Westen bleibt strittig. Bei Annahme eines Westchors hätten wir uns den Bau als doppelchörig mit zwei Querschiffen vorzustellen, also als einen spezifisch ottonischen Grundrißtypus, der hier zum ersten Male auftritt. Die Apsis, die ostwärts über die Elbe hinwegschaute, erhielt ein besonders wehrhaftes Motiv in den beiderseits begleitenden Türmen, angeregt vielleicht durch die Ostchorflankentürme, die der berühmten karolingischen Klosterkirche zu Fulda nicht eben lange vorher hinzugefügt waren.

Die Verwendung kostbarsten Baumaterials aus Italien erinnert an die bauliche Gesinnung Karls des Grossen, der für seine Aachener Pfalzkapelle sich Marmorkapitelle aus Ravenna und Rom geben ließ. Aus dem ottonischen Magdeburger Dom haben sich noch Säulenschäfte erhalten, die als bauliche Reliquien an vornehmster Stelle in den gotischen Chor des Neubaues eingefügt wurden. Ob wir uns das Langhaus als reine Säulenbasilika oder mit Stützenwechsel vorzustellen haben, läßt sich nicht mit Sicherheit bestimmen. ‹Sächsische›

Eigenart macht sich noch kaum bemerkbar. Im Gegensatz zu den eigenständigen Formen, die wir an HEINRICHS Bauten in Quedlinburg antreffen, hält sich OTTOS Dom nach Größe der Anlage wie nach seiner Formensprache an die prunkvolle karolingische Hofarchitektur. Das schöne antike Kompositkapitell, jetzt im Museum, mag als Symbol für die bauliche Haltung des Doms gelten [1]. Die farbigglänzenden Steinarten der Säulen, Porphyr, Marmor und Granit, unterstützten den antikischen Eindruck. Die Hochschiffwände waren mit Malereien geschmückt. Ob der Leben-CHRISTI-Zyklus, den das Gedicht eines Klerikers bald nach 1200 erwähnt, schon in ottonischer Zeit entstand, wissen wir nicht, doch ist es nicht unmöglich. Von sonstiger Ausstattung besitzen wir noch verstreute Teile eines mit figürlichen Darstellungen geschmückten Altarvorsatzes aus Elfenbein. Ferner fehlte es nicht an kostbaren liturgischen Büchern und Geräten, an Kronleuchtern. Der Kaiser selbst legte offenkundig Wert auf eine ‹kaiserliche› Form, und THIETMAR hebt gelegentlich die Feierlichkeit dieser Form hervor. OTTO DER GROSSE ‹pflegte sich an den hohen Festtagen von den Bischöfen und allen übrigen Geistlichen der Reihe nach im feierlichen Einherzuge mit Kreuzen, den Reliquien der Heiligen und Weihrauchpfannen zum Abend- und zum Frühgottesdienst sowie zur Hauptmesse in die Kirche geleiten zu lassen›. So am Palmsonntag 973 im Magdeburger Dom. Nachher ging er ‹unter Vortragung vieler Kerzen mit einem großen Gefolge von Priestern, Herzogen und Grafen nach seinem Gemache zurück›.

Wie alle großen Bischofskirchen besaß der Magdeburger Dom ein Atrium und eine Taufkirche. In Magdeburg war es ein Rundbau, mit dem Atrium im Westen des Domes angelegt. OTTO hatte die Kirche nicht nur für die erste Gemahlin EDITH, sondern auch für sich selbst als Grabstätte bestimmt. Die Grabkammern lagen unter dem nördlichen Chorflankenturm. Und noch im heute stehenden gotischen Bau, dessen Achse von der des ottonischen Doms abweicht, liegt der Scheitelpunkt des Chorhauptes über dem Grabe EDITHS.

Stiftskirche Gernrode

Verglichen mit dieser königlichen Gründung einer erzbischöflichen Kirche in der *‹regia urbs›* setzt sich die Stiftskirche zu *Gernrode* durch eine von Grund aus andere Bauaufgabe ab. Mit dem Namen des Gründers, des MARKGRAFEN GERO, einer der charaktervollsten Gestalten aus der Umgebung des Kaisers, ist als politisch wichtigste Tat die Christianisierung und Eindeutschung des Gebietes zwischen Elbe und Oder in mühevollem Ringen verknüpft. Die Stiftung Gernrode

---

1 Abb. des Kapitells bei WALTHER GREISCHEL, Die Baukunst der Ottonen (‹Magdeburg in der Politik der deutschen Kaiser›. Beiträge zur Geopolitik und Geschichte des ostfälischen Raumes anläßlich der 1000jährigen Wiederkehr der Thronbesteigung OTTOS D. GR. Hg. von der Stadt Magdeburg, 1936).

entsprang der Sorge um die Sicherung der Familie. Die Söhne hatte GERO im Kampf mit dem Osten verloren. Für die Schwiegertochter HATHUI (HEDWIG) gründete GERO 961 Gernrode als Kanonissenstift, dem HEDWIG als Äbtissin vorstand. Frose kam als Probstei hinzu. Die Aufgabe, einen kirchlichen Lebensbezirk für die unverheirateten Frauen der adeligen Familien zu schaffen, irdischen und himmlischen Besitz in dieser herben Zeit zu vereinen und zu gewährleisten, hat hier in Gernrode eine künstlerisch sehr reizvolle Lösung gefunden. Zugleich wurde Gernrode Grabstätte für den Gründer, der 965 starb und die Vollendung des Baues nicht erlebte.

Obwohl die Kirche in ihrer tausendjährigen Geschichte ihrem materiellen Bestande nach manche Beeinträchtigung erlitten hat und im 19. Jahrhundert wiederhergestellt wurde, bleibt sie doch das am besten erhaltene Beispiel für den ottonischen Kirchenbau des 10. Jahrhunderts in der Heimat der sächsischen Kaiser und bietet in der Außenansicht wie im Inneren reiche, für unsere Anschauung von der Baukunst des 10. Jahrhunderts unersetzliche Eindrücke.

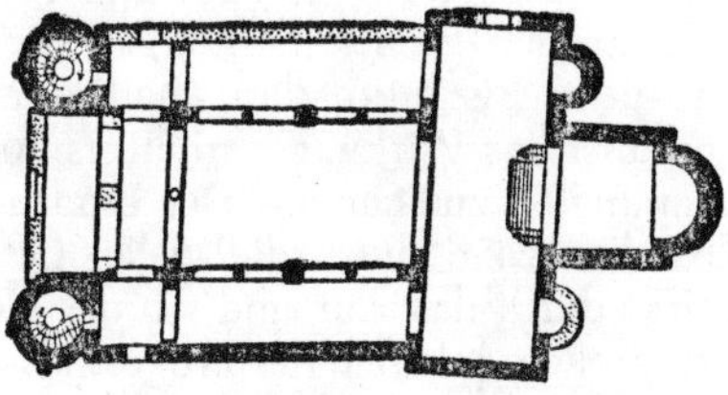

Fig. 1: GERNRODE, Stiftskirche, Grundriß

Der in der Achse auffallend geknickte Grundriß zeigt ein verhältnismäßig kurzes dreischiffiges Langhaus zwischen dem Westbau, der von runden Treppentürmen vor den Seitenschiffen begleitet wird, und den sich stärker absetzenden Ostteilen, mit denen der Bau der Kirche begann (Querschiff, Chorquadrat mit anschließender halbkreisiger Apsis über einer Krypta, kleine Nebenchöre an den Ostseiten des Querschiffes). Im Inneren wird der Gesamteindruck durch große klare Verhältnisse im Verein mit der reichen Aufrißgliederung in dem basilikalen, flachgedeckten Langhaus bestimmt. Die Seitenschiffe öffnen sich zum Mittelschiff in zwei durch einen Pfeiler getrennte Doppelarkaden, die ihrerseits auf einer Säule als Mittelstütze ruhen. Über den Seitenschiffen ein Emporengeschoß, das sich in einer Folge fortlaufender kleiner Bogenstellungen nach dem Hauptraum öffnet, unterbrochen nur durch einen Mittelpfeiler. Sehr hoch hinaufgerückt schließlich die Fensterzone, ohne Achsenbeziehung zu den anderen Öffnungen.

In der Emporenanordnung des Langhauses steht Gernrode allein, wenigstens unter den erhaltenen sächsischen Bauten der Zeit. Nur Münzenberg in Quedlinburg folgt ihr. Das Motiv ist durch die Bauaufgabe – Frauenempore – bestimmt. Doch auch die besondere Form dieser Empore fällt auf. Die nächste Parallele führt weit nach dem Osten. Die Demetriusbasilika in Saloniki zeigt solche langhinlaufenden Gruppen von Säulenarkaden, die durch einen Pfeiler unterbrochen werden. Gleichwohl bleibt dies nur eine Motivverwandtschaft, wobei noch der Unterschied hinzukommt, daß in Gernrode die Bo-

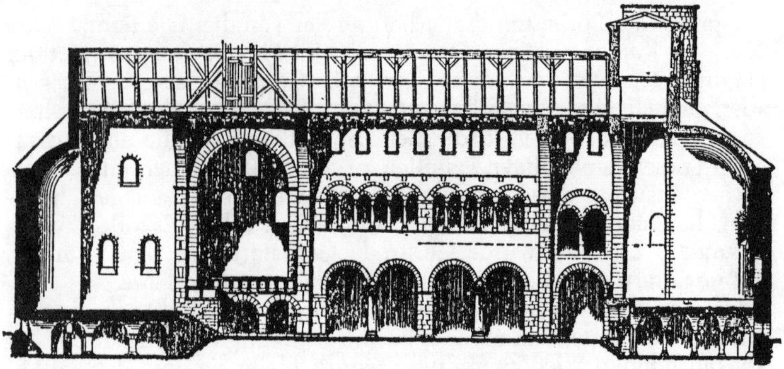

Fig. 2: GERNRODE, Stiftskirche, Längsschnitt

genstellungen durch die sichtbaren Entlastungsbogen rhythmisch gruppiert werden. Die Art schließlich, wie die Empore in das Ganze der Wand eingefügt ist, vor allem im starken rhythmischen Widerspiel zu den großen Öffnungen der unteren Arkadengruppen: das hat nichts Byzantinisches, sondern enthält ganz eigene Anschauungen über das Wirkungsverhältnis von geschlossenen und geöffneten Wandteilen zueinander. Der Eindruck des Bewegten und Lockeren, den die Wand durch die vielen Öffnungen erhält, wird noch verstärkt durch das Auf und Ab der Höhenlage der Bogenanfänger in den großen Arkaden des Erdgeschosses und in den mehr zeichnerisch als tektonisch empfundenen Bogenanfängern in Dreiecksform über der ausladenden Kämpferplatte der Zwischensäulen.

Die selbständige Leistung im Aufbau der Wand wird auch im Vergleich mit Karolingischem empfunden, zunächst schon darin, daß die Gliederungen auf eine Mittelachse bezogen werden. Aber es kommt mehr hinzu. Es ist die neue Einheit der Wand, die hier wirkt, und diese Einheitswirkung wird noch verstärkt dadurch, daß der Mittelschiffsraum durch die vorgezogenen Vierungspfeiler sich gegen das Querhaus abschließt, daher auch die Wände als in sich geschlossene Einheiten stärker eingegrenzt werden. Die flache Decke ihrerseits ermöglicht eine klare Ausbreitung der Wand, und damit zusammen lebt hier in Gernrode ein neues Gefühl für Weite und Breite des Raumes. Es ist nichts von der sakralen Feierlichkeit des byzantinischen Raumes darin und nichts vom Geist der altchristlichen Säulenbasilika, sondern es begegnet noch etwas Welthaftes, zu Festlichkeit Gesteigertes als Ausdruck eines deutschen Raumgefühls im 10. Jahrhundert. Ein Kultbau wie Gernrode war ja nicht nur ein ‹Zweckbau› für gottesdienstliche Einrichtungen. Hier in der Stiftskirche wirkte er als ein lebendiges Kleid für eine Gemeinschaft adeliger Frauen, die mit Ausnahme der Äbtissin keine Gelübde abzulegen brauchten, für die aber Leben, Christentum, Kirchlichkeit und Sicherheit eine selbstverständliche Einheit bedeuteten. Für alle diese Lebensinhalte fand die Baukunst einen Raumausdruck, der die Zuordnung zum Überweltlichen mit einem feinen welthaften Geist vereinigte.

In der Behandlung der Einzelformen löst Gernrode sich vom Karolingischen los. Im Erdgeschoß zeigen die Kapitelle keine der in karolingischer Zeit noch gebräuchlichen antikisierenden Typen, freilich auch nichts von den tektonisierenden Formen Quedlinburgs, sondern Abwandlungen von Blattkapitellen, die nach östlichen Zwischenstufen hinweisen. Die Säulen in den Emporen tragen einfache trapezförmige Kapitelle. Ob hier die Erdgeschoßzone als die vornehmere empfunden wurde, steht dahin.

Der Ostbau, der zuerst entstand, bietet den Eindruck einer ganz einheitlichen, schön gefügten Anlage mit der Aufgabe, eine Gruft für den Titelheiligen und eine Grabstätte für den Gründer im geweihten Bezirk zu schaffen. Mit der Krypta begann der Bau 961. Sie gehört zu den Inkunabeln der Hallenkrypten nördlich der Alpen. Als Hallenkrypta steht sie mit Rohr (Thüringen) am Anfang einer architekturgeschichtlich höchst bedeutsamen deutschen Reihe, die im 11. Jahrhundert in den gewaltigen Kryptenanlagen des Domes von Speyer und der Kirche St. Maria im Kapitol zu Köln ihre Krönung findet. Als gewölbter Raum – über quadratischen Pfeilern Tonne mit Stichkappen[1] – verrät die Gernroder Krypta durch die ungefüge Linienführung ihr altertümliches Gepräge. Der erhöhte Chor darüber, flachgedeckt, zeigt ebenfalls einfachste Formen, wie die anschließende, mit einer Halbkuppel gewölbte Apsis. Die großflächigen, glatten, durch keine Simse unterbrochenen Wandflächen, ursprünglich mit Malerei geschmückt zu denken, bestimmten ehemals auch den räumlichen Eindruck des Querschiffs, dessen Arme später durch die Emporen verstellt wurden. Die allgemein geltende Annahme, die Vierung sei im Gründungsbau nicht ausgeschieden gewesen, kann nicht als gesichert gelten. Zwar gehören die jetzigen Nord- und Südbogen dem 19. Jahrhundert an, doch sah KUGLER ‹an der Wand noch die Spuren ihres ehemaligen Vorhandenseins›. Der Westbau ist im 12. Jahrhundert durch Einfügung der jetzt bestehenden Chorkrypta verändert. Ursprünglich enthielt er eine Äbtissinnenempore, die sich über einem unteren, durch Arkaden geteilten Durchgang erhob und zum Mittelschiff öffnete. Die Annahme, daß es sich um einen ungeteilten, kapellenartigen Raum handelte, wird durch die Beobachtungen FELDTKELLERS für Oberkaufungen, das eine verwandte Lösung aufwies, unterstützt.

Der Gegensatz des herben und abweisenden Äußeren der Stiftskirche (Abb. 1) zu dem lebhaft und festlich, ursprünglich auch farbig Gegliederten des Inneren entspricht als ein frühmittelalterlicher Zug dem Charakter der Zeit, die gerade hier in der Grenzmark einen Grad von Wehrhaftigkeit als selbstverständlich empfand. Der Außenbau gibt sich so wortkarg, wie es nach der Schilderung WIDUKINDS zumeist auch der Bauherr MARKGRAF GERO war. Unberührt

---

1 Stichkappen = aus der Tonnenwölbung herausgeschnittene Bogenöffnungen.

sind vor allem die Ostteile geblieben. Querschiff und Chor steigen in ungegliederten Bruchsteinmauern auf, ohne Sockel, nur durch wenige, scharf eingeschnittene Fensteröffnungen unterbrochen. Lediglich an der Apsisrundung finden sich zwei schmale, kantige Mauervorlagen. Bruchsteinmauerwerk wirkt kunstloser als Quaderbau, wird indessen ursprünglich wohl als verputzt zu denken sein [1].

Das Gesicht des Westbaues hat sich im 12. Jahrhundert gewandelt. Wenn man die damals entstandenen Zutaten, die Apsis, das darüber liegende Glockengeschoß und von den Treppentürmen die oberen Geschosse abzieht, zeigt sich als Hauptmotiv ein flach geschlossener Mittelbau, seitlich begleitet von zwei kreisrunden Treppentürmen, die den Winkel zwischen Mittelbau und Seitenschiffen prall ausfüllen, nach oben bis zum First des Mittelschiffs emporsteigen und mit dem kegelförmigen Abschluß die breite Mittelwand überragen. Ein architektonisch einfaches und großartiges Motiv für die Stirnseite des gesamten Baues, der nun durch die unterschiedliche Gliederung der zusammenwirkenden Ost- und Westteile die Wirkung einer bedeutenden Komposition erhält. Die sparsame Gliederung der Treppentürme fügt sich dem Grundcharakter des Baues ein: die Untergeschosse mit wenigen Wandvorlagen wie an der Ostapsis, die Obergeschosse mit einer dichter gereihten Steilung von schmalen Lisenen [2] geschmückt, die auf der einen Seite durch kleine Rundbogen, auf der andern Seite giebelförmig verbunden sind. Die Eingänge zur Kirche liegen in den Seitenschiffen und führen in die Nebenräume des Westbaues.

Feldtkeller hat darauf hingewiesen, daß die Form des Gernroder Westbaues ihren Ursprung wahrscheinlich hier im Kerngebiet des sächsischen Kaiserhauses besitzt [3]. Der gleiche Baugedanke erscheint dann, wie schon erwähnt, in spätottonischer Zeit in der Damenstiftskirche Oberkaufungen (bei Kassel), einer Stiftung der Kaiserin Kunigunde um 1017 (Weihe 1025), wohin die Kaiserin sich nach dem Tode Heinrichs II. zurückzog. Der Westbau hier öffnet sich nach innen in einer dreiteiligen Arkade; darüber die Empore, die durch drei auf schlanken Säulen ruhende Bogen nach dem Mittelschiff zu ausgezeichnet ist. Das groß und klar gezeichnete, fast kugelförmig vom Halsring aufsteigende Würfelkapitell mit dem fein abgewogenen Profil bezeugt, wieviel Schönheitswirkung dieser abstrakten Form sich abgewinnen ließ.

Gernrode steht im übrigen allein im 10. Jahrhundert. Man würde gern mit der vornehmsten sächsischen Benediktiner-Nonnenkirche, Gandersheim, vergleichen, der Kirche jenes in karolingischer Zeit vom Ahnherrn des sächsischen Kaiserhauses gegründeten Klosters,

---

1 Über die Frage des Putzes am Außenbau mittelalterlicher Kirchen s. Jahrb. d. rheinischen Denkmalpflege, Jahrg. XVII/XVIII, 1941.

2 Lisenen = aus der Wandfläche hervortretende senkrechte Mauerstreifen.

3 Hans Feldtkeller, Der Westbau der Stiftskirche in Oberkaufungen, seine Stellung zur romanischen Baukunst Westfalens und seine Bedeutung für die Westwerkfrage. Ztschr. ‹Westfalen› 23. Bd., 1938, S. 348 ff.

dem von jeher die unverheirateten Töchter des Herzogshauses, später des Kaiserhauses angehörten oder als Äbtissinnen vorstanden. Und man würde gern wissen, wie die Gandersheimer Kirche aussah, als Rhotswit in der zweiten Hälfte des 10. Jahrhunderts dort lebte und ihre lateinischen Dichtungen verfaßte, darunter die von dichterischem Zauber getragene Erzählung von den Anfängen des Klosters, dem sie zeitlebens verbunden war. Doch können wir uns die karolingische Kirche, die in ottonischer Zeit erneuert wurde, nur nach ihrer allgemeinen Anlage (mit Westwerk) ohne bestimmte Einzelzüge vorstellen. Der heutige Bau stammt im wesentlichen aus der 2. Hälfte des 11. Jahrhunderts, auch er übrigens von spezifisch sächsischem Typus.

Als Beispiel für eine kleinere Stiftskirche, zeitlich noch vor Gernrode entstanden, wäre *Walbeck* zu nennen, nach der Untersuchung Feldtkellers [1] eine bescheidene turmlose Pfeilerbasilika mit Quer-

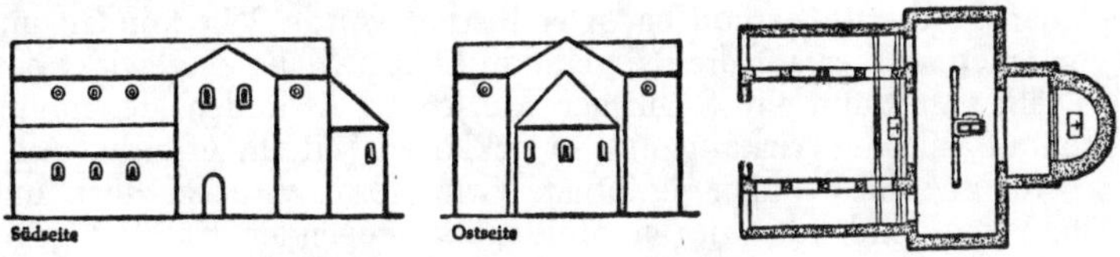

Fig. 3: Walbeck, Stiftskirche

schiff und Apsis mit kurzem Chorarm (Oculifenster im Obergaden). Die Verwendung ausschließlich des Pfeilers als Stütze fällt auf. Das ‹Sächsische› findet sich in dieser frühen Zeit – die Kirche ist nach 942 begonnen – wohl nur in Quedlinburg.

St. Michael in Hildesheim

Um die Jahrtausendwende erreicht die ottonische Baukunst in Sachsen ihre künstlerische Reife in der Benediktiner-Klosterkirche *St. Michael in Hildesheim.* Bedeutung und Schönheit dieses altsächsischen Baues dringen noch heute durch alle Beeinträchtigung der 1945 stark zerstörten und seither wiedererrichteten Kirche hindurch. In dem Bauherrn, dem Bischof Bernward, kennen wir einen der wichtigsten Träger der ottonischen künstlerischen Kultur. Er stammte aus vornehmer sächsischer Familie, erhielt zunächst Unterricht in der Hildesheimer Domschule und kam dann zum Erzbischof Willigis von Mainz, der ihm schon früh die Weihen erteilte. Der mächtige Erzkanzler Willigis muß den klugen Kopf des jungen Bernward, mit dem er später wegen Gandersheim in so heftige Streitereien geraten sollte, schnell erkannt haben. Denn Bernward kam 987 an den Hof

1 Hans Feldtkeller, Die Stiftskirche zu Walbeck im Kreise Gardelegen. Ein Bauwerk des 10. Jahrh. Dissertation der Techn. Hochschule Stuttgart 1936. Burg, 1937.

der KAISERIN THEOPHANU als wissenschaftlicher Erzieher des 7jährigen OTTO. 993 wurde er Bischof in Hildesheim, und hier hat er in der Folgezeit bis zu seinem Tode 1022 alles verwirklicht, was seinen Ruhm ausmacht. THANGMAR, sein alter Lehrer an der Domschule, hat ihm eine liebevolle Lebensbeschreibung gewidmet[1]. BERNWARD stand mitten im politischen Leben der Zeit, zumal seit OTTO III. ihn 997 noch enger an sich zog. Er stand zugleich in den Kreisen höchster geistiger Bildung der Zeit. Die Vereinigung von wissenschaftlicher und religiöser Kultur, politischer Bildung, hoher Empfänglichkeit für Kunstwerke in einer charaktervollen Persönlichkeit läßt die Gestalt BERNWARDS als besonders ausgeprägt erscheinen.

Sein Werk ist der Bau der Hildesheimer Michaelskirche. 996 hatte BERNWARD eine kleine Gruppe Benediktiner aus St. Pantaleon in Köln berufen. Bald nach 1000 — BERNWARD war am 10. April 1001 aus Rom zurückgekommen — begann die Erbauung der Hildesheimer Kirche. Nach der Stiftungsurkunde hat er sich schon früh mit Bauplänen beschäftigt, schon bevor er Bischof wurde. Wir können uns vorstellen, daß er auf die Baupläne in hohem Maße eingewirkt hat. Es läßt sich kaum ein kirchlicher Bau jener Zeit finden, der monumentale sakrale Wirkung mit so geklärten Mitteln erreicht. Alles scheint auf die denkbar einfachste Grundform zurückgeführt, und alle Werte sind mit einer sinnfällig überzeugenden Klarheit gegeben. Dabei ist dem Ganzen neben dem Feierlichen ein herber, aber doch festlicher Klang beigefügt[2].

Um die Bedeutung dieser Bernwardschen Architektur für die deutsche Baukunst zu verstehen, muß man sich ihre kunstgeschichtliche Stellung vergegenwärtigen. Sie liegt darin, daß hier eine Freiheit und Unabhängigkeit vom Antikischen, Altchristlichen und Karolingischen erreicht ist, die sich gleichbedeutend mit der Schaffung eines ‹deutschen› Kultraumes erweist. Das will für einen Bauherrn der ottonischen Epoche um so mehr sagen, als BERNWARD zweifellos die bedeutendsten Sakralbauten in Deutschland und Italien nicht nur aus eigener Anschauung kannte, sondern sie auch zu würdigen wußte, sowohl die säulenreichen, mosaikgeschmückten konstantinischen Basiliken in Rom wie alles, was auf dem Wege dorthin lag, ferner die karolingischen Klosteranlagen auf deutschem Boden, die Übersetzung der Peterskirche zu Rom ins Nordische wie Fulda oder Hersfeld, die noch nicht weit zurückliegenden Planungen von BRUNO in Köln, von WILLIGIS in Mainz, und selbstverständlich die Bauten seiner engeren Heimat. 1007 war er überdies in Paris und Tours.

---

1 THANGMAR, Das Leben des Bischofs Bernward von Hildesheim. Geschichtsschr. d. dtsch. Vorzt. in deutscher Bearbeitung, 1858. Neuere Übersetzung von B. GERLACH, Thangmars Lebensbeschreibung des hl. Bischofs Bernward. (Unsere Diözese in Vergangenheit u. Gegenwart. Ztschr. d. Vereins f. Heimatkunde im Bistum Hildesheim, 15. Jahrg., Heft 1/2) 1941.

2 Für alle Einzelheiten des Baues und der Baugeschichte vgl. jetzt die grundlegenden Untersuchungen von H. BESELER und H. ROGGENKAMP, Die Michaeliskirche in Hildesheim. Berlin 1954. — F. J. TSCHAU, *Saint Bernward of Hildesheim*. 3 Bde. 1942—1952.

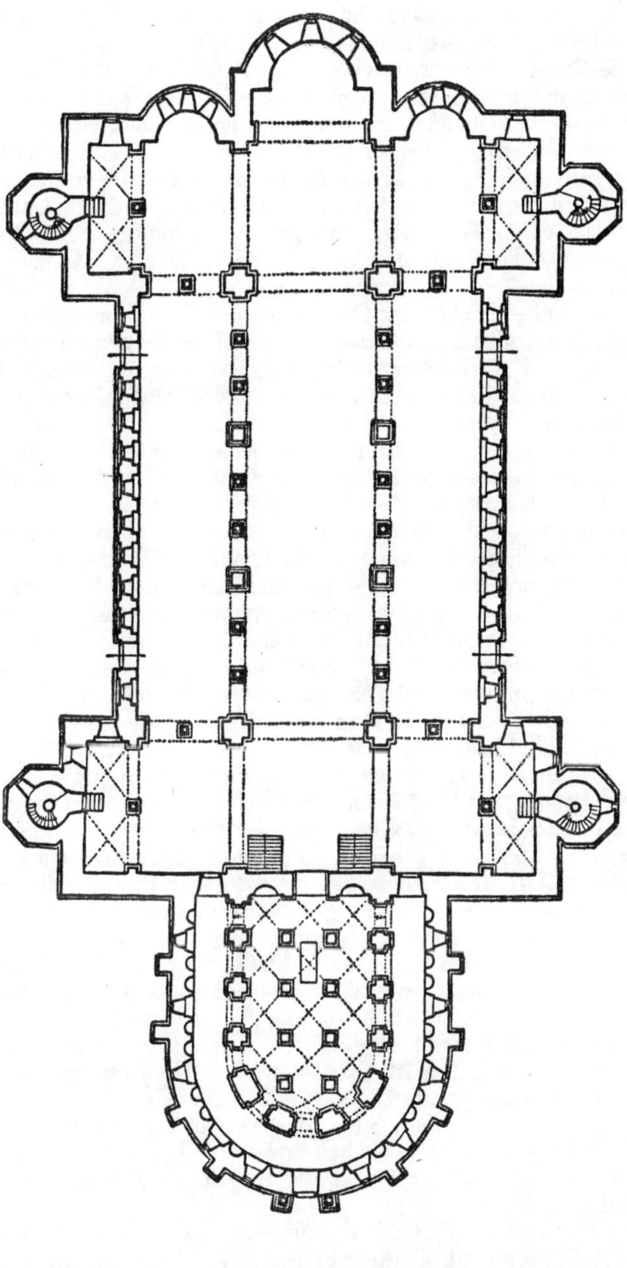

Fig. 4: Hildesheim, St. Michael, Grundriß (nach Beseler-Roggenkamp)

Aber auch im Vergleich mit dem Früh-Ottonischen wird immer die Größe der eigenen künstlerischen Leistung hervorgehen.

Die Grundrißfigur zeigt eine in die Augen springende Ausgewogenheit in der Stellung eines dreischiffig basilikalen Langhauses zwischen zwei einander in Größe und Form genau entsprechenden Querschiffen, deren Stirnseiten im Inneren jeweils eine Emporenanlage enthalten. Außen in der Mitte der Querschiff-Fronten eckige Treppentürme mit zylindrisch geformten Abschlüssen. Im Osten drei Apsiden, deren Mittelstück durch ein ursprünglich kurzes Vorjoch hinausgeschoben wird. Im Westen eine Krypta mit Umgang und Chor darüber.

Die Gleichwertigkeit der Ost- und Westteile fällt zunächst als das Ergebnis einer längeren bodenständigen Entwicklung im Norden in die Augen. Der Eindruck ist bedingt durch die Art, wie die Querschiffe symmetrisch zu der Mittelschiffsachse stehen. Doppelte Querschiffe gab es schon vorher. Vom Magdeburger Dom wissen wir es nicht zuverlässig. Aber Köln, Essen, Münster besaßen Kirchen mit doppelten Querschiffen. In Köln (St. Pantaleon) und Essen können wir uns noch am besten eine Vorstellung davon bilden. Es sind ‹frühe› Bauten, die der Zeitstellung etwa Gernrodes entsprechen. Sie zeigen, daß diese Querbauten — von ‹Querschiffen› zu sprechen weckt falsche Raumvorstellungen — sich noch abschnüren, keine Gemeinsamkeit mit dem Langhaus suchen, sondern ihre kultische Sonderstellung betonen. In Hildesheim ist solche Sonderstellung der Querbauräume aufgegeben. Nicht einmal auf eine liturgisch verschiedene Bedeutung von Ost- und Westquerhaus könnte man von der ‹Form› her schließen. Doch wird eben dadurch eine neue Größe der architektonischen Gesamtwirkung erreicht. Aus der Gleichsetzung der Querschiffe, nicht nur untereinander, sondern auch mit dem Mittelschiff, kommt nun von beiden Seiten her die räumlich großartige Begegnung des Längs und Quer zustande, die wiederum der Feierlichkeit des Ganzen dient. Gleich hohe Räume mit gleich weiten Verhältnissen in Durchdringung, so daß die aus der Kreuzung sich ergebenden Raumquadrate der Vierungen durch die großen, bis nahe unter die Decke wechselnd in roten und weißen Schichten aufsteigenden Bogen ausgeschieden werden. Die Maßverhältnisse des Raumes ergeben den Eindruck von schöner Klarheit, insofern das Grundrißquadrat der ausgeschiedenen Vierung als Maßeinheit für das Mittelschiff verbindlich bleibt. Doch darf das nicht so verstanden werden, als ob das Mittelschiff für den räumlichen Eindruck aus drei Quadraten sich ‹zusammensetzt›, entsprechend der Geometrie der Grundrißfigur. Räumlich erlebt bildet das Mittelschiff eine unzerteilbare Einheit, beiderseits durch die halbkreisigen Vierungsbogen begrenzt, wobei entscheidend das Verhältnis von Breite zu Höhe wie annähernd 1 : 2 wirkt.

Die Seitenschiffe, flachgedeckt, ursprünglich mit Lisenengliederung an der Fensterwand, gleichen breiten Sälen (Abb. 3). Sie genießen eine gewisse Selbständigkeit zwischen den Hochräumen, und die Selbständigkeit wird noch durch die eingrenzenden Doppelarkaden nach den Querschiff-Flügeln zu betont. Zugleich wird durch diese Anordnung die Empfindung verstärkt, daß die Seitenschiffe nicht parallel, sondern quer zum Mittelschiff gestellt sind.

Der Aufriß des Mittelschiffs bringt der abendländischen Architektur einen neuen Rhythmus in der Gliederung einer basilikalen Hoch-

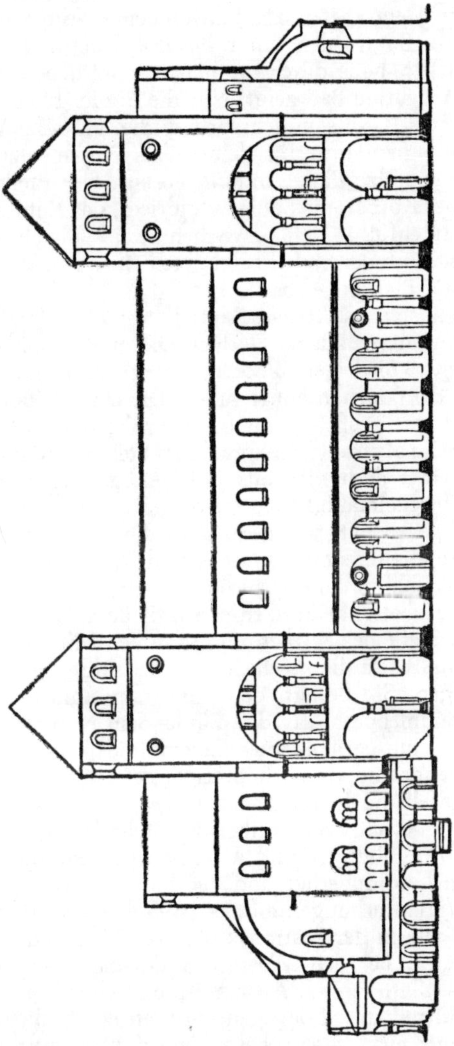

Fig. 5: HILDESHEIM, St. Michael, Längsschnitt (nach BESELER-ROGGENKAMP)

schiffwand und ebenso neuartige Einzelformen. Zum ersten Male unter den erhaltenen Bauten begegnen wir dem sächsischen ‹Stützenwechsel›, das heißt, es folgen in den Bogenstellungen jeweils ein Pfeiler und zwei Säulen. Über den Stützen erhebt sich eine glatte

Wand – nur unterbrochen durch einen in mäßigem Abstand über den Bogen laufenden Sims – zu großer Höhe bis zu dem stark hinaufgeschobenen Lichtgaden. Gleich darüber der Ansatz der flachen Decke. Die Bernwardschen Säulenstützen haben sich freilich nur an einzelnen Stellen in der nordöstlichen Ecke des Mittelschiffs, in den Durchgängen der Seitenschiffe zu den Querschiffen und in den Emporen erhalten. Dem späten 12. Jahrhundert erschienen diese Formen zu einfach. So wurden unter Bischof Adelog (1171–1190) die Säulen im Langhaus durch die plastisch reich belebten Gebilde ersetzt, die der heutige Bau zeigt. Nur die Pfeiler blieben unverändert. Aber wieviel Größe und ursprüngliche, einfache Wucht liegt in der Bernwardschen Form. Ihr elementares Wesen setzt eine völlig neue und eigene stolze Baugesinnung voraus. Der Pfeiler erscheint als prismatischer Körper, die Säule zylindrisch, das Kapitell als Würfel. Nur der Säulenfuß – Kehle zwischen zwei Wülsten – folgt dem antiken Typus. Auch der Sockel zeigt einen einfachen kräftigen Aufbau abgetreppter Platten (Abb. 2).

Am auffallendsten wirkt das Kapitell als Würfel mit den zum Säulenschaft hin abgerundeten Flächen. Dieses Würfelkapitell trägt, eingezogen, einen niedrigen Block mit weit ausladender Kämpferplatte, auf der die Bogenanfänger ruhen. Die Unterseiten der Kämpferplatten sind zart profiliert mit Profilen, die noch ans Karolingische erinnern. Die abstrakte Strenge dieser stereometrisch gebildeten Stützenform wirkt doch nirgends unlebendig oder starr, sondern durch kleine Unregelmäßigkeiten frisch, naiv und ursprünglich wie mit der Hand gearbeitet, wie denn auch die Bezeichnung ‹Würfel› kein mathematisch-stereometrisches Gebilde als Form meint.

Es ist das erstemal in der Geschichte der abendländischen Basilika, daß eine solche abstrakte Stützenform mit dem Würfelkapitell an entscheidender Stelle des Kirchenraumes in den Mittelschiffsarkaden auftritt. Man muß sich die geschichtliche Bedeutung dieser Tatsache vergegenwärtigen. Sie besagt, daß das ursprünglich dem antiken Steinbau entstammende Motiv der ‹Säule› dem Norden so weit einverleibt ist, daß nun germanisches Bauempfinden das Antikisch-Lateinische verdrängt und eigenschöpferisch gestaltet. In der Tat steht das Würfelkapitell durch Vermeiden jeder organischen Auffassung im äußersten Gegensatz zur antiken Kapitellbildung, aber auch zu zahlreichen Abwandlungen und Vereinfachungen, die das antike Blattkapitell in karolingischer und nachkarolingischer Zeit erfährt. Unter diesen Vereinfachungen gibt es zweifellos künstlerisch bedeutende Formen, wie in der Justinuskirche zu Höchst oder, im außerdeutschen Bereich, bei den Westgoten Altspaniens. Doch immer bleibt eben das ‹Blatt›kapitell Ausgangspunkt solcher abgewandelter Formen. Im Würfelkapitell dagegen wird ein neues abstraktes Prinzip gesetzt, und aus diesem heraus wird nicht nur ein idealer Übergang zwischen Säule als zylindrischer Form und dem Quadrat des Bogenauflagers gefunden, sondern ein Gebilde, das dem Geist dieser Architektur in vollkommener Weise entspricht.

Denkt man sich das ganze Mittelschiff in Hildesheim mit diesen alten Stützen ausgestattet, so wird erst der ursprüngliche, reine Klang der Verhältniswerte in den Bogenstellungen Bernwards wieder vernehmbar. In den Adelogschen Säulen des 12. Jahrhunderts ist das Verhältnis von Stütze zu Bogen ein ganz anderes. Sie sind steiler und drängender. Die Bernwardsche Arkadengruppe ist in ihrer Eigenheit dadurch bestimmt, daß die Würfelknäufe ein ganzes Stück unter die scharf betonte, in gleicher Höhe wie beim Pfeiler sitzende Kämpferplatte hinunterrücken. Gewissermaßen reicht auch die Wand optisch hier weiter herab. Vor allem ist der unmittelbare Zusammenstoß von Kapitell und Mauerbogen auf eine genial-einfache Art vermieden, und daher kommt auch der Eindruck des sich nach oben Stemmenden der Stützen nicht auf. Mit staunenswerter Sicherheit hat hier die Hand des entwerfenden Architekten monumentale Abstraktheit der Form mit der vollkommenen Ruhe eines in der Schwebe gehaltenen Spiels der Kräfte verbunden. Die Wand wirkt nicht mehr als ‹getragen›, sondern als von der Arkade ‹durchbrochen›.

Das entscheidende Merkmal der Bernwardschen Wandgliederung innerhalb der ottonischen Stilbildung liegt in der Beziehung aller Gliederungsmotive auf die Ganzheit der Wand, die nach Breite und Höhe zwischen den Vierungsbogen als ganzheitliche Fläche besteht. Die ‹Ganzheitswirkung› wird erwirkt durch möglichste Meidung aller axialen Beziehungen der Wandöffnungen und besonders durch den unpaarigen Rhythmus der Arkadenregion. Gegensatz: das bloße Nacheinander gereihter Einheiten. Auch die geheime Neigung sächsischer Langhauswände zur Ausrichtung auf eine Mitte hängt damit zusammen. Am schnellsten zu erkennen in Gernrode, wo die Mitte sogar materiell betont ist. In Hildesheim sind auch die Querschiffemporengliederungen nach solchem Prinzip geordnet. Für die Raumwirkung ergibt sich daraus, daß der im Raume Stehende von ‹ganzheitlichen› Wandflächen umstellt ist und von der Geschlossenheit der rhythmischen Gliederung dieser Einheiten erfaßt wird. Die Wand wird nicht abschnittsweise aufgenommen. In unmittelbarem Zusammenhange mit der Einheitsauffassung der Wand stehen der Eindruck von Weite und das fein ausgebildete Gefühl für die Verhältniswerte. Daher die klare festliche Wirkung von St. Michael und der ihm folgenden sächsischen Räume. Daher auch in der geschichtlichen Entwicklung des ganzen Gebietes durch das 12. Jahrhundert hindurch die Scheu, andere Gliederungsmittel in diese Grundhaltung des Raumes zu übernehmen. Die sächsische Architektur lebt auch später noch von der ottonischen Raumkonzeption.

Die flache Decke ist die einzig sinnvolle Abgrenzung eines solchen Raumes nach der Höhe. Wir sind von den Gewölben der Romanik und der Gotik her gewöhnt, den Kirchenraum zerteilt und zergliedert zu sehen. Der ottonische Raum steht dazu in schärfstem Gegensatz. Die Flächigkeit der Wand geht mit der flachen Decke zusammen, die die nach oben gerade verlaufenden Wandgrenzen unangetastet läßt. ‹Flächigkeit› ist stilbildendes Prinzip der Hochschiffwand im 10. und 11. Jahrhundert. Speyer bleibt Ausnahme. Die Mittelschiffswölbung ist die Zerstörerin jeder Schönheit des altsächsischen und

— im weiteren Stilbereich — des ottonischen Raumes, denn sie zerreißt nicht nur die Fläche, sondern auch das Licht. Angesichts der künstlerischen Mittel in St. Michael ist man versucht, von absoluter Architektur zu sprechen, insofern der Eindruck ausschließlich der vollkommenen Beherrschung architektonischer Verhältniswerte zu entspringen scheint. Nichts als große, klar begrenzte Wandflächen, aus deren Zusammenfügung sich der Raum ergibt. Nur die Stellen, in denen sich die Raumeinheiten begegnen, sind mit den Vierungsbogen architektonisch fest betont, sonst kein Schmuck, keine Gliederung, die aus der Fläche herausspringt.

Wie so vieles in der Michaelskirche zum ersten Male erscheint, so auch die Querschiffemporen, die im Hinblick auf die in den Schmalwänden eingelassenen Altarnischen als Engelchöre aufzufassen sind. Sie erheben sich zweigeschossig über einer Doppelarkade, so daß drei Bogenstellungen mit wachsender Zahl der Öffnungen (2, 4, 6) übereinander bis dicht unter den Deckenansatz zu stehen kommen[1]. Die Doppelarkade im Erdgeschoß verbindet die ganze Ordnung aufs glücklichste mit der Doppelarkade vom Querschiff zum Seitenschiff, so daß also fast die ganze Kirche ringsumlaufende Arkaden erhält.

Den Raum der Hildesheimer Michaelskirche Bernwards durchwaltet eine Ruhe, die einzigartig geformt erscheint. Die Ruhe wird getragen von der Gewißheit der Anwesenheit geistiger Mächte. Und so hat auch der Bauherr den Raum im Sinne seiner Zeit aufgefaßt. Der Bau ist wahrhaft ein *templum angelicum*. Die Wände ruhen auf der Zeugenschaft Christi, vergegenwärtigt in den Reliquien der Märtyrer, die in die Stützen eingemauert sind, wie schon Otto der Grosse in den Säulenknäufen des Magdeburger Doms Reliquien der Heiligen einmauern ließ. Thietmar berichtet es so. In Hildesheim sind die Märtyrernamen in die Kämpferblöcke eingemeißelt. Aber in der Höhe wird der Raum von den Engelchören umgeben. Nicht so, wie an der Kathedrale von Reims außen ringsum unter Baldachinen die Figuren der Engel leibhaftig und sinnfällig stehen, sondern hier in Hildesheim wohnen sie unsichtbar in den Emporenhöhlungen der Querschiffwände. Erst am Sarkophage Bernwards erscheinen sie gestalthaft.

Noch sind die Abschlüsse des Bauwerks nach Osten und Westen zu erwähnen. Der Ostchor, Johannes dem Täufer geweiht, wurde im 17. Jahrhundert abgebrochen, läßt sich indessen noch aus den Grundmauern als kurzer rechteckiger Vorchor mit Apsis erschließen. An den Ostwänden des Querschiffs je eine hohe, zweigeschossige Nebenapsis.

Die Frage nach dem vielumstrittenen ursprünglichen Westabschluß ist durch die Forschungen H. Beselers geklärt. ‹Die Existenz einer bernwardinischen Krypta, ihre Weihe 1015 und ihre Verwendung als Grablage des Stifters seit 1022 sind quellenmäßig belegt...

---

1 Über den möglichen Zusammenhang der Querschiffemporen mit dem karolingischen Centula (St. Riquier) vgl. Beseler-Roggenkamp a. a. O. S. 93 Anm. 194, und L. Grodecki, *Architecture ottonienne*. 1958, S. 85.

Fig. 6: Hildesheim, St. Michael von Südwesten um 1022
(nach Beseler-Roggenkamp)

Da eine Ostkrypta nie vorhanden war, die Begräbnisstätte Bernwards andererseits (außer der Erhebung des Sarkophags) nicht verlegt wurde, besteht kein Anlaß, die heutige Westkrypta nicht mit der des Urbaus zu identifizieren.› (Beseler-Roggenkamp a. a. O. S. 29). Beseler weist ferner nach, daß der noch vorhandene tonnengewölbte Umgang der Krypta wie die Krypta selbst – eine dreischiffige Hallenkrypta mit Gratgewölben über acht Freistützen – dem bernwardinischen Bau angehört. Auch der Hochchor ist ottonischen Ursprungs, wenn auch im 12. und 13. Jahrhundert mehrfach verändert, so daß wir aus der Untersuchung Beselers das Bild eines sehr reichen Westabschlusses der Kirche Bernwards gewinnen. So läßt denn auch der Außenbau in seiner Gesamterscheinung noch erkennen, wie bedeutungsvoll das Ganze als ein klar gegliederter Baukörper sich aussprach, zumal die Vierungstürme über den Kreuzungen von Langhaus und Querschiffen das Kristallinische der Fügung betonten. Die polygonal geformten Treppentürme an den Stirnseiten der Querschiffe mit den zylindrischen Aufsätzen tragen ihrerseits zur Bereicherung des Eindrucks bei. Die ursprünglichen Fenster mit ihren aus einem einzigen Stück geschnittenen Bogensteinen zeigen sich an den Außenwänden der Querschiffe gut erhalten. In den Querschiffemporen Kreisfenster mit abwechselnd roten und weißen Rahmensteinen. Im Unterschied zu Gernrode fällt die neue Quadertechnik der in wechselnden Größen geschichteten Steine auf.

Selbstverständlich fehlt noch viel zur Vorstellung des originalen baulichen Eindrucks. Daß die großen Wandflächen innen mit Malereien geschmückt waren, können wir mit Sicherheit annehmen, zumal THANGMAR von solchen Arbeiten BERNWARDS berichtet. Wie sie aussahen, läßt sich nur sehr allgemein nach unserer Kenntnis ottonischer Monumentalmalerei vermuten. Entsprachen sie dem stilistischen Charakter der Miniaturen aus der Hildesheimer Schule, so dürfen wir auch für die Wandmalereien einen betont flächig-dekorativen Charakter annehmen. Doch sei das Grundsätzliche in dieser Frage erst bei der Betrachtung der Reichenauer Wandbilder erörtert. Ob die flache Decke des Baues schon figürlich bemalt war, wie die noch heute aus dem Beginn des 13. Jahrhunderts erhaltene, ist unbekannt. Bemalt war sie jedenfalls.

Eine ottonische Lichterkrone aus BERNWARDS Zeit hing bis 1662 in St. Michael. Beim Abtragen der Gewölbe stürzte sie zu Boden und zerschellte. Der Idee nach – ein weiter, mit Toren und Türmchen besetzter Metallreifen als Sinnbild des himmlischen Jerusalems – lebt sie in den späteren Lichterkronen des Hildesheimer Domes nach, für den übrigens auch BERNWARD selbst ebenfalls einen solchen Beleuchtungskörper (1046 beim Dombrand zerstört) gespendet hatte. Die große, reine, kreisrunde Form des Reifens fügt sich gut unserer Vorstellung Bernwardinischer Kunst ein.

Merseburg – Münster – Paderborn – Soest

Noch zur Zeit, als an St. Michael gebaut wurde, 1015, legte THIETMAR, der fromme Geschichtsschreiber der Sachsen, als Bischof von Merseburg den Grundstein zu einem neuen Dom. Man ist gespannt, aus dem Munde eines solchen Bauherrn einmal zu erfahren, mit welchen kirchlichen und künstlerischen Absichten der Bau begonnen wird. Allein wir erfahren nichts darüber, ebensowenig wie von

Fig. 7: MERSEBURG, Dom, Rekonstruktion

BERNWARD. Die Bedeutung eines solchen Baues ist für jene Zeit so selbstverständlich, daß sie nicht besonders erwähnt zu werden braucht. Da der Dom durch die Umwandlungen späterer Jahrhunderte seine ursprüngliche Form eingebüßt hat, sind wir auf Rekonstruktionen angewiesen, wie sie F. HAESLER angestellt hat [1]. Was vor allem auffällt, ist das Fehlen eines zweiten Querschiffs im Westen und die Turmfreudigkeit des Außenbaues. Die Ostteile mit dem vorspringenden Querschiff, dem Chorquadrat und den die Apsis flankierenden Rundtürmen zeigen zusammen mit dem Vierungsturm eine reiche Gruppierung. Im Westen ebenfalls zwei Türme. Der Grundriß zeigt, vom Vierungsquadrat als bestimmendem Maß ausgehend, strenge Gesetzmäßigkeit. Hildesheim hatte die Stirnseiten der Querschiff-Flügel noch locker durch die Emporen begrenzt, in Merseburg fallen die Emporen fort, und die Querhausflügel stimmen genau mit dem Vierungsquadrat überein. Das Langhaus mißt dessen zweifache Länge. Ein Stützenwechsel ist nicht nachzuweisen, aber wohl anzunehmen. In der Tat kann man sich im sächsischen Gebiet von nun an und für die Folgezeit kaum noch eine Kirche ohne Stützenwechsel im Langhaus vorstellen. Das gilt auch für den unter HEINRICH III. errichteten, 1829 abgebrochenen Kaiserdom zu Goslar, trotz mancher dem Sächsischen sonst fremden Züge.

Von den großen Bauten, die im übrigen in niedersächsischer Landschaft zur ottonischen Zeit entstanden, wissen wir wenig. Der Neubau des Doms zu Münster unter BISCHOF DODO (967–993) besaß doppelte Querschiffe; der Dom zu Paderborn, seit 1009 von BISCHOF MEINWERK errichtet, zeigte zwei ungleich große Querschiffe, im Westen eine vielleicht rechteckig ummantelte Apsis. Die Gestalt der Patrokluskirche in Soest aus dem dritten Viertel des 10. Jahrhunderts, von BRUNO, dem Bruder OTTOS DES GROSSEN, gegründet, ist nicht mit Sicherheit zu erschließen. Vielleicht handelt es sich um eine Saalkirche, wie sie THOLEN für St. Pantaleon in Köln nachgewiesen hat.

In Paderborn steht noch aus den Tagen BISCHOF MEINWERKS ein Fremdling, die Bartholomeuskapelle, *‹per operarios graecos›* 1017 als Hallenbau mit kuppeligen Gewölben errichtet, ein ungemein reizvoller formvollendeter Raum, dessen schlanke Säulenstützen mit Kämpferaufsätzen nicht so sehr jochbildend wirken, sondern den Gesamtraum, wie er durch die schön mit Blendbögen und Halbsäulen gegliederten Umfassungswände umgrenzt wird, unterteilen.

St. Pantaleon zu Köln

Köln ist im 10. Jahrhundert durch ERZBISCHOF BRUNO, den Bruder OTTOS DES GROSSEN, aufs engste mit dem Kaiserhause verbunden. BRUNO gehört zu den im Vordergrund stehenden Persönlichkeiten

1 FRIEDRICH HAESLER, Der Merseburger Dom des Jahres 1015. (Studien z. Thür. Sächs. Kunstgesch., Heft 3) Halle a. d. S. 1932.

der Zeit. Er ist es vor allem, der die geistige Bildung am Hofe am entschiedensten förderte.

Das Gesicht des ‹alten› Köln der Sakralbauten war bis zum Kriege im wesentlichen durch die Baukunst der Staufer bestimmt. Die meisten dieser Bauten haben indessen ottonische Vorläufer gehabt. Im 10. Jahrhundert entstand eine Reihe bedeutender Kirchen, deren ursprüngliche Planung vielfach noch unter den späteren Umwandlungen zu erkennen ist, so St. Cäcilien, St. Severin, St. Maria im Kapitol, St. Andreas, St. Pantaleon, St. Aposteln [1]. Die meisten dieser Bauten sind unmittelbar mit dem Wirken des Erzbischofs Bruno verknüpft. Daß dieser auch den alten Kölner Dom erweitert habe, bemerkt Ruodger, der Biograph Brunos. Wie aber der Kölner Dom des 10. Jahrhunderts ausgesehen hat, wissen wir nur aus einer Miniatur im Hillinus-Codex. Danach handelte es sich um eine basilikale Anlage mit doppelten Chören und niedrigen Querhausflügeln im Osten und Westen. Dazu Osttürme neben dem Chor. Jedenfalls gehörte der Dom zu den bedeutendsten baulichen Anlagen des frühmittelalterlichen Köln, und die genannten Züge widersprechen nicht der zeitlichen Stellung

Im übrigen lassen die Planungen des 10. Jahrhunderts in Köln zwar eine gewisse Vielseitigkeit der baulichen Gedanken erkennen, aber kein Bestreben, die einzelnen Raumteile in bestimmte Maßverhältnisse zu bringen, eine Erscheinung, die zugleich auf mannigfache liturgische Anforderungen für das 10. Jahrhundert schließen läßt. St. Cäcilien, Kanonissenstift, zeigte eine einfache, querschifflose Anlage, mit rechteckigem Ostchor und einer Westempore über einer weit ins Mittelschiff sich erstreckenden Krypta. Wie St. Maria im Kapitol, 953 von Bruno begonnen, aussah, wissen wir nicht, da der Bau Mitte des 11. Jahrhunderts durch die (im letzten Kriege zerstörte) Drei-Konchen-Anlage [2] ersetzt wurde. St. Severin besaß niedrige Querhausarme und doppelgeschossige Chorseitenkapellen, St. Andreas ein Westquerschiff.

Der von Bruno besonders bevorzugte Bau blieb das von ihm auf älterer Gründung neuerrichtete Benediktinerkloster St. Pantaleon außerhalb der Stadtmauer. In der heutigen äußeren Erscheinung mit dem zur Zeit der Gotik umgewandelten Langhaus spiegelt sich noch die Gesamtgliederung der Brunonischen Anlage (Weihe 980) wider. Ein ursprünglich einschiffiges Langhaus mit querschiffartig vorspringenden Flügeln im Osten und Westen. Doch handelt es sich hier nicht um durchgehende, das Schiff durchkreuzende Querräume. Die Ostflügel mit ihren Apsiden bilden für sich bestehende Raumteile und sondern sich gegen das Langhaus durch eine hohe Arkade ab. Im Westen bilden die vorspringenden Flügel Teile eines gewaltigen,

---

1 Zu den Kölner Kirchen vgl. Ernst Lang, Ottonische und frühromanische Kirchen in Köln. 1932; P. A. Tholen, Neue baugeschichtliche Ergebnisse in den frühen Kirchen Kölns (Wallraf-Richartz-Jahrb. XII/XIII, 1943).

2 Konche = über halbkreisförmigem Grundriß nischenartig gewölbter Bauabschluß.

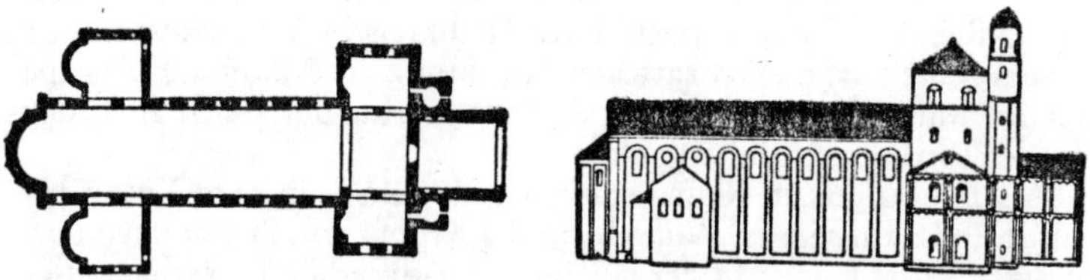

Fig. 8: Köln, St. Pantaleon, Rekonstruktion (nach Tholen)

in kubischen Baukörpern sich auftürmenden Westwerks mit reicher Turmgliederung und einer in wahrhaft monumentaler Gesinnung gegebenen Ordnung des Inneren. Der steile Mittelraum des Westwerks wird seitlich von doppelgeschossigen, mächtig geformten Bogenstellungen umschlossen, in denen noch etwas vom Geiste der die Zeiten überdauernden Macht römisch-antiken Quaderbaues lebt. Nach dem Langhaus zu öffnete sich dieser Mittelraum ursprünglich in seiner vollen Breite. Man kann den Zugang zum Kircheninneren nicht großartiger geformt denken. Die Emporenräume dieses Westwerks, durch Spindeltreppe in den Ecken zugänglich, sind flach gedeckt und ebenso wie die unteren Geschosse durch Altarnischen geostet. Die farbig wechselnden Schichten mächtiger Quadersteine in Pfeilern und Bögen bringen die große Baugesinnung Brunos noch einmal nachdrücklich zur Geltung. Noch eine Einzelheit: Die Zugänge zu den Treppen zeigen eine für die Portale dieser Zeit öfters wiederkehrende Form, monolithe Pfosten mit giebelförmigem Sturz und darüber den Entlastungsbogen, ein Portaltypus, der ursprünglich wohl aus dem Osten stammt. Hildesheim zeigt grundsätzlich die gleiche Form für solche Türen, aber statt des giebelförmigen Sturzes einen einfachen Steinbalken mit nischenartigem Bogenfeld. (Abb. 4)

Den Vorbau im Westen, der im 19. Jahrhundert verkürzt erneuert wurde, muß man sich in doppelter Ausdehnung denken. Diese Vorhalle ist zweigeschossig angelegt und in der Gliederung des Außenbaues mit dem Westwerk zusammengenommen. Gleiche Höhenlage der Gesimse rings um das Westwerk unter Einbeziehung der Ecktürme und in Verbindung mit den Rundbogenfriesen und flachen Vorlagen unterstützen den Eindruck einer einheitlichen Komposition. Die Ecktürme sind in den Freigeschossen zwar erneuert, bewahren aber die ursprüngliche Form: über dem Quadrat ein Oktogon, darüber zylindrische Obergeschosse, die den blockhaften Kern des (ebenfalls erneuerten) Mittelturms überragen. Übrigens waren auch die Hochschiffaußenwände der Kirche durch Pilaster gegliedert. Das Langhaus ist kürzlich von P. A. Tholen auf Grund neuer Untersuchungen am Bau als *ein*schiffig rekonstruiert[1]. Die Wände waren

1 Tholen, a. a. O. S. 20 faßt seine Ergebnisse folgendermaßen zusammen: ‹Der Innenraum muß einen überwältigenden Eindruck gemacht haben. Nachdem man die lange, dunkle, lastende Vorhalle durchschritten

außen durch abgetrennte Lisenen gegliedert, innen durch 1 m breite flache Blenden, die nach oben durch Halbkreise sich verbanden. Zum ersten Male tritt hier in zartester Schichtung ein Motiv auf, das später im Kaiserdom von Speyer des 11. Jahrhunderts sich zu bedeutender Wirkung entfalten sollte.

Als Bruno 965 in Reims starb, wurde sein Leib nach Köln überführt und nach seinem Wunsche in der Krypta von St. Pantaleon beigesetzt. Er ist hier nicht der einzige des sächsischen Kaiserhauses geblieben. Die Kaiserin Theophanu, die Frau seines Neffen Otto II., hat ebenfalls St. Pantaleon zu ihrer letzten Ruhestätte bestimmt.

Wie der Außenbau von St. Pantaleon seine monumentalsten Akzente im Westen besaß, so auch ursprünglich St. Aposteln. Der Bau pflegt den Betrachter zumeist nur nach seinen um 1200 in künstlerischer Vollkommenheit gestalteten Ostteilen zu beschäftigen. Ottonische Kunst denkt architektonisch im Außenbau herber und einfacher. In St. Aposteln ist die Gesinnung des ursprünglichen Baues noch dort zu erkennen, wo die Untergeschosse des Westturmes und die Querschiffmauern in großen klaren Flächen sich begegnen (nach Abzug der neueren Blendbogenverkleidungen).

Die Aufrißgliederung des Inneren zeigte nach den Feststellungen Verbeeks Verwandtschaft mit Essen und Werden, insofern die Hochschiffwand zwischen Arkaden und Fensterzone durch Nischen belebt war, ein für die Kunstgeschichte der basilikalen Aufrißgliederung wichtiges Motiv. Nimmt man die Erbauungszeit, wie die Quellen aussagen, unter Pilgrim an (1021–1035), so steht St. Aposteln hinsichtlich der Aufrißgliederung in der Nachfolge der Essener und Werdener Bauten.

Essen und Werden

Im niederrheinischen Gebiet gibt es zwar keinen Bau des 10. Jahrhunderts, der als Ganzes noch so erhalten wäre wie Gernrode. Doch stehen außer in Köln auch in Essen und Werden noch bedeutende Bauteile ottonischer Kirchen, so daß sich ein Bild der baulichen Bestrebungen gewinnen läßt. An erster Stelle ist die Stiftskirche in *Essen* mit ihrem Westbau zu nennen, einem der seltenen Architekturgebilde des Abendlandes aus dem 10. Jahrhundert, inselartig inmitten der Industriestadt des 20. Jahrhunderts erhalten (Abb. 5). Das

---

hatte, schaute man in eine riesige 60 m lange und fast 13 m breite Halle. Die Querschiffe, nur durch kleine Öffnungen mit dem Hauptraum verbunden, traten gar nicht in die Erscheinung. An den Wänden schwang durch die in 10 m Höhe sich spannenden Bögen eine leise Bewegung eindeutig nach Osten, bis in das Dunkel der Apsis. Der Lichteinfall aus den hochliegenden Fenstern, deren Sohlbänke mindestens 12 m über dem Fußboden lagen, erzeugte eine feierliche Stimmung. Wir müssen bedenken, daß die Orgelbühne, die heute Westwerk und Schiff trennt, nicht vorhanden war. Man konnte vom Innern des Westwerks, auch von den Emporen, bis in den Chor sehen. Ein Raum, der wirklich eines Königshauses würdig war.›

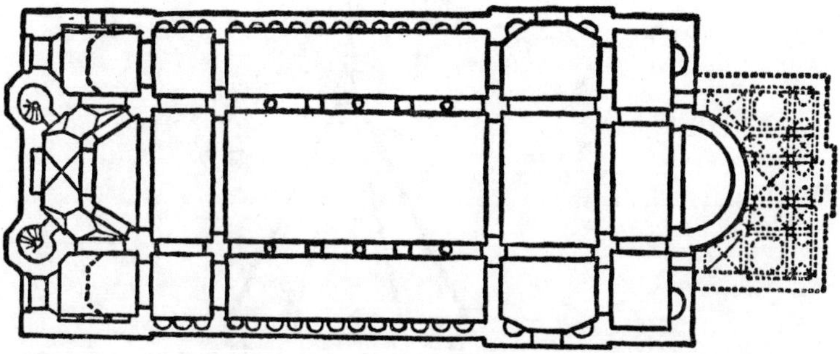

Fig. 9: ESSEN, Damenstiftskirche, Grundriß

Essener Kanonissenstift, ursprünglich eine karolingische Gründung, hat seinen Neubau zu ottonischer Zeit wahrscheinlich der ÄBTISSIN MATHILDE (971 – 1011), einer Enkelin OTTOS DES GROSSEN, zu danken [1]. Im heutigen Münster zu Essen haben sich von der ottonischen Stiftskirche außer dem Westbau noch die unteren Teile der Seitenschiffaußenwände mit ihrer Nischenfolge, dann Teile des Querschiffs und des südlichen Nebenchors sowie die Krypta erhalten [2].

So schlicht und großflächig die sächsischen Kirchen in den architektonischen Ausdrucksmitteln wirken, so reich, lebendig und mannigfaltig bewegt erscheint Essen, wenn man sich im Geiste den ursprünglichen Bau vergegenwärtigt. Der bauliche Gegensatz der Ost- und Westteile, die ein verhältnismäßig kurzes Langhaus einschließen, kann als ottonisch bezeichnet werden, und zwar im Sinne einer ‹frühen› Phase. Zwei Querhäuser: aber sie zeigen weder Gleichgewichtigkeit untereinander, noch stehen sie in betont gesetzmäßiger Beziehung zum Ganzen der Grundbildung. Sie durchdringen noch nicht den Baukörper, sondern bleiben schmal und niedrig, kaum daß das Ostquerschiff über die Flucht der Seitenschiffe ausspringt. Das architektonische Prunkstück im heutigen Bestande ist der Westbau, der noch als Ganzes erhalten blieb. Hätten wir diesen Bau nicht, vermöchten wir kaum jemals eine Vorstellung zu gewinnen, was um 1000 in der frühdeutschen Architektur an reicher, mehrgeschossiger Innenraumgliederung möglich ist.

Das Westwerk öffnet seinen Kernraum – mit dem Aufrißmotiv der Aachener Pfalzkapelle – in voller Breite dem Mittelschiff zu (Abb. 6). Drei Seiten des Aachener Oktogoninneren sind chorartig aufgebaut, nicht in den großartigen Dimensionen der Aachener Pfalzkapelle, sondern eher zierlich, wie es einem vornehmen Frauenstiftschor angemessen erscheint, aber auch im übrigen ganz selb-

1 Für die Möglichkit, daß der Westbau erst unter ÄBTISSIN THEOPHANU (1039 – 1058) entstanden ist, vgl. W. ZIMMERMANN, Das Münster zu Essen. In ‹Kunstdenkmäler des Rheinlandes›, Essen 1956, Beiheft 3. Vgl. ferner ALBERT VERBEEK in ‹Karolingische und Ottonische Kunst›. 1957 S. 150 ff.

2 KURT WILHELM-KÄSTNER, Das Münster in Essen. Essen 1929.

Fig. 10: ESSEN, Damenstiftskirche, Westbau mit Atrium
(nach WILHELM-KÄSTNER)

ständig in der Benutzung der Aachener Motive[1]. Die großen Bogen, die wie in Aachen durch doppelgeschossige Säulenstellungen vergittert sind, gehen unmittelbar in ein kuppeliges, zusammenrundendes Gewölbe über, was byzantinischer und schmiegsamer wirkt als die straffe Fügung des Aachener Oktogons. Auch die räumliche Anlage der Emporen hinter diesen so dekorativ vergitterten Öffnungen hat nichts mehr mit Aachen zu tun. Die gewölbten Umgänge sind so angeordnet, daß sie sich zu einer rechteckigen Ummantelung des Chors zusammenschließen und mit den über dem Chor liegenden drei Stockwerken zu einem Turmgebilde aufwachsen. Hinzu kommen noch die beiderseits begleitenden zweigeschossigen Joche in

1 Über die Bedeutung der Westemporen als Äbtissinnenbogen vgl. H. THÜMMLER in ‹Karolingische u. Ottonische Kunst› 1957. S. 95.

der Achse der Langhausseitenschiffe, die unten die Durchgänge vom Atrium zur Kirche enthalten und außen im Westen in einer Linie mit dem Mittelbau fluchten. Nur die polygonalen Treppentürme zwischen Mittelbau und Seitenteilen treten zur Hälfte aus der Flucht heraus. In diesem zellenartig lockeren Aufbau mit fester Schale besitzen wir die kunstvollste Architektur, die das Europa um 1000 kennt.

Das Nachleben der karolingisch-antikisierenden Formensprache zeigt sich nicht nur in der Benutzung des Aachener Aufrißmotivs, sondern auch in der Behandlung der Einzelformen. Korinthische und ionische Kapitelle, feingezeichnete Profile nach Art der karolingischen, die zarte, schmuckhafte Wirkung eines Perlstabes lassen keinen Zweifel über die Bevorzugung des Karolingischen. Ob darin vielleicht die Zugehörigkeit MATHILDENS zum Kaiserhause mitspricht? Ihr Großvater baute noch ganz nach dem Maßstabe der karolingischen Hofarchitektur.

Über das Aussehen des flachgedeckten Langhauses, das im Jahre 1275 abbrannte, wissen wir wenig. Die Aufrißgliederung der Hochschiffwand ist nicht bekannt, kann aber aus den Beziehungen des Baues zur Luciuskirche in Werden und zu Süstern bis zu einem hohen Grade der Wahrscheinlichkeit erschlossen werden. Für die Arkadenregion ist ein ‹rheinischer› Stützenwechsel anzunehmen in der Art, daß zwei durch eine Mittelsäule verbundene Rundbogen durch eine von Pfeiler zu Pfeiler übergreifende Blendarkade zusammengefaßt werden. Süstern, Mitte des 11. Jahrhunderts, eine Damenstiftskirche, deren Bau viele Züge von Essen übernahm, zeigt es so mit rundbogigen Blendarkaden und Würfelkapitellen auf den Säulen. Daß dieser rheinische Stützenwechsel Anfang des 11. Jahrhunderts auch sonst bekannt war, zeigt das Langhaus von Echternach, ursprünglich wohl ebenfalls mit Würfelknäufen auf den Säulen. In Essen hat sich als Fuß eines Weihwasserbeckens ein ottonisches Volutenkapitell, wahrscheinlich von den Mittelschiffsäulen, erhalten. Das Essener Langhaus hätte also die sonst selten verwendete Form des ‹ionischen› Kapitells in den Zwischenstützen aufzuweisen und spräche damit betont lateinisch. Ob man sich die verbindenden Bögen rundbogig oder als rechteckig übergreifende Rahmen vorstellen soll, hängt von der Rekonstruktion der Hochschiffwand ab.

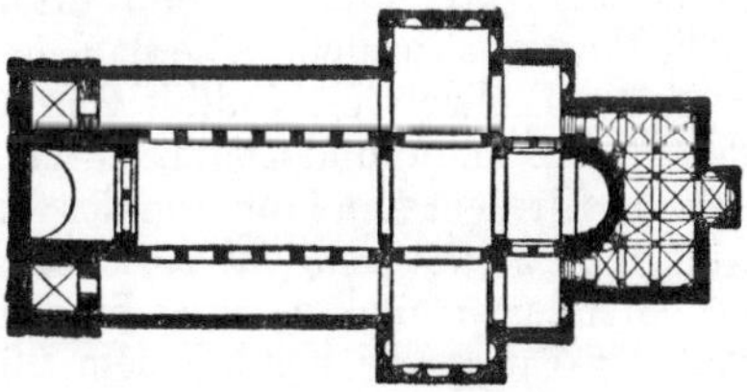

Fig. 11: SÜSTERN, Grundriß

Die flachgedeckten Seitenschiffe zeigten die dichte Folge der noch erhaltenen Nischen, ebenfalls ein antikes Motiv und zu karolingischer Zeit im Rheinischen heimisch. Die Stirnwand des südlichen Querschiffsarmes – in eigentümlicher Weise seitlich flach nach innen geknickt – benutzt sogar für den oberen Wandabschnitt hohe Nischen zur Gliederung, und auch im vorderen Teil der Krypta fehlt die Nische nicht. Der Baumeister der Essener Stiftskirche besitzt also eine ausgesprochene Vorliebe für die Verwendung von Ziernischen, die noch heute fast alle erhaltenen Teile der Wände überziehen. So läßt sich kaum erwarten, daß die Hochschiffwand über den Stützen glatt aufstieg. Jedenfalls kann mit einer Gliederung der Hochschiffwand durch flache Nischen ähnlich wie in der Chorwand der Werdener Luciuskirche gerechnet werden [1]. Das durch Inschrift überlieferte Weihedatum 1051 für die östliche Erweiterung der Krypta deutet auf eine längere Bauzeit des Ganzen. Doch bleibt der Eindruck eines ganz einheitlichen Bauvorhabens bestehen. Offenbar begann man mit dem Westbau. Er vermittelt als besterhaltener Teil uns auch für die Wirkung des Außenbaues sehr bestimmte Eindrükke. Die turmartig aufsteigende Hauptmasse des Baues, mit den in der Form ständig wechselnden Fensteröffnungen wird durch die symmetrisch zur Mittelachse sehr körperhaft hervortretenden Treppentürme gut zusammengehalten (Abb. 5). Unten laufen ohne tektonische Bestimmtheit Rundbogenfriese über die Fläche. Den Beginn der drei Obergeschosse bezeichnet ein auf die Treppentürme übergreifendes Horizontalgesims. Der Mittelbau endet in einem freien Achteckgeschoß, begleitet von den niedrigeren, entsprechend geformten Endgeschossen der Treppentürme.

Wichtig sodann der Zusammenhang mit dem Atrium, das hier noch, wenn auch überarbeitet, in der reifen Form des 11. Jahrhunderts erhalten ist und mit der Taufkirche (gotisch ersetzt) den Bezirk nach Westen abschließt, eine Bau- und Raumfolge, die für viele Kirchen der Frühzeit verbindlich war und die nur hier in Essen noch den alten Bestand und Charakter jener Zeit bewahrt hat. Die Zugänge zum Kirchenraum laufen in der Achse der seitlichen Säulenhallen. Man muß zugestehen, daß sich nicht leicht ein fesselnderer Wechsel bedeutender architektonischer Eindrücke vorstellen läßt für den, der von der Taufkirche her mit dem Blick auf das ragende Westwerk, dann durch die Seitenzugänge hindurch zu der bewegten Pracht des Kircheninneren vordrang.

Die Damenstiftskirche in Essen nahm sicherlich eine bedeutende baugeschichtliche Stellung am Niederrhein ein. In der Tat steht sie nicht allein, sondern ist mit anderen Bauten durch mancherlei charakteristische Züge verbunden. Albert Verbeek hat diese Verbindungen, die zwischen Essen, St. Lucius in Werden, Süstern und zuletzt noch mit St. Georg zu Köln bestehen, besonders hervorgehoben, womit zugleich ein aufschlußreicher Hinweis auf die Kontinuität zwischen ‹ottonischer› und frühsalischer Baukunst des 11. Jahrhunderts gegeben ist.

In unseren Vorstellungen von den Möglichkeiten der Aufrißglie-

---

1 Zur Frage der Aufrißgliederung vgl. Albert Verbeek, Die ottonische Bautengruppe um Essen und Werden und die viergeschossige Wandgliederung. In ‹Karolingische und Ottonische Kunst›. 1957, S. 150 ff.

derung ottonischer Kirchen bringt die Luciuskirche in *Werden* eine Überraschung. Die ‹erste› Pfarrkirche in Deutschland, wie EFFMANN sie genannt hat, 995 begonnen, zeigt in der noch gut erhaltenen nördlichen Chorwand den Abschnitt zwischen Arkaden und Fensterregion durch Nischen belebt[1]. Drei Flachnischen stehen über der durch rechteckigen Blendrahmen zusammengefaßten Doppelarkade, über den Nischen zwei durch Pilaster getrennte Fenster. Das Ganze wirkt wie eine Bildarchitektur, ein Übereinander reizvoller Motive, mehr durch optische als durch tektonische Gesetzmäßigkeit miteinander verbunden. Die mittlere Nische ist durch Größe hervorgehoben, die äußeren stehen exzentrisch im ‹Bildrahmen›. Die ganz unbekümmert durch die gedrungenen Pilaster aufgeteilte Fensterzone steht wiederum für sich, der mittlere Pilaster auf dem Scheitel der Mittelnische. Das Bildmäßige wird noch durch das wechselvolle Spiel der Einzelformen betont. Die Zwischenstütze unten ist als Bündelsäule geformt, und die Bogen ruhen seitlich auf Pilastern mit korinthischem Kapitell. Die Pilaster der Fensterzone enden in der vereinfachten, aber klar durchgezeichneten Form

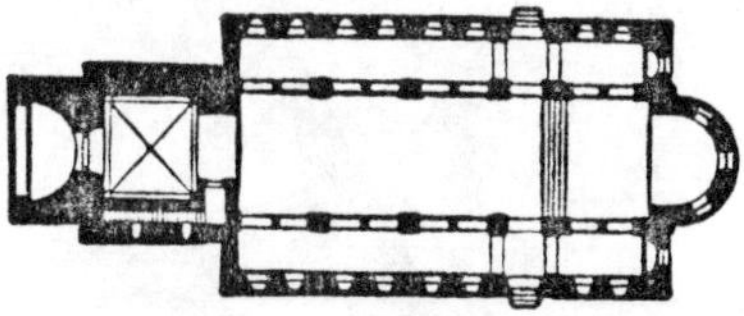

Fig. 12: WERDEN, Luciuskirche, Grundriß

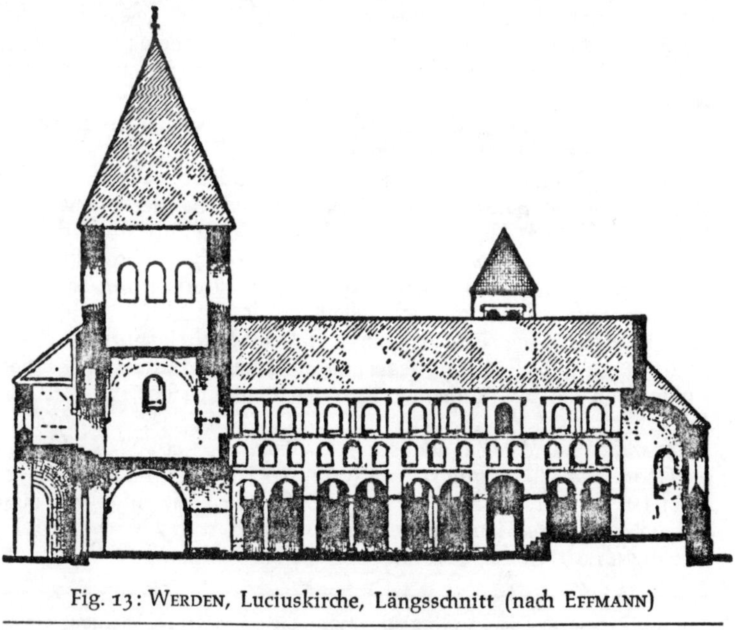

Fig. 13: WERDEN, Luciuskirche, Längsschnitt (nach EFFMANN)

1 Abb. in JANTZEN, Ottonische Kunst. 1947, Abb. 34.

Fig. 14: WERDEN, Luciuskirche (nach EFFMANN)

des Zungenblattkapitells. Dazu ursprünglich die reiche farbige Wirkung des Ganzen, wovon die Reste der Architekturbemalung und die gemalten Einzelfiguren in den Nischen noch eine Vorstellung vermitteln.

So bildmäßig die Architektur hier noch gezeichnet erscheint, so bleibt doch der Gedanke der dreigeschossigen Gliederung einer emporenlosen Basilika von ungemein weittragender Bedeutung für den abendländischen Sakralbau der folgenden Jahrhunderte. Die Aufrißsysteme des 12. Jahrhunderts wirken wie eine Entfaltung dessen, was hier in Werden wie im Keim zu erblicken ist. Noch darf man nicht von ‹Triforien› sprechen, aber die Charakterisierung der Zone zwischen Erdgeschoß und Lichtgaden hat die kirchliche Architektur des Mittelalters im Norden, zumal in Frankreich, unaufhörlich beschäftigt. Und der Pilastergliederung der Fenstergeschosse begegnen wir noch in der burgundischen sakralen Baukunst des 12. Jahrhunderts.

EFFMANN[1] hat das Langhaus der Luciuskirche nach Maßgabe dieser Chorwand rekonstruiert, und wenn der Rückschluß auf Essen erlaubt ist, so wäre wohl die Essener Stiftskirche diejenige, die zum ersten Male diesen baukünstlerischen Gedanken des Nischentriforiums aussprach. In der Bevorzugung der Nischenmotive läßt sich die

1 W. EFFMANN, Die karolingisch-ottonischen Bauten zu Werden. Straßburg 1899 u. Berlin 1922.

Verwandtschaft der Luciuskirche in Werden mit der Stiftskirche in Essen noch innen an der Choraußenwand erkennen. Der Nebenchor der Luciuskirche, um ein geringes tiefer gelegen als der Mittelraum, wird mit diesem durch die Doppelarkade verbunden. An seiner Außenmauer zeigt der Nebenchor ebenso wie in Essen unter der Fensterzone aus der Wand ausgehöhlte Nischen, und auch die Nebenapsiden stecken wie in Essen in gleicher Art in der Mauerschicht. In Süstern finden sich die entsprechenden Züge.

Für den Außenbau dieser kleinen Werdener Pfarrkirche, deren Langhaus im 19. Jahrhundert zu Wohnbauten umgestaltet wurde, ist noch hervorzuheben, daß im Westen ein Einturm mit bedeutendem Portalnischenvorbau vor der Front stand und daß vor dem Choransatz beiderseits flankierende Türme sich erhoben.

St. Maria im Kapitol zu Köln

Gegen die Mitte des 11. Jahrhunderts hin entstand schließlich in Köln der Bau, der am Niederrhein die gesamte Epoche auf das großartigste abschließt: St. Maria im Kapitol, 1049 durch die Weihe des Kreuzaltars zeitlich annähernd bestimmt[1]. Chronologisch greift er zwar über die Zeit der ottonischen Herrscher hinaus, aber die epochalen Wandlungen der Kölner sakralen Architektur setzen (nicht

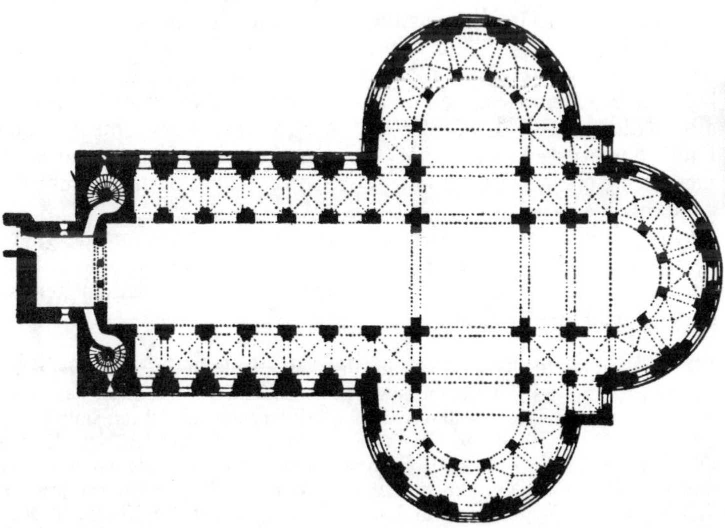

Fig. 15: KÖLN, St. Maria im Kapitol, Grundriß

1 Die Kunstdenkmäler der Rheinprovinz. II. Bd. Stadt Köln, 1911, S. 177—276.

anders als in der Malerei) erst später ein. Zudem läßt sich die Wirkung im Inneren von St. Maria im Kapitol (vor dem Kriege) noch durchaus vom ottonischen Raumempfinden her begreifen, obwohl es sich um eine einzigartige Grundrißbildung handelt und obwohl die Einzelformen strenger werden. Ein starr geformtes Langhaus als flachgedeckte Pfeilerbasilika, verbunden mit einem weitläufigen Ostbau als Dreikonchenchor, um den die gewölbten Seitenschiffe des Langhauses herumgeführt werden (Abb. 7). Zwei sehr unterschiedliche Raumgebilde zusammengefügt und doch ein Ganzes. Der Gegensatz der strengen, mauermäßig geschlossenen Wände des Langhauses – Wand und Raum durch die gotischen Gewölbe später völlig entstellt – zu den in weichem Schwunge ausholenden, in Säulenstellungen sich öffnenden Exedren erscheint so stark, daß man früher zwar baugeschichtlich unrichtig, aber dem vorherrschenden Eindruck entsprechend von einem Zentralbau mit hinzugefügtem Langhaus gesprochen hat. Die gewölbten Seitenschiffe – sie zeigen neben denen des Speyrer Doms zum ersten Male in der deutschen Baukunst die flache Decke durch Gratgewölbe ersetzt – laufen in gleicher Form ihre Bahn um Langhaus, Querhaus und Chor. Die Säulenstützen in den Rundungen von mächtig strebender Art mit großen, eigentümlich bauchigen Würfelknäufen, die ohne Halsring vom Schaft aufsteigen und in den Zwickeln eine zart aufgesetzte Rippe zeigen.

Die kunstgeschichtliche Herkunft des zentralisierenden Grundrisses ist nicht auszumachen, doch scheint es Vorformen in der Maaslandschaft gegeben zu haben, wie die Rekonstruktion von Stablo vermuten läßt[1]. Für die spätstaufische Köln-Rheinische Sakralarchitektur bildet St. Maria im Kapitol so etwas wie einen Schöpfungsbau, denn der Dreikonchen-Grundriß wird hier ganz heimisch und läßt sich aus dem Gesamtbilde der rheinischen Baukunst des Mittelalters nicht fortdenken. Mit der Zerstörung dieses einzigartigen Baues durch den Krieg ist die Erlebnismöglichkeit ottonischen Raumes vom Geistigen her in einem der wertvollsten Beispiele zunichte gemacht.

Geschichtlich von besonderem Gewicht erscheint sodann die Krypta der Kapitolskirche. Sie läßt an die reiche und entscheidende Entwicklung denken, die die Kryptenanlagen in der ottonischen Reichskunst durchlaufen haben.

Die Krypten als baulicher Ausdruck des Reliquienkults bringen eine ganz eigene Färbung des Raumempfindens in die erste Zeit kirchlicher deutscher Baukunst. Die dunklen Räume früher Pfeilerkrypten mit ihren ungefügen Gewölben wie in Rohr und Gernrode stehen im Gegensatz zu dem lichten Oberbau und lassen noch an Höhlungen in der Tiefe der Erde denken. Und doch ist mit diesen Krypten bereits der Weg zur Hallenform beschritten, der vom älteren Typus der Gangkrypta hinwegführt – der Übergang noch in der Pfeilerkrypta von Füssen, St. Mang, um die Mitte des 10. Jahrhunderts deutlich erkennbar – und der zu Ende des 10. Jahrhunderts einen

---

1 Friedrich Bellmann, Zur Bau- und Kunstgeschichte der Stiftskirche von Nivelles. München 1941.

nach Form und Größe mehrfach abgewandelten Typus erkennen läßt. Auch die Bestimmung wandelt sich. In ottonischer Zeit, und zwar bereits im 10. Jahrhundert, begann die Krypta zugleich Grablege und Gruftkapelle für den Bauherrn zu werden. Die Beisetzung der Kaiserin Edith und Ottos des Grossen selbst im Magdeburger Dom, des Markgrafen Gero in Gernrode, Brunos in der Krypta von St. Pantaleon und anderer kirchlicher und weltlicher Fürsten bieten Beispiele hierfür. Für die architektonische Form kennzeichnen außer den bereits erwähnten Hallenkrypten diejenigen von Unterregenbach, ferner die fünfschiffigen, jedoch noch kleinteiligen Anlagen von St. Cäcilien und St. Pantaleon in Köln, dann um die Jahrtausendwende die Krypten von Konstanz, Augsburg und Essen (älterer Teil) den Weg, den die Entwicklung in der zweiten Hälfte des 10. Jahrhunderts genommen hat. Dazu treten die aufwendigen Anlagen der Außenkrypten, bereits Mitte des 10. Jahrhunderts durch die doppelgeschossige Anlage von St. Maximin zu Trier vertreten. Die Außenkrypta von St. Emmeram in Regensburg stammt aus der Zeit 977/80. Die Mehrzahl solcher Bauten gehört jedoch der ersten Hälfte des 11. Jahrhunderts an, wie die der Halberstädter Frauenkirche (1005/20), Gembloux an der Maas 1021, Stablo 1030 und wie die fünfschiffigen Außenkrypten des Essener Münsters (Weihe 1051) und der ihr verwandten von Süstern. Mit dem beginnenden 11. Jahrh. erfahren aber auch ganz allgemein die Hallenkrypten eine bedeutendere architektonische Durcharbeitung und nähern sich der Formensprache der Oberkirchen. Die Säulenkrypta mit den kräftigen Würfelknäufen auf den Stützen setzt sich durch. Die Teilung in Schiffe und quadratische Joche mit Gratgewölben, getrennt durch Gurtbogen, bringt eine neue Größe und Klarheit in die Entwicklung, so daß schließlich in den weitläufigen Anlagen des Speyrer Doms und wenig später in St. Maria im Kapitol zu Köln Würde und Ernst solcher durchgängig gewölbten Unterkirchen als eine kultisch gesonderte architektonisch-räumliche Ergänzung zu den flach gedeckten basilikalen Gebilden der Oberkirchen empfunden werden.

Maasgebiet

Das *Maasgebiet* als Baulandschaft der ottonischen Reichskunst ist uns in seiner Bedeutung erst in neuerer Zeit erschlossen (Friedrich Bellmann), nachdem schon Ernst Gall nachdrücklich auf Nivelles hingewiesen hatte. In der Tat sind in diesem Gebiet, das als Teil Niederlothringens seit 925 fest zum Reich gehörte, gerade in der Zeit um die Jahrtausendwende und im weiter fortschreitenden 11. Jahrhundert weitaus die zahlreichsten und bedeutendsten Bauten entstanden [1]. Lüttich zeichnet sich durch den baufreudigen Bischof Notker aus, auf den eine Reihe von Lütticher Kirchen aus dem Ende des 10. Jahrhunderts zurückgeht. Notker, ein Schwabe, vormals Probst in St. Gallen, wuchs noch in der an Glanz reichen Spätzeit

1 Die architekturgeschichtliche Bedeutung des Maasgebietes zu dieser Zeit mit Aufzählung zahlreicher Bauten neuerlich besonders betont von H. E. Kubach, Die frühromanische Baukunst des Maaslandes. Ztschr. f. Kunstwissenschaft VII, 1953, S. 113—136. Ebendort Grundrisse und Abbildungen der wichtigsten Kirchen sowie Literatur; vgl. ferner R. Lemaire, *De romaanse Bouwkunst in de Nederlanden.* Brüssel 1952, S. 62 ff.

Ottos des Grossen auf. 972 erhielt er vom Kaiser das Lütticher Bistum, das er bis zu seinem Tode 1008 verwaltete und das ihm eine Blütezeit in Wissenschaft und Kunst zu verdanken hat. Von seinen Bauten ist freilich wenig Greifbares geblieben, doch können wir noch die Planungen beurteilen. Überraschend wirkt dort zunächst, daß Notker sich für die zu seinem Grabbau bestimmte Johanniskirche die Aachener Pfalzkapelle Karls des Grossen zum Vorbild nahm. Die Benützung von Motiven der Aachener Hofarchitektur steht zwar keineswegs vereinzelt in der ottonischen Epoche, aber daß der Bau Karls des Grossen seiner vollen Ausdehnung nach mit der Bestimmung als Grabeskirche noch einmal von einem Bischof wiederholt wurde, bleibt einzigartig und zeugt wohl nicht nur für die Verehrung und Bewunderung der alten Aachener Architektur, sondern auch für ein starkes Selbstbewußtsein des Bischofs. Von diesem Grabbau Notkers ist, abgesehen von der Grundrißbildung, nur weniges in den Turmteilen erhalten, so daß wir über die Innenraumwirkung nicht urteilen können.

Die Bedeutung des Lütticher Bistums wurde indessen architektonisch an erster Stelle durch den Dom St. Lambert getragen (Weihe 1015). Er muß ungemein stattlich gewirkt haben. Da er 1185 abbrannte, kann nicht viel mehr als die Grundrißanlage erschlossen werden. Danach gehörte er zu den bedeutendsten Bischofskirchen der Zeit und stand in einer Linie mit den großen ottonischen Domen am Rhein: Mainz, Worms und Straßburg. Er zeigt im Grundriß spezifisch ottonisch ‹norddeutsche› Züge: zwei Querschiffe, zwei Chöre mit Krypten und aller Wahrscheinlichkeit nach zwei Türme neben dem Westchor. Der Dom Notkers gab den Auftakt zu einer ungemein gesteigerten Bautätigkeit im Lande, wie sich an einer großen Reihe von neuerrichteten Abteikirchen zu Beginn des 11. Jahrhunderts erkennen läßt. Von ihnen allen steht nur *St. Gertrud in Nivelles* (Nyfels) als wichtigster Zeuge monumentaler Baugesinnung jener Zeit. Die Damenstiftskirche in Nivelles, die Lütticher Domkirche und die Benediktiner-Abteikirche St. Truiden zeigen trotz der Verschiedenheit der Bauaufgaben auffallend viele gemeinsame Züge bei bedeutenden Abmessungen, vor allem die schon für Lüttich genannten doppelten Querhäuser, doppelte Chöre und – in diesem Punkte abweichend von Notkers Dom – die Errichtung eines mächtigen Westchorturmes. Auch darin stimmen sie überein, daß die Querhäuser niedriger als das Mittelschiff der Langhäuser bleiben sowie das Westhaus schmäler und kürzer gebildet wird als das Ostquerhaus. Beide Merkmale unterscheiden die Gertrudenkirche in Nivelles und damit die Maasbaukunst in bestimmten Zügen von der gleichzeitigen Michaelskirche in Hildesheim.

Daß der Bau von St. Gertrud uns im wesentlichen noch erhalten geblieben ist – zumal die barocken Zutaten in der Wiederherstellung des Mittelschiffs wieder verschwunden sind –, bedeutet einen unschätzbaren Gewinn für unsere anschauliche Vorstellung der ottonischen Baukunst dieses Gebietes. Der Plan zum Neubau gehört vermutlich in die Zeit um 1000, als Adelheid, eine Base Kaiser Ottos III.

aus dem Geschlecht der Ezzonen, Äbtissin von Nivelles war. Der Außenbau bringt die ursprüngliche Gliederung im großen auch heute noch zur Geltung, und wenn auch der Westturm dem 12. Jahrhun-

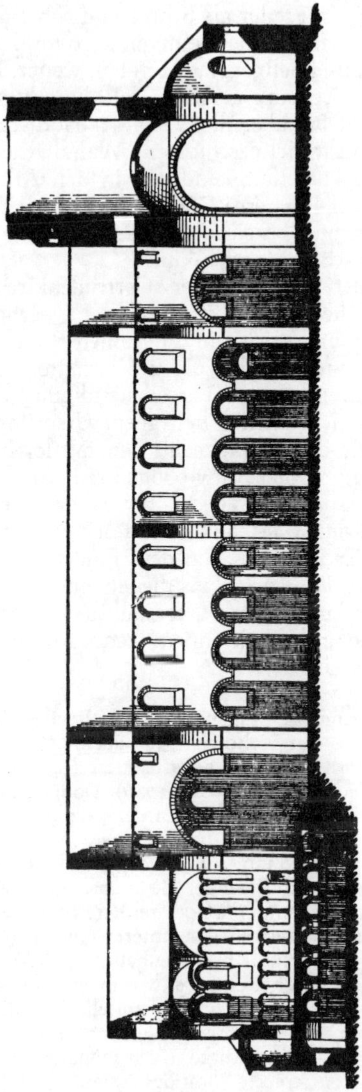

Fig. 16: Nivelles (Nyfels), St. Gertrud, Längsschnitt

dert entstammt, so ist er doch in vielen Zügen noch von seinem ottonischen Vorgänger her bestimmt und bezeugt, daß die Maasbaukunst um 1000 auf großartige Turmbauten Wert legte. Der Grundriß der Kirche mit den bereits genannten Hauptmotiven, doppelte Querschiffe und Chöre, wozu noch eine Ostkrypta mit Umgang und je zwei Kapellen an den Ostseiten der Querschiffe kommen, läßt auf reiche kultische Anforderungen dieses Damenstiftes schließen. Das Langhaus verwendet statt der sonst in dieser Zeit vorwiegenden Säulen den Pfeiler als Stütze und führt damit den Typus der Pfeilerbasilika, wie ihn die kleineren karolingischen Bauten EINHARTS in Steinbach und Seligenstadt zeigten, weiter. Doch sind in Nivelles die Pfeiler so schlank gebildet, daß die acht Arkaden auffallend steil und leicht bis über die Mitte der Hochschiffwand emporsteigen. Es bleibt nicht viel geschlossene Wandfläche zwischen dieser hochgreifenden Bogenstellung und den in den Arkadenachsen sich öffnenden Hochschiff-Fenstern. Die durch die steilen Pfeilerarkaden bedingte Raumwirkung bezeichnet, wie es scheint, typische Eigenschaften der ottonischen Maasbaukunst.

Zu den besonderen Zügen der Gertrudenkirche gehören die Schwibbogen, die die Seitenschiffe und die Querhausflügel in der Mitte durchqueren und auch die Vierungen vom Mittelschiff und den Querarmen trennen, wobei die tief heruntergreifenden Bogenübermauerungen räumlich zur Verselbständigung der Querhausarme gegenüber dem Mittelschiff beitragen. Ursprünglich sollte auch im Mittelschiff, wie die Vorlagen an den mittleren Stellungen der Pfeiler erweisen, ein solcher Schwibbogen sich von einer Hochschiffwand zur andern spannen, wie es für St. Truiden bezeugt ist[1]. Schwibbogen sind der Maasbaukunst dieser Zeit auch sonst geläufig wie später der Normandie, um dem Eindruck der rhythmischen Vielgliedrigkeit des Bauganzen zu dienen und um die Leichtigkeit der hochaufstrebenden Wände zu ermöglichen. Schwibbogen bilden ein gewissermaßen sich nach innen wendendes Strebesystem der flachgedeckten Basilika.

Ein besonderes Augenmerk beanspruchen in Nivelles die Blendengliederungen der Wände in den östlichen Querhausflügeln und im Chor. Der zeitlichen Stellung nach gehören die Ostteile zu den späteren, da von Westen nach Osten gebaut wurde (Weihe 1046). Doch steht das Motiv wohl noch in Beziehung zu verwandten Zügen der Kölner Pantaleonskirche. Im Ostquerschiff zu Nivelles wirkt es besonders schön, wie innen die schlanken Blenden ohne Unterbrechungen bis oben hinauf um die Fenster herumgeführt werden. Die Hochchorwände, die ursprünglich wohl ein Tonnengewölbe trugen, bringen dann eine noch reichere Stufung der Wand, zweigeschossig, mit Wandsäulchen in den unteren Teilen. Soweit in Nivelles Einzelformen in der Architektur hervorzuheben sind, Würfel- und Pilzkapitelle in Krypta und Chor, halten sie sich ganz auf der Seite der germanischen Formensprache dieser Zeit. Die Pilzkapitelle verknüpfen Nivelles mit Niedersachsen und mit dem Bereich von Werden, Essen und Köln. Die Würfelkapitelle der Krypta — über achtkantigen monolithen Stützen — zeigen eine etwas übertrieben gestreckte Form des Ablaufs, um den ‹Würfel› stark emporzuheben. Mit Nivelles verwandt in der Formensprache zeigen sich die

1 Bei der Wiederherstellung sind sie jetzt ausgeführt. Zur Wiederherstellung des ursprünglichen Zustandes im Mittelschiff vgl. A. MOTTART, *La collegiale Sainte Gertrude de Nivelles.* 1954, mit zahlreichen Abbildungen.

kleineren Maaskirchen Hastières (Weihe 1035) und Celles bei Dinant. Doch gab es weiterhin bedeutende Bauten wie die im 12. Jahrhundert umgewandelte Pfeilerbasilika St. Servatius in Maastricht (Weihe 1039) und, von ungewöhnlichem Grundrißtypus, die 1804 abgebrochene Abteikirche Stablo. Nach der Vorstellung, die wir von dieser Benediktinerkirche gewinnen können, fällt sie vor allem deswegen ins Auge, weil sie das bedeutende und kunstgeschichtlich so schwer zu erklärende Motiv von St. Maria im Kapitol zu Köln, die um Querschiff und Chor herumgeführten Umgänge, zeitlich bereits früher aufweist (Baubeginn 1030) und damit Anlaß gibt, die Heimat dieses großartigsten Raummotivs spätottonischer Prägung in der Maaslandschaft zu suchen [1].

Die Maaslandschaft gehörte zum Herzogtum Niederlothringen, kirchlich zur Kirchenprovinz Köln. Niederlothringen, weit nach Norden sich erstreckend, sah auch am unteren Rhein zur Zeit der ersten Salier Bauten entstehen, die an ottonischen Gedanken festhielten, so St. Lebuin in Deventer mit doppeltem Querschiff (um

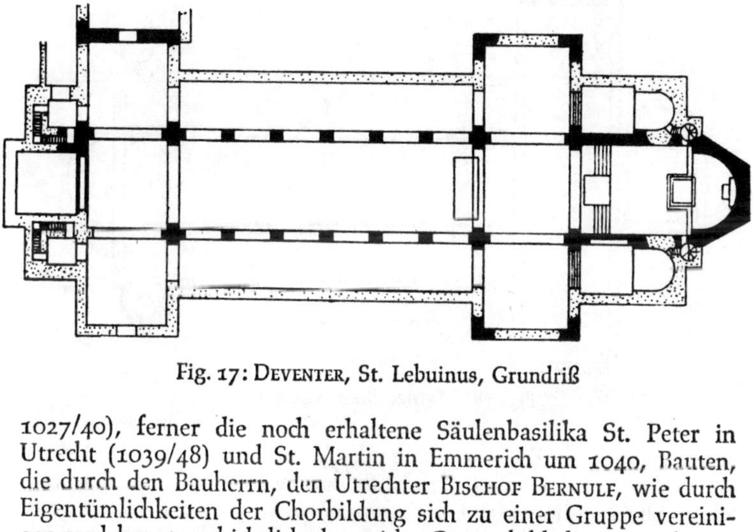

Fig. 17: Deventer, St. Lebuinus, Grundriß

1027/40), ferner die noch erhaltene Säulenbasilika St. Peter in Utrecht (1039/48) und St. Martin in Emmerich um 1040, Bauten, die durch den Bauherrn, den Utrechter Bischof Bernulf, wie durch Eigentümlichkeiten der Chorbildung sich zu einer Gruppe vereinigen und kunstgeschichtlich das reiche Gesamtbild dieser nordwestlichen Baulandschaft des Reiches abrunden.

Der Dom zu Mainz

Am Mittelrhein wird das kirchliche und politische Ansehen des erzbischöflichen Stuhles von *Mainz* im letzten Viertel des 10. Jahrhunderts durch den von Willigis in Angriff genommenen Neubau des Mainzer Domes auf das bedeutendste veranschaulicht. Willigis,

1 Vgl. Bellmann, a. a. O., S. 64 ff.

ein Sachse, schon von Otto dem Grossen zum Gefährten des Sohnes bestimmt, stand zeit seines Lebens in engster Beziehung zum Kaiserhause und blieb für lange Zeit der höchste politische Ratgeber des Reiches. Als Bauherr trat er sofort nach seiner Erhebung zum Erzbischof von Mainz 975 durch Otto II. hervor, indem er den Neubau des Domes als eines der gewaltigsten Bauvorhaben im ganzen Reiche begann. Der mächtige Bau, wie wir ihn heute sehen, wird zwar in seiner Erscheinung durch die Umwandlungen des 12. und 13. Jahrhunderts bestimmt, aber die Grundgedanken und die Ausmaße des ottonischen Domes leben in ihm nach. Der Bau steht auf den Fundamenten des um 975 begonnenen, zur Zeit der Herrschaft Ottos II. und Ottos III. fertiggestellten Domes, der bei der Weihe 1009 abbrannte, sogleich aber von den Nachfolgern des 1011 verstorbenen Willigis erneuert wurde.

Der Grundriß dieses Willigis-Bardo-Domes weicht von den bisher betrachteten Typen der sächsischen und niederrheinischen Ge-

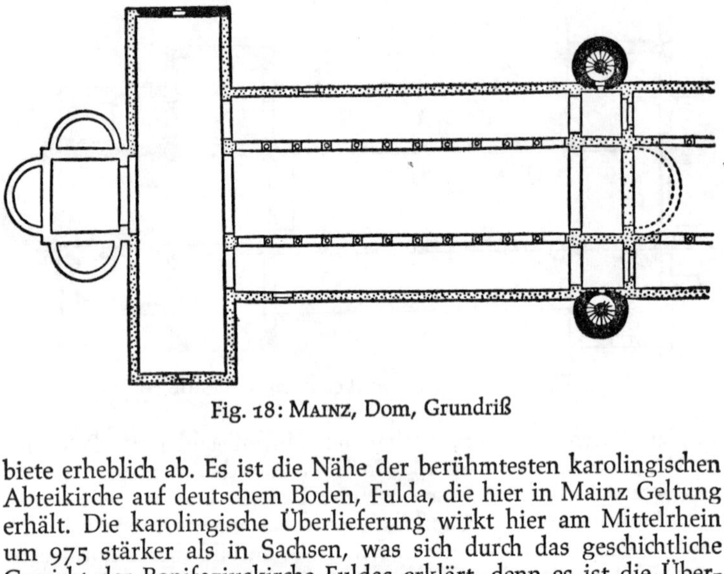

Fig. 18: Mainz, Dom, Grundriß

biete erheblich ab. Es ist die Nähe der berühmtesten karolingischen Abteikirche auf deutschem Boden, Fulda, die hier in Mainz Geltung erhält. Die karolingische Überlieferung wirkt hier am Mittelrhein um 975 stärker als in Sachsen, was sich durch das geschichtliche Gewicht der Bonifaziuskirche Fuldas erklärt, denn es ist die Überlieferung von demjenigen kirchlichen Mittelpunkt aus, der für die Christianisierung Mittel- und Süddeutschlands der wichtigste war. Das Andenken an Bonifazius als den Missionsapostel der Deutschen blieb lebendig. Er war Erzbischof von Mainz gewesen, seine Grabstätte wurde in Fulda verehrt. Zudem standen Fulda und Mainz in ottonischer Zeit noch in enger Verbindung. So erklärt es sich, daß Mainz bestimmte bauliche Grundgedanken von Fulda her aufnahm.

Die alte Klosterkirche zu Fulda läßt sich als karolingische Übersetzung der frühchristlichen Peterskirche in Rom nach dem Norden bezeichnen. Eine lang gestreckte Säulenbasilika mit riesigem westlichen Querhaus und unmittelbar anschließender Apsis, wie in Alt-St.-Peter. Im 10. Jahrhundert, noch zur Zeit OTTOS DES GROSSEN, wurde in Fulda dieser Grundcharakter verändert, nach einem Brande der Ostabschluß erneuert. Es erstanden hier eine von zwei Türmen flankierte Apsis und seitlich an die Türme anschließend doppelgeschossige Anbauten, die auch die Durchgänge vom Atrium zur Kirche enthielten.

Der ottonische Mainzer Dom des WILLIGIS folgte dem karolingischen Fulda in den Hauptzügen als dreischiffige Säulenbasilika mit einem riesigen Querschiff im Westen, in gleicher Länge wie das Mittelschiff. Darüber hinaus schuf er sich aber doch eine eigene Gestalt. Der ottonische Wille, Ost- und Westteile in ihrer architektonischen Wirkung ständig zu steigern, und damit vom Altchristlichen sich loszulösen, drängte in Mainz zu voller Geltung. Der Ostbau besaß, nur niedriger, schon die gleichen Werte wie heute: Ein Querbau mit turmgekröntem Mittelstück, niedrigeren doppelgeschossigen Flügeln in den Achsen der Seitenschiffe und, an die Stirnseiten des Querbaues angelehnt, runde Treppentürme, die in dem bestehenden Bau noch erhalten sind und uns einen anschaulichen Maßstab für die monumentale Wirkung des Willigis-Bardo-Domes vermitteln. Ob eine Ostapsis schon dem ersten Bau angefügt war, bleibt ungewiß. Die Seitenteile enthielten die Durchgänge zum Atrium, das in unmittelbarer baulicher Verbindung mit dem Querbau des Domes stand und seinerseits mit einer Taufkirche abschloß. Also eine Anordnung, wie sie Fulda im 10. Jahrhundert sich ergänzte, wie sie auch der Magdeburger Dom OTTOS DES GROSSEN besaß und wie sie heute noch im Münster zu Essen sich erhalten hat. Mainz muß schon durch seine sehr bedeutenden Abmessungen dieser Baulengruppe damals einen gewaltigen Eindruck gemacht haben.

Die Gestalt des Westchors ist strittig. Er schloß sich unvermittelt, wahrscheinlich als ein Dreikonchenchorturm, an das Querhaus an.

Oberlothringen

In Oberlothringen besitzen wir für unsere Anschauung recht wenig. Die Grundrißbildungen bleiben einfach. Zu den frühen Beispielen gehört die noch vor der Mitte des 10. Jahrhunderts errichtete Benediktinerabtei St. Maximin in Trier, ein querschiffloser Bau mit drei Parallelapsiden, Westturm mit Turmhalle, über ihr wahrscheinlich eine Michaelskapelle. Im übrigen herrschte in Trier noch die römische Antike. Der Dom selbst stand im 10. Jahrhundert als antiker Saalbau über quadratischem Grundriß mit den eingestellten vier mächtigen Säulen und erfüllte noch um die Jahrtausendwende die ottonischen Ansprüche an weiträumige Klarheit. Erst ERZBISCHOF POPPO (1016–1047) hat ihm sein antikes Wesen genommen und ihn im 11. Jahrhundert durch Ummantelung und Erweiterung mit dem großartigen Westabschluß zu einem einzigartigen Sakralbau

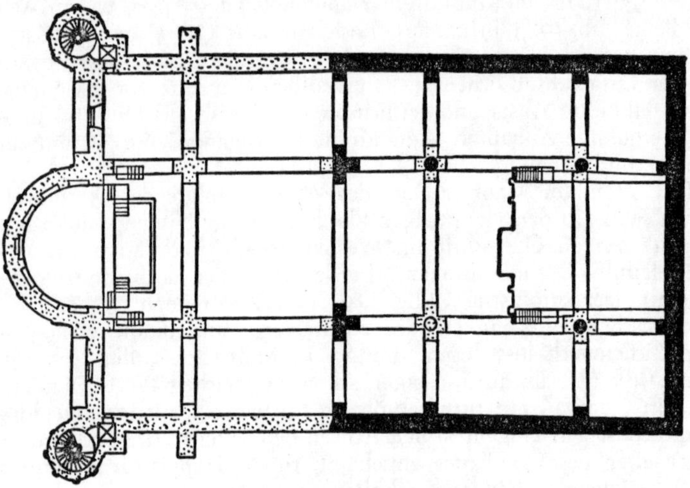

Fig. 19: TRIER, Dom, Grundriß

spätottonischer Zeit umgeformt. Ein seltener Fall, daß ein antikes Raumgebilde im Norden sich so unmittelbar der Verwandlung ins Ottonische bot. Diese Verwandlung bedeutete zugleich eine geniale Konzeption des Baumeisters. Unter Weiterführung der gegebenen Verhältnisse nach Westen entstand ein in rhythmisch geordneten Bogenstellungen gegliederter, ungewöhnlich hoher dreischiffiger Langbau von saalartigem Charakter. In dem aus jener Zeit erhaltenen Westbau läßt sich die große Baugesinnung noch beurteilen. Auch dieser Westbau nimmt zweifellos Ideen auf, die schon im Westabschluß des antiken Baues bereitlagen, wie die quadratischen Türme, die Treppentürme an den Ecken und die Verwendung großer Bogen im Erdgeschoß. Aber doch wirkt die Fassade wie aus einem Guß und erhält durch Gliederung und Westapsis ihr ottonisches Gepräge, jedoch mit einer neuen Straffung und Beziehung aller Einzelteile auf das Ganze, wie es dem Geiste der Architektur gegen die Mitte des 11. Jahrhunderts hin entspricht[1]. Die wichtigsten Linien in der Geschoßaufteilung gehen durch die ganze Breite des Baues. Alle Flächen sind einfach und groß gegliedert, Apsis und Treppentürme durch flache, bandartige Pilaster. Die Zugänge zum Inneren beiderseits der Apsis stehen klein unter einer großen flachen Mauernische[2], deren Rundbogen fast die ganze Breite der Rücklagen zwischen Apsis und Treppentürmen füllt. Über diesen

---

1 Abbildung bei NIKOLAUS PEVSNER, Europäische Architektur. 1937, Abb. 62.

2 Eine kunstgeschichtliche Würdigung dieses ottonischen Portaltypus in Verbindung mit Wimpfen und Essen bei KURT REISSMANN, Romanische Portalarchitektur in Deutschland. Münchener Diss. 1934 (Druck 1937), S. 45 ff.

Bogen ganz neuartig die Verwendung offener Galerien. Die hinter diesen Rücklagen aufsteigenden kurzen quadratischen Türme verleihen dem Ganzen des Westbaues durch das Vor und Zurück eine kräftige Tiefenschichtung. Die Trierer Domfassade gehört zu den baukünstlerisch bedeutendsten architektonischen Schöpfungen der Rheinlande und hat in ihrer rhythmischen Massengliederung auf manchen Bau der Folgezeit baukünstlerisch anregend gewirkt.

Den Bischofssitz zu Metz hatte in den zwei Jahrzehnten 964 bis 984 ein Vetter OTTOS DES GROSSEN inne, dessen Dombau uns durch Grabungen rekonstruiert werden konnte: lateinischer Kreuzgrundriß mit drei Apsiden und Chorflankentürmen, dazu Westturm.

Echternach, wiederum querschifflos, zeigt sich im 2. und 3. Jahrzehnt des 11. Jahrhunderts auffallend zurückhaltend in seiner Raumentwicklung. Im Inneren ‹rheinischer› Stützenwechsel, wahrscheinlich mit Würfelkapitellen.

Der ottonische Dom von Verdun schließlich, mit doppeltem Querschiff, gibt sich als ein naher Verwandter der Maasbaukunst zu erkennen.

Der Süden und Südwesten des Reiches

Der Süden und Südwesten des Reiches läßt im ganzen einen deutlichen Abstand von dem architektonischen Ideenreichtum Nord- und Norwestdeutschlands in ottonischer Zeit verspüren. Auf alemannischem Boden bleibt der Sakralbau sogar recht altertümlich. Die kleinen Bauten der Schweiz wie Amsoldingen, Spiez und Schönenwerd bewahren noch zu Beginn des 11. Jahrhunderts karolingische Züge. Auf der Klosterinsel der Reichenau wissen wir zwar von Bautätigkeit in ottonischer Zeit[1]. Aber in Mittelzell begnügte WITIGOWO Ende des 10. Jahrhunderts sich damit, der Klosterkirche durch Umbauten und Erweiterungen eine bedeutendere Wirkung zu verleihen. Und der unter ABT BERNO um 1030 als Westabschluß errichtete, noch erhaltene schöne Chorturm in Verbindung mit seitlichen Eingangshallen und einem Querschiff verweist uns auf Straßburg, wo diese Baugedanken in den Ostteilen des ottonischen Münsters zeitlich kurz vorher begegnen. So weit der Ruhm der Reichenauer Malschule dieser Zeit strahlt, so hat die Insel auf dem Gebiete der Baukunst doch nichts Entsprechendes aufzuweisen. Auch Petershausen, wo Ende des 10. Jahrhunderts ein neuer Bau entstand (Weihe 992), ändert das Bild nicht.

Im Elsaß verlangt zunächst das Straßburger Münster besondere Aufmerksamkeit, denn es ragt gewaltig aus allen Bauunternehmungen des oberrheinischen Gebietes heraus. Das ottonische Münster von BISCHOF WERINHER, einem Habsburger, 1015 begonnen, besteht zwar bis auf Teile der Krypta materiell nicht mehr. Da aber der

1 JOSEF HECHT, Der romanische Kirchenbau des Bodenseegebietes. 1928, S. 90 ff.

heutige hochgotische Bau auf den Fundamenten des ottonischen Domes ruht, können wir uns ähnlich wie in Mainz die monumentalen Dimensionen des ersten Baues veranschaulichen. Den Grundriß haben eingehende Forschungen sichergestellt [1].

Die Voraussetzungen des Grundrisses liegen nicht in der oberrheinischen Landschaft selbst, sondern der Bau des BISCHOFS WERINHER steht in der Tradition der großen Bischofs- und Klosterkirchen Mitteldeutschlands. Fulda und Mainz sind es, deren kirchliche Bedeutung und deren bauliche Ideale für Straßburg bestimmend wurden. War schon in Mainz der ‹römische› Gedanke ins Ottonische übernommen, so folgte Straßburg hierin, jedoch mit eigenem Charakter. Die gestreckte Säulenbasilika des Langhauses und das riesige Querschiff entstammen jenen Bauidealen.

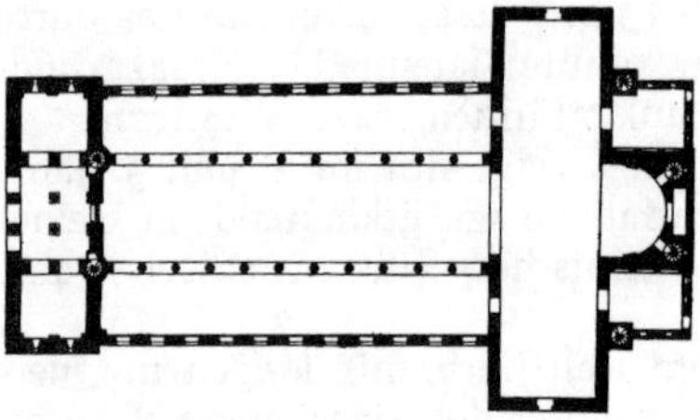

Fig. 20: STRASSBURG, Münster, Grundriß

Wie Mainz besaß auch Straßburg ein durchgehendes Querschiff (ohne ausgeschiedene Vierung) von gleicher Ausdehnung wie das Langhaus, mit dem Unterschied, daß es nicht im Westen, sondern im Osten der Gesamtanlage lag. Konservativ in der Grundrißbildung wirkt auch die unvermittelt angeschobene Apsis. Aber es ist nun ein eigener Straßburger Gedanke, wie diese Apsis — mit Benützung von Motiven am frühottonischen Umbau der Ostteile Fuldas — mit doppelgeschossigen Anräumen verbunden wird. Die über einer Krypta stehende rechteckig ummantelte Apsis wird beiderseits von den doppelgeschossigen Anräumen so begleitet, daß sie mit einer gemeinsamen geraden Flucht nach Osten abschließen. Diese Anordnung hat sich noch in den späten Umbauten des 12. und beginnenden 13. Jahrhunderts bis heute erhalten, ebenso durch Übernahme des Motivs in dem zeitlich dem ottonischen Straßburger Münster bald folgenden Mittelzell-Reichenau. Die doppelgeschossigen Kapellen öffneten sich wie dort nach dem Querschiff, und wie auf der Reichenau erhob sich in Straßburg über der Apsis wahrscheinlich ein Chorturm.

Im wesentlichen ist auch der Westabschluß des alten Straßburger Münsters gesichert. Man muß ihn sich als Doppelturmfassade vorstellen [2]. Die Doppelturmfassade wird man als einen landschaftlich bedingten oberrheinischen Anteil an der ottonischen Baukunst an-

---

1 HANS KUNZE, Der Stand unseres Wissens um die Baugeschichte des Straßburger Münsters. Elsaß-Lothringisches Jahrbuch Bd. XVIII, 1939, S. 63—115; desgl. Nachträge u. Berichtigungen, Bd. XX, 1942, S. 370 ff.

2 HANS KUNZE, Die Klosterkirche in Limburg an der Haardt und die Frage der Doppelturmfassade am Oberrhein. ‹Oberrheinische Kunst›, X, 1942, S. 5 ff. — L. SCHÜRENBERG, Der Anteil der südwestdeutschen Baukunst an der Ausbildung des salischen Stils. Ztschr. f. Kunstgesch., 1939. — FRIDTJOF

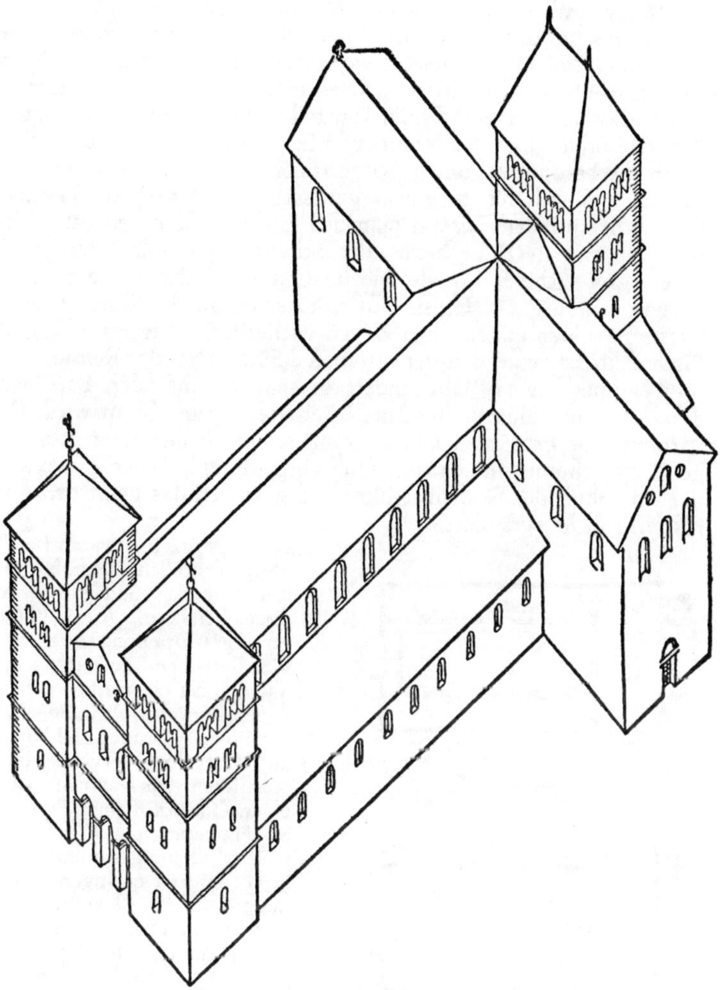

Fig. 21: STRASSBURG, Münster (nach K. GRUBER)

sprechen können. Die Verbindung eines römisch-basilikalen Grundrisses mit einer Doppelturmfassade hatte zwar bereits das spätkarolingische Hersfeld (nach 831), das seinerseits in engster Verbindung zu Fulda stand, vollzogen. Aber offenbar neigte der Oberrhein landschaftlich selbst zu dieser Lösung des Westabschlusses. Basel zeigte ihn in seinem unter KAISER HEINRICH II. errichteten und

ZSCHOKKE, Die romanischen Glasgemälde des Straßburger Münsters. Basel 1942, nimmt S. 123 Säulenbasilika von 11 Arkaden für den WERINHER-Bau an wie schon KNAUTH im ‹Straßburger Münsterblatt› Bd. VI, 1912.

Straßburg zeitlich vorangehenden Münster, von dem noch Teile des Nordturms mit der zarten Blendgliederung am Obergeschoß stehen. Wie Fulda und Mainz müssen wir uns auch das Straßburger Münster als Säulenbasilika denken. Die Einzelformen kennen wir zwar nicht, aber um 1015 wird man Würfelkapitelle anzunehmen haben. Die Weiträumigkeit des ottonischen Straßburger Münsters, bedingt durch die besonders breiten Seitenschiffe und die weiten Säulenabstände, läßt sich bis zu einem gewissen Grade noch im heutigen Bau nachempfinden. Nimmt man den Eindruck flach gedeckter Mittelschiffe wie in Hildesheim oder Schaffhausen hinzu, ferner die Macht großflächiger Wände wie im Querschiff der Ruine Hersfeld oder in Limburg a. d. H., so läßt sich der ottonische Raum noch im Geiste in seinen allgemeinen Zügen wiederherstellen. Straßburg als Bischofskirche zeigt, daß der ottonische Südwesten des Reiches noch im beginnenden 11. Jahrhundert in seinem führenden Bau stark durch die mit Fulda verbundene Überlieferung bestimmt wird. Das karolingische Erbe wird neu geformt, sicherlich mit einer großartigen Baugesinnung und nicht ohne Hinzufügung neuer Züge, aber der Charakter der Säulenbasilika wird gewahrt, das heißt der Aufriß wird nicht verändert.

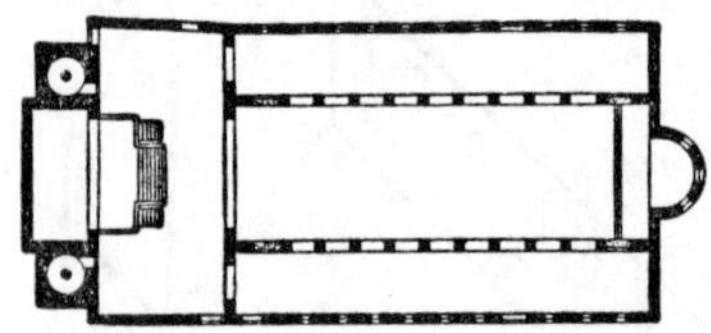

Fig. 22: Regensburg, Dom, Grundriß

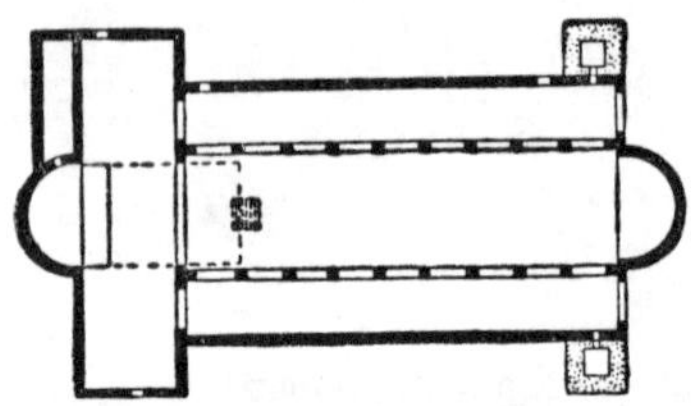

Fig. 23: Augsburg, Dom, Grundriß

Leider besitzen wir auch für die übrigen großen Bischofs- und Klosterkirchen Süddeutschlands dieser Zeit wenig Anschauliches für die Beurteilung ihrer baukünstlerischen Bedeutung im Rahmen der ottonischen Epoche. Regensburg bewahrt die altertümlichen Grundrißbildungen mit Hinzufügung von großen westlichen Querräumen. Doch ist in Querschiff und Chor von St. Emmeram die Weite ottonischer Raumgesinnung mit ihrer feinen geistigen Spannung noch zu verspüren. Der Augsburger Dom – die Augsburger Annalen berichten zum Jahre 995: ‹*Liutholdus episcopus templum a fundamento construxit Adelheida imperatrice cooperante*› – zeigte eine doppelchörige Basilika mit westlichem Querschiff, die Apsis unmittelbar angeschlossen. Der Dom nimmt also den ‹römischen› Grundriß auf wie Mainz, wählt aber im Aufriß Pfeiler statt Säulen. Die fast quadratischen Arkadenpfeiler mit Platte und Schräge in Basen und Kämpfern sind unter den gotischen Vorlagen noch erhalten. Der spätottonische Bau muß mit seiner kräftig-derben Sprache sehr einfach gewirkt haben, zumal die halbkreisigen Bogen der dicht gestellten Pfeiler nicht sehr hoch hinaufführen.

Der von Heinrich II. gestiftete Bamberger Dom in dem neugegründeten Bistum läßt in dem doppelchörigen Bau mit Krypten und mit Querschiff nur die allgemeine Geltung dieses Typus in ottonischer Zeit erkennen.

Ebenso kennen wir von dem Dom in Worms nur den Grundriß der basilikalen Anlage mit östlichem Querschiff, Chorquadrat und rechteckig ummantelter Apsis, begleitet von Rundtürmen. Nach Westen ebenfalls eine Apsis mit Rundtürmen. Vom ottonischen Bau haben sich nur die Untergeschosse der westlichen Chorflankentürme erhalten[1].

Während das Straßburger Münster und die zuletzt genannten Bauten nur im Geiste nach ihren typischen Zügen wiederherzustellen sind, sollen wir doch für das Elsaß dieser Zeit nicht ganz ohne Anschauung bleiben, freilich für eine völlig andersartige Bauaufgabe, als sie die großen Bischofskirchen stellen. In Ottmarsheim[2]

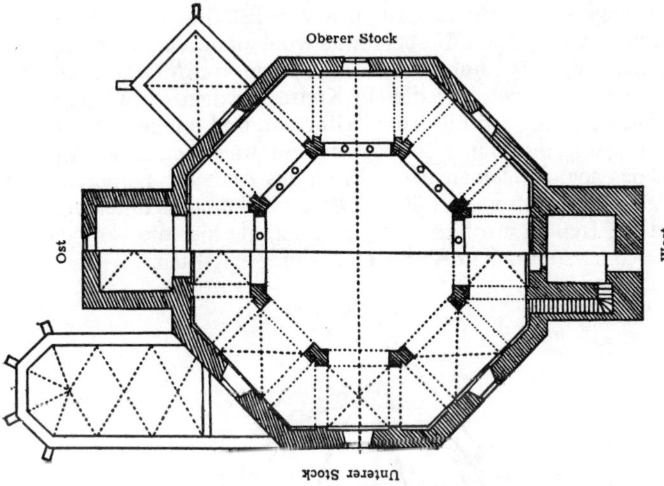

Fig. 24: Ottmarsheim, Grundriß

wählten Benediktiner-Nonnen für ihre Klosterkirche einen zentralen Wölbungsbau und nichts Geringeres als die Pfalzkapelle Karls des Grossen zum Vorbild. Daß die Aachener Bauschöpfung Karls des Grossen vielfach als vorbildlich betrachtet wurde, liegt in ihrem besonderen Charakter. Sie war nach Herkunft, Bestimmung wie nach der baukünstlerischen Leistung die schlechthin vornehme Architektur der karolingisch-ottonischen Epoche. Als Hofarchitektur blieb sie zugleich lebendig als Stätte der deutschen Königskrönungen. In ihrem doppelgeschossigen Aufbau unterschied sie die Räume für Herrschaft und Gefolge und einte wiederum als Zentralbau die

1 Rudolf Kautzsch, Der Dom zu Worms. 1938.

2 Kein Geringerer als Jacob Burckhardt hat den Bau kunstgeschichtlich aus der Taufe gehoben und als erster zeitlich richtig bestimmt. Vgl. J. Burckhardt, Die Kirche zu Ottmarsheim. Mitteilung. d. Gesellsch. f. vaterländische Altertümer in Basel, 1844. — Neudruck Straßburg 1941. Lehmann-Brockhaus, Schriftquellen zur Kunstgeschichte des 11. und 12. Jahrhunderts für Deutschland, Lothringen und Italien. 2 Bde. 1938, Nr. 1019.

Hofgesellschaft in Haltung und Würde. Dazu besaß sie bedeutende bauliche Motive und verlieh dem Raum einen wahrhaft festlichen Glanz. Kein Wunder, daß sie noch nach zweihundert Jahren die Augen auf sich zog. Daß sie für Kaiserpfalzen vorbildlich wirkte, wie es im 10. Jahrhundert in Nymwegen, zur Zeit HEINRICHS II. wahrscheinlich auch in Bamberg [1] geschah, erscheint ohne weiteres verständlich. Aber auch für andere Bauprogramme scheint man diese Form als glücklichste Lösung empfunden zu haben. In Lüttich ließ sich, wie schon erwähnt, BISCHOF NOTKER seine Grabeskirche ganz nach der Art des Aachener Zentralbaues errichten (nur in geringen Teilen erhalten, Weihe 992). In Wimpfen entstand im späten 10. Jahrhundert ein sechsseitiger Zentralbau mit einem noch erhaltenen Westwerk, nach dem Grundriß zur Familie dieser Umgang-Emporenbauten gehörend, aber doch wohl ohne engere Beziehung zu Aachen, wie der Chor erweist. Der Turm von Mettlach entfernt sich bereits recht weit aus diesem Kreise, zu dem er oft gerechnet wird. Die Empore wird hier zum Triforium, und unten ist ein Kranz von Nischen in die Mauer eingelassen, ein altes rheinisches Motiv [2].

Daß das adelige Damenstift in Essen das Aachener Emporenmotiv benutzte, wurde bereits erwähnt. *Ottmarsheim* steht unter den Damenstiften freilich insofern einzigartig da, als hier die Nonnen den Bau als Ganzes nach dem Aachener Vorbilde erstellten.

Fig. 25: OTTMARSHEIM, Querschnitt

1 HEINRICH MAYER, Neue Forschungen auf dem Domberg zu Bamberg. Deutsche Kunst u. Denkmalpflege, 1936, S. 196 ff.

2 A. VERBEEK, Der alte Turm in Mettlach. Trierer Ztsch. 1937, S. 65 ff.

Diese Kirche ist uns erhalten. Abgesehen davon, daß den rohen Mauerflächen des Inneren die Oberfläche fehlt, gehört dieser kleine Bau, eingebettet in die dörfliche Umgebung der Rheinebene, nahe dem Strom an der alten Talstraße gelegen, zu den besterhaltenen Zeugnissen der ottonischen Architektur, zwar nicht als eine schöpferisch führende Leistung, aber höchst bezeichnend für die baulichen Ansprüche und den Wertmaßstab, den ein kleiner Nonnenkonvent jener Zeit in Anspruch nehmen konnte. Der künstlerisch höchst reizvolle Bau wird etwa gleichzeitig mit dem Straßburger Münster begonnen sein, eine Stiftung Rudolfs, Grafen von Altenburg.

Die Motive der Aachener Pfalzkapelle sind nach ihren wesentlichen baukünstlerischen Baugedanken aufgenommen, aber doch ist etwas Neues entstanden, einmal durch die veränderten Abmessungen, dann durch die Abweisung alles Antikischen in der Formensprache der Einzelheiten und schließlich durch ein schönes, sofort ansprechendes Raumgefühl. Die Grundrißfigur ist insofern vereinfacht, als dem inneren Achteck auch ein Achteck außen entspricht. Der Rechteckchor wiederholt den nicht mehr vorhandenen Aachener. Auf der Westseite ein einfacher Treppenturm, in den Untergeschossen alt, später erhöht. Im Inneren wird das Erdgeschoß mit seinen gedrückten Bogen sehr klar als Sockelgeschoß gekennzeichnet und schließt nach oben durch ein einfaches aus Platte und Schmiege bestehendes Gesims in rotem Sandstein ab. Für die Raumwirkung entscheidend wirkt das Emporengeschoß, und eben von diesem Obergeschoß aus entfaltet der Raum sein eigenes Leben. Man muß es dem Baumeister als eine besondere künstlerische Leistung anrechnen, daß alle Verhältniswerte mit der größten Sicherheit beherrscht sind. Das Emporengeschoß des Oktogoninneren wird von seinem Fußpunkt aus bis zum Ansatz der Kuppel, also mit Einschluß der oberen Fensterzone, als Einheit erfaßt. Das Verhältnis der Höhe zur lichten Weite dieser Zone ist wie 1 : 1. Aber auch für alle übrigen Wirkungswerte gilt, daß alles Wesentliche klar gesagt wird, in den großen durchlaufenden Bogenformen des inneren Oktogons ebenso wie im weiträumigen, groß und klar gebildeten Emporenumgang, wo die Gewölbe tief heruntergezogen sind. Die Vergitterung der Emporenöffnungen durch die wie in Aachen eingestellten Säulen ist dem schlichten Grundton des Baues gemäß gewählt. Nichts Antikisierendes und keine Kämpferblöcke wie noch in Essen, sondern einfach zugerichtete Würfelknäufe, auf denen die Bogenanfänger ruhen. Mit Essen gemeinsam dann — gegen Aachen —, daß die oberen Säulenstellungen niedriger als die unteren gehalten werden und daß die Säulenabstände gleich bleiben, während Aachen das mittlere Stützenintervall durch größere Breite betont. Aber während in Essen die Emporen wie Zellen wirken, bleibt in Ottmarsheim eine wunderbare Weiträumigkeit. Bei aller Schlichtheit der Architektur in Ottmarsheim bleibt doch die Form stets lebendig. Die Bogenlinien auch der kleinen Arkaden sind niemals schematisch und plump. Die roten Sandsteinsäulen steigen in leichter Schwellung auf, und zwar nicht ganz gleichmäßig, sondern gewissermaßen wie mit der freien Hand gezogen, und ‹freihändig› scheint auch die Kontur der Bogenlinien und der Gesimse geführt. Die jetzt weißgetünchte Kuppel ist in ihrer ursprünglichen Wirkung, als sie jedenfalls Bemalung zeigte, nicht mehr recht faßbar. Für die Zusammenfügung der durchbrochenen Wände zur einheitlichen Wirkung spricht sie durch ihre großflächige Geschlossenheit mit. Größe und Klarheit der Baugesinnung, gepaart mit verhaltener Zartheit, bezeichnen den baukünstlerischen Gehalt dieses ottonischen Raumes.

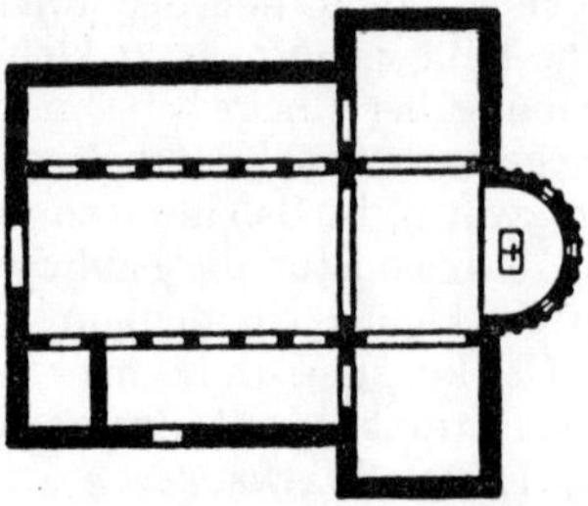

Fig. 26: ESCHAU, Grundriß

Als Beispiel für eine bescheidene basilikale Anlage im Elsaß zu ottonischer Zeit ist schließlich *Eschau* zu nennen, eine dreischiffige Pfeilerbasilika mit niedrigem Querschiff und Apsis, kennzeichnend für die Zeit auch in den gliederungslosen Flächen des Außenbaues.

Vielfalt und Stileinheit

Obwohl wir nur einen Teil ottonischer Baukunst nach seiner vollen baukünstlerischen Bedeutung würdigen können, so spricht doch aus ihm ein großer Reichtum lebendiger geschichtlicher Entwicklung. Hier wird der Grundplan für die deutsche sakrale Baukunst des Mittelalters bis zum Einbruch der Gotik gelegt. Für jede Bauaufgabe gibt es neuartige Lösungen, ob es sich um Bischofskirchen, Klosterkirchen, Stiftskirchen, Taufkirchen, Pfarrkirchen oder Pfalzkapellen handelt. Wie reich allein die Reihe der adeligen Damenstifte, wenn wir an die Folge wie Gernrode, Essen, St. Cäcilien in Köln, Nyfels, Ottmarsheim und Kaufungen denken, ungerechnet die bescheideneren Anlagen, die sich häufig unserer Beurteilung entziehen. Gewiß sind vielfach die Grundgedanken schon in karolingischer Zeit gefaßt. Aber es ist nicht zu verkennen, daß die ottonische Architektur nach Aufgabe und Form völlig neu durchdacht wird, daß sie von einer neuen Gesinnung getragen wird, die auch im Kleinen groß zu wirken vermag. Das liegt daran, daß die Einzelformen sich einem neuen, größeren Zusammenhang unterordnen. Gibt es eine Stileinheit dieser Architektur? Gerade bei der Mannigfaltigkeit ihrer Äußerung ist sie nicht leicht zu erfassen, vor allem auch darum nicht, weil uns die originalen künstlerischen Wirkungen nur bruchstückweise gegeben sind. Dennoch gibt es Züge gemeinsamer Art, die nicht übersehen werden können. So verschieden nach Bauaufgabe und Voraussetzungen Bauten wie Ottmarsheim und die Hildesheimer Michaelskirche erscheinen, so besteht doch auch eine Gemeinsamkeit der Haltung. Sie liegt ebenso in der Abweisung alles Antikischen der Einzelformen wie in der Herbheit und der auf das Wesentliche gerichteten Haltung des Ganzen, verbunden mit einer Empfindung für weiträumige Großartigkeit als Ausdruck jenes Ruhens in Gott, das aus dem Geiste der Epoche zu verstehen ist. Man wird einwenden, daß mit solcher Kennzeichnung wohl noch das Sächsische und die einfacheren Kölner Kirchen sich vereinigen lassen, aber nicht mehr der Reichtum der Essener Stiftskirche und das System der Luciuskirche in Werden. Doch muß man der ottonischen Epoche (wie jeder anderen) eine reiche innere geschichtliche Spannung zugestehen. Die Essener Kirche enthält eine Beweglichkeit und Vielgliedrigkeit baulichen Ausdrucks, die noch vom Karolingisch-Antikisierenden her genährt wird und damit eine frühzeitliche Phase innerhalb des Ottonischen wie auch eine landschaftliche Bindung zu erkennen gibt. Von dort aus läuft der Weg zu der neuen Reife, die gleichzeitig ein sich Ablösen von allem Antikischen bedeutet. Die Spanne zwischen dem Magdeburger Dom Ottos des Grossen und dem Hildesheimer Bau Bernwards, also innerhalb Sachsens, wird man ähnlich beurteilen müssen. Die übrigen Kunstgebiete, wie besonders die Buchmalerei, bieten analoge Erscheinungen der Stilentwicklung. In den Formwandlungen vom Kompositkapitell des Magdeburger Doms zu den Kapitellen Gernrodes bis zum Würfelkapitell Bernwards spiegelt sich diese Entwicklung sinnfällig an einer Einzelform.

Auch im Verhalten zu den geschichtlichen Überlieferungsbereichen trägt das Ottonische einheitliche Züge. Die Zeit um 1000 schafft nicht mehr so eklektizistisch wie die Zeit um 800. Das Karolingische wird reich durch die Vielgestaltigkeit der Rezeptionen. Zur Zeit Karls des Grossen stehen byzantinische Bautypen ebenso wie Syrisches und Römisches am baugeschichtlichen Horizont. Demgegenüber entfaltet sich das Ottonische aus den im eigenen Lande gegebenen Voraussetzungen und schaltet dabei frei mit dem karolingischen Erbgut. Nichts ist bezeichnender für den geschichtlichen Vorgang, als daß im Wandel der Stützengebilde sich das Würfelkapitell als eine deutsche Form herausschält und daß der Turmgedanke einen neuen großartigen Wert für die Gesamterscheinung des Sakralbaues erhält, der aus der mittelalterlichen Architektur des Abendlandes nicht mehr verschwindet.

Gehen wir anderen Wirkungsweisen ottonischer Architektur nach, wie wir sie noch in Gernrode, Hildesheim, Nivelles, Ottmarsheim, und zwar in den baulichen Hauptteilen der Mittelschiffe zu fassen vermögen, so ist Gemeinsames in einer einheitlichen Gestaltung der Wand zu verspüren, die mit der neuen Einheitsbildung und gliederungsfreien Ausbreitung großer Flächen zusammenhängt. Hier muß indessen wegen der Beurteilungsmöglichkeit dieser Erscheinungen eine allgemeine Bemerkung eingeschaltet werden.

Der sakrale Innenraum erhält zwar durch die architektonische Rohform eine entscheidende Geltung, aber er ist weder künstlerisch noch stilistisch durch diese Rohform allein bestimmt. Wenn schon im privaten Bereich ein Raum ruhig oder bewegt, harmonisch oder beengend, gleichgültig oder festlich zu wirken vermag, so steigern sich solche Wirkungen in den höheren Sphären der Raumarchitektur, zumal im Sakralbau als Ausdruck einer bestimmten Frömmigkeitshaltung der Menschen, die sich in ihm bewegen. Es ist die Macht der Architektur, die die innere Haltung der Menschen formt. Und nun spielt es für den besonderen Raumeindruck eine große Rolle, welchen Wirkungswert die raumumgrenzende Rohform durch die Behandlung ihrer Oberfläche gewinnt. Man muß daher zwischen ‹Mauer› und ‹Wand› unterscheiden.

Die frühmittelalterliche Architektur bietet uns freilich in dieser Hinsicht besondere Schwierigkeiten, da uns zumeist nur die ‹Mauer› erhalten ist, aber nicht die ‹Wand›. Unsere Kenntnis der farbigen Behandlung der Architektur dieser Zeit ist gering. Glücklicherweise besitzen wir im Langhaus der Georgskirche zu Oberzell auf der Reichenau ein bedeutendes Beispiel ottonischer Zeit, um uns klar zu machen, wieviel die Wandmalerei und die farbige Struktur der Mauerfläche für die Wirkung des ottonischen Raumes ausmachten. Daß die ottonische Architektur – wie alle frühmittelalterliche Architektur – farbig behandelt war, können wir aus vielerlei Spuren erschließen. Schon die Verwendung verschiedenfarbiger Steinarten gehört hierher. St. Michael in Hildesheim zeigt in den großen Bögen abwechselnd rote und weiße Steine. In den Säulenschäften, Basen und Kapitellen finden sich Rot und Gelb. Entsprechende Erscheinungen sind ebenfalls in St. Pantaleon zu Köln und in Mittelzell auf der Reichenau zu beobachten. In Ottmarsheim heben sich die aus rotem Sandstein gebildeten Gesimse deutlich gegen die Mauern ab. Reste farbiger Behandlung von Architekturgliedern im Essener Westbau und in der Luciuskirche zu Werden geben weitere Beispiele. Im allgemeinen scheinen die warmen Farben Rot und Gelb die Gesamthaltung zu bestimmen. In St. Georg auf der Reichenau zeigen die Säulenschäfte den ursprünglichen roten Ton, ebenso übrigens die Emporensäulen in Ottmarsheim. In der Werdener Luciuskirche ist noch der gesamte farbige Aufriß zu erkennen [1]. Der Stamm der Mittelstütze ist aus rotem, Kapitell und Basis sind aus gelbem Sandstein geformt. Die Bogenstellungen sind an den Stirnseiten von roten, braunen und gelben Streifen begleitet. Und ebenso sind die Nischen der Hochschiffwand mit bunten Randstreifen versehen. Die Rundung der Nischen innen zeigt als Grund konzentrisch wechselnd Rot-Grün und Grün-Rot, wie wir es von der Buchmalerei her als Unterlegung von Initialen kennen. Es folgen nach oben hin weiß und rosarot getönte gesimsartige Streifen. Die Fensteröffnungen sind blaßrot umrahmt und in den Leibungen durch gelbe, rote und grüne Streifungen belebt. Schließlich zieht sich über dem Scheitel der Fenster ein farbiger Mäanderstreifen hin. Es ergibt sich also ein farbig ungemein reiches Bild der Wandbehandlung.

Für unsere Kenntnis der ottonischen Wand erhalten aber nun auch diejenigen Merkmale der monumentalen Malerei ihre Bedeutung, die als die dekorativen im weiteren Sinne bezeichnet werden. Die Georgskirche der Reichenau, deren Architektur aus spätkarolingischer Zeit stammt, bietet hierfür den aufschlußreichsten Einblick, da sich an den Hochschiffwänden bis zur Fensterregion noch die gesamte Malerei aus ottonischer Zeit erhalten hat. Diese Malerei unterstützt vor allem den Eindruck des ‹Flachen› und des ‹Ausgebreiteten›, nicht des Geschichteten in der Wand. Jedenfalls ist hier alles

1 Paul Clemen, Die romanische Monumentalmalerei in den Rheinlanden. 1916, S. 91.

getan, um die tektonische Struktur der Mauer zu verschleiern (Abb. 8). In den Zwickeln der Bogenstellungen schwimmen, nirgends befestigt, die gemalten Rundscheiben, über die sich Wolkenbänder hinziehen. Dann folgt über die ganze Länge des Mittelschiffes zwischen Arkaden und Bildern ein hoher, dreifach übereinandergelegter Mäanderstreifen als eine Art in Schrägsicht gegebenes, nach der Tiefe farbig abgestuftes Band. Diese Anordnung bewirkt eine höchst eigentümliche Lockerung der Wand. Dem entspricht, daß die szenischen Darstellungen selbst lediglich durch flache Ornamentbänder voneinander getrennt sind und daß über ihnen wieder eine Mäanderschicht hinwegläuft. Im ganzen wird eine teppichhafte Haltung der raumgrenzenden Wände erstrebt. Die Wand besitzt keine plastische Gliederung, kein Relief, sondern läuft ‹flach› durch. Wo Blendengliederungen auftreten wie in St. Pantaleon zu Köln, an den äußeren Seitenschiffwänden von St. Michael in Hildesheim oder im Querschiff von Nivelles, sind sie so zart behandelt, daß sie den Charakter der Wand noch nicht grundsätzlich zu ändern vermögen. Erst im Chor von Nivelles wie in Limburg a. d. Hardt und schließlich in Speyer treten kräftigere Wirkungen der Reliefbewegung hervor. Die Hochschiffwände der Mittelschiffe bleiben indessen bis zum Speyrer Dom hin von solchen Bestrebungen unberührt. Die Kontinuität der Wand als weithin gebreitete Fläche bleibt gewahrt, was vor allem dort für den Raumeindruck ins Gewicht fällt, wo es sich um die riesigen Abmessungen hochaufsteigender Wände in den großen Klosterkirchen handelt. Selbst bei reich geöffneten Wänden wie in Ottmarsheim stoßen im Erdgeschoß die Pfeiler so zusammen, daß sie als Knickung einer kontinuierlichen Wandfläche wirken, eine Auffassung der Wand, wie sie sich übrigens bereits im Karolingischen durchzusetzen beginnt. Auch dort, wo in den Umgangsräumen der Ottmarsheimer Emporenkirche steigende Tonnen, flache Nischen, zart gebuchtete Gewölbe verwendet werden, spürt man die Kontinuität der Wandfläche, da nichts den Fluß der Wände unterbricht. Und in ähnlicher Einordnung in den Zusammenhang der Wand wird man sich die Nischengliederung der Essener Stiftskirche zu denken haben.

Die relieffreie Behandlung der Wand in Verbindung mit einer das Tektonische vermeidenden Ausdeutung durch die Farbe läßt sich bis zu einem gewissen Grade als Bestreben zur ‹Entkörperlichung› der Wand ansprechen. Diese geht indessen nie so weit, daß es zu einer Ausschaltung monumentaler Wirkungsmöglichkeiten kommt. Sie bedeutet vielmehr ein künstlerisches Mittel zu einer eigentümlichen Vergeistigung der Raumwirkung, einer feinen geistigen Spannung, wie sie die hochromanische Stufe der abendländischen Sakralarchitektur mit ihrer mehr körperhaften Gliederung nicht mehr kennt. Im Karolingischen ist das stofflich Körperhafte der Raumumgrenzung vom Antikischen her noch zu verspüren. Die Stützenregion isoliert sich noch gegen die Hochschiffwand. Im Ottonischen wird durch die abstrakte Form des Würfelkapitells die Stützenregion enger mit der Wand verschmolzen. Die Unterordnung des Einzelnen unter das Ganze erhält einen neuen stilbildenden Sinn. In St. Michael zu Hildesheim liegt jene ottonische Stilbildung am klarsten vor. Gerade die Schaffung einer kubisch so mächtigen Form wie der Würfelknaufsäule in Verbindung mit den breit ausgespannten Wandflächen und das Aufgehen beider Elemente in eine abstrakte Einheit kennzeichnet die Möglichkeit ottonischer Kirchen, eine eigene Raumgestalt zu gewinnen, die das Geistige der Wirkung mit dem Körperhaften notwendig zu verbinden weiß. Eben hierin liegt ein Geheimnis der ottonischen Epoche, daß sie zugleich erdennah und gottbezogen wird, daß die Menschen auf festem Boden stehend doch unaufhörlich in ihren Taten und Zielen vom Überweltlichen umfangen erscheinen, daß das Körperhafte und Greifbare Träger einer höheren geistigen Ordnung wird. Dieses Geheimnis spiegelt sich in ihrer Architektur.

Die Reichweite der ottonischen Epoche

Chronologisch reicht die deutsche Baukunst zur Zeit der sächsischen Herrscher bis zum Tode Heinrichs II. Zwar geht mit dem Jahr 1025 die Zeit der Ottonen (die als Epoche die Zeit Heinrichs II. einschließt) zu Ende, aber es ist nun nicht so, daß damit auch der ‹ottonische Stil› in der Kunst endet und nun gleich ein neuer beginnt: der ‹salische›. Das Ottonische lebt noch lange nach, und es fragt sich, unter welchen Gesichtspunkten sich ein Wandel der Baukunst unter den Saliern erkennen läßt.

Um für die Architektur eine Unterscheidung zu gewinnen, gebraucht man gern eine sehr allgemeine Formel, indem man der ottonischen Grundrißbildung eine Neigung zu zentralisierenden Raumbildungen zuspricht und den richtungsbetonten Langbau salischer Zeit in Gegensatz dazu stellt. Den doppelchörigen Kirchen in ottonischer Zeit mit entwerteter Richtung stehe der salische ‹Wegbau› mit eindeutiger Richtung gegenüber. Man begnügt sich zumeist, den Grundriß auf eine Gestaltung der Ost- und Westteile zu befragen – was sicherlich von größter Wichtigkeit ist – und der Basilika eine betonte Längsrichtung als entscheidendes Merkmal zuzusprechen, sobald kein Gegenchor im Westen, sondern statt dessen ein Westeingang erscheint. Davon ist gewiß manches richtig, aber es bleibt für eine Periodisierung doch zu wenig. Vor allem ist entgegenzuhalten, daß die Denkmälerkarte keineswegs eindeutig die verschiedenen Typen auf die Zeit der Ottonen und Salier verteilt und daß der Begriff der ‹Richtung› allzusehr vereinfacht wird. Was bedeutet ‹Richtung›? Wird sie vom Chor als Zentrum und Ziel eines kultischen Vorgangs bestimmt oder von der Architekturgliederung oder der Raumwirkung auf den gegenwärtigen Menschen abgelesen? In der genannten Formel liegt offenbar nur eine Entscheidungsmöglichkeit der ‹Richtung› entweder auf *einen* Chor oder auf zwei einander gegenüberliegende Chöre als räumlich ausgezeichneter Punkte. Aber wieviel hängt hier von dem jeweiligen kultischen Zeremoniell ab! Zudem bleibt noch die Frage, ob unsere Auffassung des basilikalen Raumes jener Zeit als bedingt durch eine Blickrichtung auf den Chor hin die richtige ist. Vor allem bleibt bei einer solchen Einengung der Analyse die Höhenrichtung unberücksichtigt, die rein architektonisch fast immer viel stärker spricht als die zum Chor hin. Der Hochdrang des Raumes als ein sich immer steigernder Ausdruck für das *Sursum Corda*[1] des abendländischen Sakralbaues im Mittelalter übertönt zumeist das Längs und Breit der Raumentfaltung. Es ist also wichtig, die Aufrißgliederung in Rechnung zu stellen.

Das ungeheure geschichtliche Gewicht des Kaiserdoms von Speyer macht es verständlich, wenn dieser Bau in die Mitte der ‹salischen› Architektur gerückt wird. Jener Hochdrang des Raumes, dem die Epoche zustrebt, kommt im Langhaus von Speyer zu überwältigendem Ausdruck, denn jetzt wird plötzlich die ganze Hochschiffwand einer Pfeilerbasilika in einer bis dahin im Abendland kaum vorstellbaren Art in ununterbrochenem Zuge nach oben durch körperhaft-runde Vorlagen besetzt. Für eine solche Gliederung fehlt es nun gerade im ottonischen Sakralbau nicht an Vorläufern. Die Blendengliederung im Inneren von St. Pantaleon in Köln wie die Blenden im Querschiff von Nivelles zeigen es deutlich. Gewiß, Speyer verstärkt solche Akzente in kräftiger Weise, und es erfolgt eine Art von Reliefschichtung der Wand, aber bei der Mächtigkeit der eng gestellten Pfeiler, gegen die die Vorlagen zart erscheinen, bei der Breitung der Wandmassen im Hochschiff wie angesichts der Bindung der Vorlagen durch Rundbögen unterhalb der flachen Dekke bleibt die Kontinuität der Wand (im Gegensatz zur ‹Zerlegung›) auch in dieser gewaltigsten Pfeilerbasilika der Epoche gewahrt. Im übrigen steht Speyer als Symbol sakral-politischer Machtentfaltung und monumentalstes Zeugnis des Kaiserhauses der Salier einzigartig da. In solcher Haltung kann dieser Bau KONRADS II. und HEINRICHS III. kaum zu Vergleichen mit dem deutschen Sakralbau seines Jahrhunderts herangezogen werden. Das 11. Jahrhundert zeigt keine Ansätze, ihm zu folgen, und bewahrt durchaus die Linie, die ihm vom Ottonischen her vorgezeichnet bleibt. Vor allem ist nicht zu übersehen, daß in der Aufrißgliederung des Hochschiffs – abgesehen von Speyer – sich ebensowenig ändert wie im Raumabschluß nach oben. Limburg a. H., Hersfeld, der Dom von Goslar, Deventer, Maastricht, Süstern, der Hildesheimer Dom, St. Georg in Köln, Gandersheim, Quedlinburg, die Abdinghofkirche in Paderborn, Konstanz und viele andere Bauten des 11. Jahrhunderts bewahren das von der ottonischen Epoche her vertraute Raumbild der flachgedeckten Säulen- oder Pfeilerbasilika. Erst das Gewölbe zerreißt die Einheit der Wand und die Einheit des basilikalen Lichtraums. Gewiß bringt der Verlauf des 11. Jahrhunderts Wandlungen, aber bis zum Tode HEINRICHS III. nichts grundsätzlich Änderndes. Man muß daher sagen: Die ottonische Baukunst erreicht unter den ersten Sa-

---

1 ‹Empor die Herzen›.

liern eine neue Strenge und Größe. Die Grundrißbildungen ebenso wie die Einzelformen werden straffer und gefestigter. Was der ottonische Sakralbau, verglichen mit dem karolingischen, erstrebt und gewinnt, den harmonischen Ausgleich zwischen den vielfältigen liturgischen Anforderungen an den Raum und dem baukünstlerischen Ideal nach einem von klarer und lichter Schönheit durchwalteten einheitlichen Baugefüge, das wird im 11. Jahrhundert, mit Neigung zu strengerer Bildung, weitergeführt. Doch wird dabei weder im niedersächsischen Gebiet noch in der Maaskunst oder in Süddeutschland die Kontinuität der Entwicklung von der Zeit um 1000 bis zur Einwölbung des Doms von Speyer unterbrochen. Die Hochschiffwand bleibt – immer mit Ausnahme von Speyer – auch im 11. Jahrhundert ‹flach›, die Stützenform abstrakt-germanisch. Das Würfelkapitell wandelt zwar seine Erscheinungsform zum Straffen, Kantigbetonten hin, wie die Vergleiche etwa von Limburg a. d. Hardt, Konstanz und Goslar mit der Hildesheimer Michaelskirche anschaulich machen, aber hinter solchen Zügen stehen keine epochalen Wandlungen.

Die große Zäsur in der deutschen Kunstgeschichte des 11. Jahrhunderts liegt nicht zwischen dem Ottonischen und ‹Salischen›, sondern fällt in die Zeit Heinrichs IV. Sie schneidet mitten durch das ‹Salische› hindurch. Die epochalen Wandlungen der Kunst decken sich nicht immer mit den Gezeiten im Wechsel der Dynastien, sondern im Falle der deutschen Kunst mit der fundamentalen Geschichte des Reiches, das im dritten Viertel des 11. Jahrhunderts mit dem Investiturstreit die stärkste geistige und machtpolitische Auseinandersetzung mit der Papstkirche und deren universalen Ansprüchen erlebt. Insofern sich hier ein für das gesamte Abendland entscheidendes Ereignis vollzog, geht auch eine Epoche der deutschen Kunst zu Ende. Man muß daher die deutsche Kunst unter den ersten beiden Saliern stärker mit dem ottonischen Ausgangspunkt ihrer Entwicklung zusammensehen, wie es auch die Erscheinungen in den Bildwerken und in der Malerei des 11. Jahrhunderts erfordern. Das ‹Salische› des 11. Jahrhunderts unterscheidet sich vom Spätottonischen nicht mehr als das Spätottonische vom Frühottonischen, während das 12. Jahrhundert ein ganz neues Gesicht zeigt[1]. In der deutschen Baukunst setzt eine epochale Wandlung mit jenem großen baugeschichtlichen Ereignis ein, das das Mittelschiff des Kaiserdomes von Speyer in einen Gewölbebau verwandelt und damit für Stilbildung und Formensprache des monumentalen Sakralbaues ein neues Raumideal aufstellt. Mit der Einwölbung von Speyer und Mainz beginnt ein neuer Geschichtsabschnitt, der das Ottonische ablöst und, vom Europäischen her gesehen, für das 12. Jahrhundert

1 Zur epochalen Stilwandlung am Ausgang des 11. Jahrhunderts vgl. die ausgezeichneten Analysen von Albert Boeckler, Die romanischen Fenster des Augsburger Domes und die Stilwende vom 11. zum 12. Jahrhundert, und Erich Meyer, Der Kaiserstuhl in Goslar. Beide Arbeiten in Ztschr. d. Deutschen Vereins f. Kunstw. Bd. 10, Heft 3/4, 1943.

das Übergewicht der lateinischen Seite der abendländischen Baukunst bringen wird.

Die lateinischen Länder haben keine ‹ottonische› Kunst, sondern einen *‹premier art roman›*, dessen Stil bis etwa in die Zeit um 1070, also ebenfalls bis zum Investiturstreit reicht[1]. In der Tat durchläuft die ‹lateinische› Linie zu gleicher Zeit eine andere Strecke in der Geschichte der abendländischen Baukunst. Man darf indessen ‹lateinisch› in diesem Zusammenhang nicht mit dem Bereich der heutigen Romania verwechseln. Um 1000 beispielsweise ist Nordfrankreich bis zur Loiregrenze stark germanisch bestimmt, ein Unterschied, der sich in der französischen Baukunst des 11., dann des 12. Jahrhunderts in der Gruppierung der Bauschulen deutlich heraushebt. In den mittelmeerischen Gebieten des *premier art roman* herrscht im 11. Jahrhundert die Tonnenwölbung. Diese erobert sich am Ausgang des 11. Jahrhunderts und in der ersten Hälfte des 12. ganz Südfrankreich, Provence, Auvergne, Poitou und Burgund, wo Cluny sie mit dem Bau Hugos aufnimmt. Auf der germanischen Seite Frankreichs dagegen nördlich der Loire herrscht die flache Dekke oder der offene Dachstuhl, vielfach mit Emporenbau verbunden, und während auf der lateinischen Seite das basilikale Prinzip aufgegeben wird – nur Cluny sucht die dunkle lastende Tonne mit dem basilikalen Querschnitt zu verbinden –, behält Nordfrankreich im 11. wie im 12. Jahrhundert den Lichtraum bei und findet in der Normandie für ihn dasjenige Wölbungsprinzip, das es erlaubt, das Mittelschiff in der Höhe mit Licht zu erfüllen. Dort entstand das Kreuzrippengewölbe.

Was zu ottonischer Zeit im Westen Europas an baukünstlerischen Gedanken von abendländischer Bedeutung gewonnen wird, liegt in der Gestaltung des Benediktiner-Mönchchors und in dem großartigen, nach seinen baukünstlerischen Abwandlungen unerschöpflichen Motiv des Chorumganges mit Kapellenkranz.

Vom Europäischen her gesehen liegt die Bedeutung der ottonischen Architektur in der Schaffung einer ersten abendländisch-germanischen Baukunst, die Bestand und eigenen Charakter hatte. Bei den germanischen Stämmen der Völkerwanderungszeit, die in der Auseinandersetzung mit der spätantiken Mittelmeerkultur begriffen waren, fehlte es zwar in der Epoche ihrer Seßhaftigkeit nicht an Sakralbauten, doch können sie die Züge der Überfremdung nicht verleugnen. Theoderich baute in Ravenna rein byzantinisch. S. Apollinare Nuovo, die Kathedrale Theoderichs, unterscheidet sich nicht von byzantinischen Bauten Ravennas. Nur das Grabmal des großen Ostgotenkönigs läßt eigene Züge erkennen. Die Langobarden hielten sich in den durch die konstantinische Zeit festgesetzten Linien der italisch-altchristlichen Basilika und hatten für den Norden nichts zu bieten, was über die Anregungskraft der konstantinischen Kunst Roms hinausging. Noch im 10. und in der ersten Hälfte

1 J. Puig y Cadafalch, *La Géographie et les origines du Premier art Roman.* Paris 1935.

des 11. Jahrhunderts blieb Italien für den Norden lediglich das Land, das die altchristliche Baukultur, die Bildkunst und die Gräber der Märtyrer beherbergte.

Was die Westgoten während ihres hundertjährigen Aufenthaltes auf gallischem Boden (Aquitanien und Südfrankreich) im 5. Jahrhundert geschaffen haben, wissen wir nicht. Wir kennen sie nur aus jener Zeit ihrer Herrschaft auf der iberischen Halbinsel, als sie bereits völlig romanisiert waren. Was uns von der Baukunst der Westgoten in Nordspanien aus karolingischer Zeit erhalten ist, zeigt uns, daß von einer Baukunst aus germanischem Geiste kaum etwas zu verspüren war, sondern daß sie vom Lateinischen und Orientalischen der Mittelmeerländer bestimmt blieb. Wenn THEODULF, BISCHOF VON ORLÉANS, ein Westgote, eine Kirche baut, wie Germigny-les-Prés, so stehen ihre nächsten Verwandten fern in Kleinasien, und das gilt sowohl vom Ganzen als auch von den Einzelformen, zugleich ein Hinweis auf die eklektizistische Haltung der karolingischen Kunst im engeren Sinne. Immerhin gewannen jetzt, zur Zeit KARLS DES GROSSEN, im fränkischen Reich solche Baugedanken ein Gewicht, die nur für den Norden Geltung besaßen und Ansätze zu einer von den germanischen Völkern bestimmten Baukunst erkennen lassen. Westwerk, Türme und Doppelchöre treten auf. Inwiefern sie als Überlieferung in die von der umwandelnden Kraft ottonischen Geistes geprägte Reichskunst des 10. und 11. Jahrhunderts eingehen, suchte die voraufgehende Darstellung zu zeigen.

II. MALEREI

Monumentalmalerei

Von der ottonischen Monumentalmalerei wissen wir wenig. Hätten wir nicht die kleine Georgskirche auf der Reichenau, so könnten wir kaum eine Vorstellung gewinnen, wie deutsche Wandmalerei im 10. Jahrhundert aussah. Mit Bilderschmuck der Kirchenwände durch Malerei müssen wir für die ottonische Zeit ebenso rechnen wie für die karolingische. Das wird für beide Epochen durch schriftliche Quellen bezeugt, die übrigens für die karolingische Wandmalerei reicher fließen als für die ottonische [1]. In der schriftlichen Überlieferung werden uns mehrfach die Auftraggeber genannt. OTTO III. ließ einen Maler JOHANNES aus Italien kommen, um die Aachener Pfalzkapelle mit Malerei zu schmücken. Daß BERNWARD VON HILDESHEIM seine Kirchen mit Malerei ausstattete, erzählt uns sein Biograph. Ebenso wissen wir es von BISCHOF GEBHARD VON KONSTANZ für die Petershausener Klosterkirche. Auch in Echternach und Tegernsee gab es Wandmalerei. Gelegentlich erfahren wir auch den Gegenstand der Darstellungen, wie er vom Kreuzgang der Reichenauer Klosterkirche überliefert ist. Thematisch umfaßt bereits die karolingische Wandmalerei einen großen Umfang dessen, was später im abendländischen Mittelalter wiederkehrt. Die ottonische Zeit trifft eine neue Auswahl des Bilderkreises und formt ihn aus einer neuen Gesinnung heraus. Auch an Profanmalerei fehlte es der Zeit nicht. Wir wissen, daß HEINRICH I. in seiner Pfalz zu Merseburg seinen Sieg über die Ungarn in Wandmalerei darstellen ließ. Und dies war ja auch nichts Ungewöhnliches. Schon KARL DER GROSSE hatte in der Aachener Pfalz seine Siege in Monumentalmalereien verherrlichen lassen.

Aber von alledem ist als Ganzes nichts erhalten. Freilich gibt es nun Bruchstücke, wie sie etwa in der Luciuskirche in Werden vorhanden sind oder im Essener Westchor nachgewiesen wurden, von PAUL CLEMEN in seinem Werk über die Monumentalmalerei der Rheinlande aufs sorgfältigste untersucht. Aber abgesehen von solchen und anderen Bruchstücken in Trier, in Echternach, Fulda und anderen Orten, gibt es nur eine einzige Kirche, die uns anschaulich noch einen Gesamteindruck von der Ausmalung eines Sakralraumes in der Zeit vor der Jahrtausendwende zu vermitteln vermag. Das ist die Kirche St. Georg in Oberzell auf der Reichenau. Dazu kommen größere Bruchstücke von Wandmalerei in der Kapelle zu

---

1 F. R. LEITSCHUH, Geschichte der karolingischen Malerei. Berlin 1894. OTTO LEHMANN-BROCKHAUS, Die Kunst des 10. Jahrhunderts im Lichte der Schriftquellen. Slg. Heitz, Reihe 3, Bd. 6, 1935. J. SAUER, Die Monumentalmalerei der Reichenau. Erinnerungsschrift ‹Die Kultur der Abtei Reichenau› (1924), S. 902 ff. DERS., Die Instandsetzung der alten Malerei in St. Georg auf Reichenau-Oberzell. Denkmalpflege u. Heimatschutz, 1924.

Goldbach bei Überlingen, die in verwandter Art geschmückt war. St. Georg zu Oberzell zeigt noch fast vollständig die Hochschiffswände der Kirche mit den alten ottonischen (teilweise erneuerten) Wandbildern bedeckt (Abb. 8). Die dekorative Ordnung, ihr Mitgestalten am Charakter der Wand ist bereits erwähnt. Jetzt müssen die Bilder selbst betrachtet werden. In St. Georg werden die Flächen zwischen Arkaden und Fensterzonen von 8 großen Bildfeldern gefüllt, die schon durch das Thema der Darstellungen ottonischen Charakter tragen. Dargestellt sind ausschließlich Wundertaten Christi: 5 Wunderheilungen (die Heilungen des Aussätzigen, des Blindgeborenen, des Wassersüchtigen, des vom Teufel Besessenen und – in einer Nebenszene – die Heilung der Blutflüssigen); dann 3 Totenerweckungen (Auferweckung des Jünglings zu Nain, Auferweckung der Tochter des Jairus und Auferweckung des Lazarus). Dazu kommt die Beruhigung des Sturmes auf dem Meere. Christus ist der Herr über die unheilbaren Krankheiten des Körpers und des Geistes, er ist Herr über den Tod, und er ist Herr selbst über die Naturkräfte. Man spürt sofort, es geht ein großer Zug durch das Ganze: die Erzählungen werden mit weiträumigen Abständen zwischen den Figuren gegeben, die sich in einem durch nichts beengten Aktionsraum bewegen. Für die Gliederung sorgen reiche Architekturgebilde, wie denn überhaupt der im Vergleich mit der Buchmalerei sehr anschaulich geschilderte Schauplatz der Begebenheiten auffällt. Der Gestalt Christi ist überall der Vorrang gesichert. Christus – eine gewaltige Erscheinung, durch besondere Größe und durch den Kreuznimbus herausgehoben – tritt jeweils, mit Ausnahme des Sturmes auf dem Meere, von links her in die Szene. Seine Erscheinung wird gestützt durch die Gefolgschaftsgruppe der Apostel, eine Art Kollektivfigur mit gesammelter Hinwendung auf den Vorgang. Zudem hebt er sich durch die große ausgreifende Gebärde mit den im Redegestus gelängten Fingern heraus. Die Gestalt Christi wird so aufgefaßt, daß er ausschließlich als Träger der wirkenden göttlichen Kraft erscheint. Mit Ausnahme der Heilung des Blindgeborenen zeigt er keine Gebärde, die ihn in Berührung mit demjenigen bringt, an dem sich das Wunder vollzieht. Während doch der Evangelientext davon spricht, daß der Wassersüchtige wie der Aussätzige dadurch geheilt werden, daß Christus sie anrührt. Auch des Jairus Tochter wird nach der Texterzählung dadurch vom Tode erweckt, daß Christus sie an der Hand ergreift.

Von hoher Schönheit wirkt in den guterhaltenen Teilen der Malerei die farbige Modellierung der Figuren. Sie geschieht nicht durch geschlossene Farbflächen, sondern durch ein Bündel farbiger Bänder und Streifen um ein höchstes Licht herum, so daß eben durch dieses System Größe der Anschauung mit zartestem Farbenglanz vermählt wird. Ein lichter Schimmer spätantiker Kunst liegt noch auf diesen ottonischen Fresken der Reichenau.

Ihre Quellen kennen wir nicht. Aus bestimmten Gemeinsamkeiten mit der ottonischen Buchmalerei sind sie nicht zu erschließen, denn sicherlich verfügte die Wandmalerei über eine eigene, für uns verschüttete Überlieferung. Zwar daß die Reichenauer Fresken letztlich im spätantiken Bild- und Formbereich wurzeln, scheint gewiß, wie schon die reichen Architekturhintergründe nahelegen. Auch läßt sich vermuten, daß die karolingische Wandmalerei in St. Gallen und der Reichenau selbst eine vermittelnde Rolle gespielt hat. Doch bleibt es wiederum unwahrscheinlich, daß der Zyklus als ein in sich geschlossener übernommen worden ist, da die Kompositionen im Verhältnis zu den zur Verfügung stehenden Flächen nicht gleichartig angelegt sind. So dürfen wir gewiß vieles in der Gesamterscheinung dieser Folge von Wundertaten Christi als das Ergebnis der umformenden Gestaltungskraft der Reichenauer Künstler des 10. Jahrhunderts ansehen. Für eine genauere zeitliche Ansetzung sind wir lediglich auf stilistische Erwägungen angewiesen, wobei ein Vergleich mit der uns bekannten Reichenauer Buchmalerei für eine ‹frühe› Entstehung spricht und das dritte Viertel des 10. Jahrhunderts in Betracht gezogen werden muß.

Was sich in der kleinen Sylvesterkapelle zu Goldbach bei Überlingen an Bruchstücken findet, läßt erkennen, daß an den Wänden eine ganz gleichartige Folge von Wundertaten wie in Oberzell angebracht war. Die Übereinstimmungen können freilich nicht darüber hinwegtäuschen, daß die Goldbacher Fresken sowohl in der Vereinfachung der Kompositionen als auch in der Vergröberung der Formensprache hinter den Oberzeller Wandmalereien an künstlerischem Wert zurückstehen. Thematisch ist in der Sylvesterkapelle noch der Apostelzyklus des Chorraumes hervorzuheben, der stilistisch mit der Bilderfolge des Langhauses zusammengeht. Auch in Oberzell gab es eine Apostelfolge, und zwar zwischen den Fenstern der Georgskirche, stehende Figuren, die indessen infolge der vollständigen Erneuerung des Obergadens nicht hinreichend beurteilt werden können. In Goldbach sind die Apostel paarweise einander zugewendet, auf einer Bank sitzend, die rings an den Wänden herumläuft. Das nicht erhaltene Mittelstück dieses Zyklus stellte vermutlich eine *Majestas Christi* dar. Da die Apostel in voller Größe (unter dem nach oben abschließenden Mäanderfries) erscheinen, verleihen sie dem kleinen Altarraum ein feierliches Pathos. Als Apostelzyklus der monumentalen Wandmalereien des Abendlandes stehen sie in dieser Zeit unter den erhaltenen Arbeiten einzig da.

Eine Mittelstellung zwischen Monumentalmalerei und Goldschmiedekunst nimmt die große, kupfervergoldete Majestasscheibe (Durchmesser 2 m), ehemals an der Westaußenwand des Konstanzer Münsters, ein[1]. Auch dieses Werk, das den Arbeiten der Reichenau aus dem beginnenden 11. Jahrhundert nahesteht, erscheint einzigartig in der Zeit und bedeutungsvoll als Hinweis, daß die ottonische Malerei – in solchem Falle mit den technischen Mitteln der Kleinkunst – eine Aufgabe übernimmt, die spätere Jahrhunderte der Skulptur anvertrauen würden. Von den ursprünglich die Majestasscheibe umgebenden

---

1 Josef Hecht, a. a. O. S. 193 u. Taf. 141. – Jakob Eschweiler, Die Goldscheiben des Konstanzer Münsters. Pantheon 1944, S. 81 ff.

Evangelistensymbolen hat sich nur der ‹Adler› erhalten, eine Treibarbeit in vergoldetem Kupfer, bei aller Weichheit der Modellierung von großer Formung und glücklich in das Kreisrund der Scheibe gefügt.

Buchmalerei

Den ungetrübtesten Eindruck von der hohen künstlerischen Bedeutung der ottonischen Kunst vermittelt unstreitig die Buchmalerei, denn hier hat sich der ursprüngliche Glanz des originalen Kunstwerks in vielen Fällen unvermindert erhalten. Die Buchmalerei lebte in den Werkstätten berühmter Klosterschulen der Zeit, dort, wo die zum liturgischen Gottesdienst bestimmten Bücher hergestellt wurden, deren sakrale Bedeutung man durch künstlerischen Schmuck in Schrift und Bild wie durch Einbandfassungen von erlesenster Kostbarkeit betonte. Von den verschiedenen Typen solcher Bücher kommen je nach dem Inhalt hauptsächlich folgende in Betracht: Evangeliare, die die vier Evangelien enthalten; Evangelistare, mit den einzelnen Lesestücken aus den Evangelien, wie sie nach der Folge des Kirchenjahres bei der liturgischen Feier gebraucht werden; Lektionare, die bestimmte Lesestücke aus den *Apostelbriefen* und dem *Alten Testament* zusammenfassen; Sakramentare, die die vom Priester bei der Spendung von Sakramenten zu sprechenden Gebete umfassen. Ferner Psalterien, die die 150 Psalmen enthalten. Sie alle wie auch weitere Gattungen von liturgischen Handschriften galten nicht nur als Gegenstände künstlerischer Ausschmückung. Durch ihre Bestimmung zum gottesdienstlichen Gebrauch erhielten sie die Würde von Heiligtümern. ‹Das Evangelienbuch soll gleicher Ehre wie das Bild unseres Herrn wert gehalten werden.›

Die meisten dieser Handschriften, die in den Klöstern der Reichenau, in Trier, Echternach, Prüm, Köln, Fulda, Minden, Hildesheim, Regensburg, Salzburg, Tegernsee entstanden, liegen in deutschen Bibliotheken und werden hier als höchstes Kunstgut bewahrt. Viele sind über die Bibliotheken ganz Europas, ja, bis nach Amerika verstreut [1]. Zur Zeit der Ottonen sind es nicht mehr die gleichen Klosterschulen, die in karolingischer Zeit die Führung auf künstlerischem Gebiet besaßen. Viele Skriptorien zeigen ganz neue Ansätze, wenn auch nicht ohne Kenntnis der karolingischen Überlieferung. Zweifellos wurden zahlreiche karolingische Prunkhandschriften in den Klosterbibliotheken des 10. und 11. Jahrhunderts verwahrt und hochgeschätzt. Bekannt ist das Beispiel von St. Emmeram in Regensburg, wohin

---

1 Zur Geschichte der frühmittelalterlichen Buchmalerei vgl. ALBERT BOECKLER, Abendländische Miniaturen bis zum Ausgang der romanischen Zeit. Berlin und Leipzig 1930, und die dort S. 124 f. verzeichnete Literatur. — DERS., Deutsche Buchmalerei vorgotischer Zeit. 1952. — Abbildungen zur ottonischen Malerei als Übersicht bei ADOLPH GOLDSCHMIDT, Die deutsche Buchmalerei. II. Bd., München, o. J. (1928). — CARL NORDENFALK in: ‹Das frühe Mittelalter›. 1957 (Skira).

bereits im 9. Jahrhundert KAISER ARNULF eine kostbare, in St. Denis hergestellt Handschrift KARLS DES KAHLEN schenkte, die dann zur Zeit der Ottonen als Ausgangspunkt für eine neue Regensburger Schulbildung diente. Anderes können wir erschließen. In Köln lagen Handschriften der Reimser Schule, in Trier und Echternach benutzte man touronische Handschriften. Die Reichenauer Benediktiner beschafften sich neben wertvollen Büchern der karolingischen ‹Adagruppe› [1] auch künstlerisch hochstehende altchristliche und byzantinische Handschriften. Fulda verfügte über eine nicht unterbrochene Tradition.

Die Beeinflussung durch die byzantinische Kunst tritt stark hervor. ‹Byzantinische Bildtypen werden aufgenommen, byzantinische Gewebe in den Zierseiten der Handschriften nachgeahmt. Byzantinische Tracht und byzantinisierender Figuren- und Gewandstil finden sich vor allem in Regensburg, dem wichtigsten Handelsplatz in dem Warenverkehr, der über die Donau nach dem Osten führte, der Residenz HEINRICHS II. Eine Handschrift der byzantinischen Renaissance des 10. Jahrhunderts liefert im wesentlichen die Bildtypen für den umfangreichsten neutestamentlichen Zyklus ottonischer Zeit, den der Reichenau. Auch für den Reichenauer Stil ist jene Vorlage in vieler Hinsicht bestimmend. Dasselbe ist es in Köln, das sich nicht nur in der Ikonographie an eine byzantinische Renaissance-Handschrift der genannten Art hält, sondern durch sie auch die Unterlage für den ganz malerischen Charakter seiner Schöpfungen gewinnt.[2]›

Nicht jede Handschrift jener Zeit wird mit kostbarem Schmuck ausgestattet. Träger hoher kirchlicher Kunst auf diesem Gebiet sind — wie schon in karolingischer Zeit — nur diejenigen Bücher, die als Prachthandschriften ihre besondere Stellung durch hervorragende Auftraggeber oder Empfänger erhielten. Die Kaiser selbst kennen wir in vielen Fällen als Stifter, sei es, daß sie in den schriftlichen Quellen als solche erwähnt werden, sei es, daß kaiserliche Widmungs- und Huldigungsbilder in heute noch erhaltenen Büchern die Auftraggeber bezeugen. Ebenso finden wir Erzbischöfe und Bischöfe unter denjenigen, die kostbar geschmückte Handschriften für den kirchlichen Gebrauch herstellen ließen.

In der Ausstattung der liturgischen Handschriften — von den Einbänden wird später zu sprechen sein — hatten sich seit langer Zeit ganz bestimmte Züge herausgebildet. Sie konnten in mannigfacher Art bereichert werden, und in der Tat finden wir in ottonischer Zeit höchste Steigerungen der künstlerischen Gestaltung. Dabei handelt es sich nicht nur um die Veranschaulichung der Glaubensinhalte durch einen illustrierenden Bilderkreis. Auch der ornamentale Schmuck allein kann in besonderem Maße erhöhend und auszeichnend wirken, so wie in den Prachthandschriften die Zierseiten und Buchstaben oft von künstlerisch nicht geringerer Bedeutung sind als die figürlichen Darstellungen, die als Vermittler bestimmter christlicher Inhalte und als Äußerungen der ottonischen Zeit in ihrem Verhältnis zu Gott und Welt an erster Stelle zu betrachten sind.

Im Vergleich mit aller nachmittelalterlichen Malerei oder auch nur mit den nachfolgenden Jahrhunderten erscheint der Bereich dessen, was die ottonische Malerei darstellt, eng umgrenzt, insofern man das Stoffliche betrachtet. In dieser Begrenzung wiederum beruht das Große und Einzigartige. Die Weltweite der ottonischen

1 Gruppe karolingischer Prachthandschriften, so genannt nach der Stifterin eines Codex in der Stadtbibliothek von Trier.

2 BOECKLER, Deutsche Buchmalerei vorgotischer Zeit. 1952, S. 8.

Kunst offenbart sich nicht in einer Vielzahl der Erscheinungen, sondern in der Empfindung für das allgemein Gültige und Ewige. Die Darstellung der Umwelt, das Abbildliche und alles, was wir in der nachmittelalterlichen Malerei für richtig und darstellungswürdig halten, hat für die Zeit um 1000 keinen Wert. Es gibt keine Natur, keine Landschaft, keinen ‹Menschen›, kein Bildnis in unserem Sinne, keine individuellen Dinge. Es gibt überhaupt keine materiell greifbare Wirklichkeit. Aber es gibt eine geistige Wirklichkeit. Diese Wirklichkeit ist beschlossen in der gottgläubigen Vorstellung von der heilsgeschichtlichen Ordnung der Welt und der in dieser Welt stehenden christlichen Menschheit. So erstreckt sich thematisch alle Verbildlichung auf den tiefsten Gedanken, der das Leben dieser Zeit beherrscht: die Bedeutung des Überweltlichen in der Veranschaulichung der christlich-religiösen Grundwahrheiten und die Vergegenwärtigung des Lebens und Wirkens Christi. Aber auch in der Abweisung aller sonstigen dem Mittelalter geläufigen Themen nimmt der ottonische Bilderkreis seine besondere Stellung ein. Die Illustrationen zum *Alten Testament*, wie sie die spätkarolingische Zeit besaß, verschwinden. Es gibt also keine Bibelillustrationen mehr in der ottonischen Buchmalerei, keine Darstellung des Dramas der ersten Menschen, das — auf anderem Kunstgebiet — die Hildesheimer Domtür so ergreifend zu schildern weiß. Es fehlen auch alle Darstellungen aus der Kirchengeschichte, ebenso wie das bloß Lehrhafte — mit Ausnahme von Regensburg — keinen Platz findet. Im Hinblick auf den späteren Verlauf des Mittelalters bleibt kennzeichnend, daß das Marienthema und die Heiligenthemen noch keine besonderen Ansprüche stellten, obwohl sie nicht ganz fehlen. Der Grund hierfür liegt darin, daß die Heiligen in erster Linie ‹architektonisch› verehrt wurden. Auch eine Heraushebung der Passion als solcher, wie in der Gotik, findet noch nicht statt. Im ottonischen Bilderkreis liegt der Nachdruck auf der öffentlichen Wirksamkeit Christi.

Der Aufnahme und Ausgestaltung des ottonischen Bilderkreises kommt eine besondere Bedeutung auch im Hinblick auf die gesamte deutsche Kunst zu, da sie einen Einblick gewährt, wie die frühe deutsche Kunst zu religiösen Bildvorstellungen gelangte und mehrfach Darstellungen schuf, die für das ganze Abendland Geltung gewannen.

Der bedeutungsvollste Schritt, der für die ganze Epoche kennzeichnend bleibt, wurde im 10. Jahrhundert auf der Reichenau unternommen. Hier zuerst kam es zur Aufnahme von Illustrationen zum *Neuen Testament*, in denen Leben und Taten des Erlösers geschildert werden. Die karolingische Malerei kannte zwar viele einzelne Szenen aus dem Leben Christi, doch erst die ottonische Kunst brachte eine völlig neue Betonung der *neutestamentlichen* Geschehnisse als mehr oder minder geschlossene Bildfolgen zum Schmuck der liturgischen Handschriften, neu aber auch nach Art und Größe in der Auffassung Christi unter Verwendung neuer künstlerischer Bildmittel. Hier auf der Reichenau erleben wir das Wunder der Entstehung einer eigenen Bildsprache [1]. Um dies zu verstehen, müssen wir die Vorgänge im einzelnen kennenlernen.

Codex Egberti

Um das Jahr 980 wurde für den Erzbischof Egbert von Trier (977 bis 993) ein von den Reichenauer Mönchen Kerald und Heribert geschriebenes und mit Miniaturen ausgestattetes Perikopenbuch – mit goldenem, juwelengeschmücktem Einband – fertiggestellt. Egbert schenkte es dem Kloster St. Paulin in Trier, aus dem es 1810 als Geschenk des letzten Kanonikers in die Trierer Stadtbibliothek gelangte. Der Einband ging im 18. Jahrhundert verloren. Die Handschrift selbst (Größe 27 × 21 cm), bekannt als Codex Egberti, gehört zu den künstlerisch wertvollsten und geschichtlich wichtigsten Zeugnissen für unsere Kenntnis der Reichenauer Malerei in ottonischer Zeit, vor allem, weil uns in ihr die erste geschlossene Bildfolge zum Leben Christi in der deutschen Malerei begegnet [2].

Die Illustrationsfolge reicht in 51 Bildern von der Verkündigung bis zur Himmelfahrt Christi und Ausgießung des Hl. Geistes. Auswahl und Folge der Szenen haben ihren eigenen Charakter. Die ersten 9 Szenen von der Verkündigung bis zur Taufe umschließen noch die Kindheitsgeschichte. Gleich nach der Darstellung der Taufe folgen 10 Wundertaten aufeinander: Hochzeit zu Kana, Heilung des Ausätzigen, Hauptmann von Kapernaum, Heilung der Schwiegermutter des Petrus, der Mann mit der verdorrten Hand, Beschwichtigung des Sturms auf dem Meere, Heilung der Blutflüssigen, Auferweckung der Tochter des Synagogenvorstehers *(Matth. 9, 23 bis 36)*, Heilung der Besessenen von Gerasa, Petrus versinkt in den Fluten. Unter den folgenden Bildern bis zum Einzug in Jerusalem sind 6 wiederum den Wundertaten gewidmet: Heilung des Blinden, die Kananäerin, Heilung des Lahmen, Speisung der Fünftausend, Heilung des Blindgeborenen am Quell von Siloah, Auferweckung des Lazarus. Es folgen 9 Szenen aus der Passionszeit vom Einzug in Jerusalem bis zur Grablegung, und daran schließen sich in weiteren 9 Bildern die Begebnisse nach dem Tode. Abgesehen von den wunderbaren Erscheinungen nach dem Tode ist also etwa ein Drit-

---

1 Für die Reichenau sind folgende Forschungen hervorzuheben: grundlegend Wilhelm Vöge, Eine deutsche Malerschule um die Wende des ersten Jahrtausends. Kritische Studien zur Geschichte der Malerei in Deutschland im 10. und 11. Jahrhundert. (Westdeutsche Ztschr. Ergänzungsheft VII) Trier 1891. – Heinrich Volbert Sauerland und Arthur Haseloff, Der Psalter Erzbischof Egberts von Trier Codex Gertrudianus in Cividale. Festschrift der Gesellschaft für nützliche Forschungen. Trier 1901. – Albert Boeckler, Die Reichenauer Buchmalerei = Die Kultur der Abtei Reichenau. Erinnerungsschrift zur 1200sten Wiederkehr des Gründungsjahres des Inselklosters. München 1925, S. 956 ff. – Jüngere Literatur bei Walter Gernsheim, Die Buchmalerei der Reichenau. Diss. München 1934. – Ferner Carl Nordenfalk a. a. O. S. 193 ff. – Franz Beyerle in Ztschr. f. d. Geschichte d. Oberrheins, 1957 S. 325 ff.

2 Franz Xaver Kraus, Die Miniaturen des Codex Egberti in der Stadtbibliothek zu Trier. Freiburg 1884.

tel der ganzen Bilderfolge den Wundertaten Christi gewidmet, die in erster Linie als darstellungswürdig galten.

Alles, was im Codex Egberti anschaulich vor uns steht, wird in einer fremden Sprache vorgetragen. Die Figuren tragen antike Gewandung, ihre Gebärden kennen wir vom antiken Redegestus her. Die Gebäude zeigen, wenn auch nur angedeutet, antike Formen, und die Inschriften auf den Bildern sind wie der ganze Text des Buches mit seinen über das Kirchenjahr sich verteilenden Lesestücken lateinisch. Es ist ein lateinisch-christliches Heldenepos, das Epos des Heilsbringers und Wundertäters Christus, das hier in kleinen zarten Bildern erzählt wird. Diese Bilderzählungen wiederum sind keine Erfindung der Reichenauer Mönche oder aus dem Text heraus geformt, sondern es sind Nacherzählungen. Der Norden brachte von sich aus keine Bildvorstellungen für eine Veranschaulichung des Lebens Christi mit sich. Die Mönche der ottonischen Klöster des 10. Jahrhunderts waren entweder auf die Bildvorstellungen der karolingischen Zeit angewiesen, und diese besaß – wenigstens in der Buchmalerei, soweit unsere Kenntnis reicht – keine geschlossene Bildfolge des Lebens Christi, oder sie mußten auf die Überlieferungen der christlichen Antike zurückgreifen. Dies geschah auf der Reichenau. Wir müssen annehmen, daß in den Klöstern der Reichenauer Insel mehrere altchristliche und byzantinische Handschriften mit Illustrationen lagen, die als Ausgangspunkt für die Entfaltung einer ganz neuen Sprache dienten. Die Vorlage, die der Codex Egberti benutzte, kennen wir nicht, doch kann sie ihrem Charakter nach erschlossen werden. Wie die Forschung gelehrt hat, muß die Vorlage dem Stil des Vergil Codex der Vaticana aus dem 4. oder 5. Jahrhundert entsprochen haben [1]. Diese Vergilhandschrift zeigt die gleiche Anordnung von Schrift und Bild wie der Codex Egberti, sogar die gleiche Umrahmung der Bilder mit den in dem Rahmenstreifen ringsum laufenden Rauten. Damit ist die Voraussetzung für die von KERALD und HERIBERT angefertigte Handschrift im allgemeinen bestimmt, aber noch nicht ihre eigene Leistung.

Der Codex Egberti besitzt zwar eine lateinische Form in der Anordnung von Bild und Schrift, im Bildausschnitt, in der Rahmung wie im Stofflichen der Darstellung. Aber doch ist es ein Lateinisch des 10. und nicht des 5. Jahrhunderts. Darin liegt ein bedeutender Unterschied. Im 5. Jahrhundert beruhte die Beziehung aller dargestellten Dinge und Figuren noch auf der räumlich-illusionistischen Auffassung. Das ist im Codex Egberti weggefallen. Alles Raumhafte ist auf eine zartfarbige, reichgetönte Grundfläche zusammengeschmolzen, alles Dinghafte der Örtlichkeit auf das geringste Maß beschränkt oder ganz fortgelassen. Die Figuren sind in einem neuen Sinne zum eigentlichen Träger der Bildhandlung geworden und berichten in farbigen Silhouetten vor einem lichten, überaus zart ge-

---

1 Rom, Vaticana. Vat. lat. 3225. Veröffentlicht in den *Codices e Vaticanis selecti photographice expressi vol. I.* Rom 1899.

tönten Grunde die Geschehnisse. Kurzum: wir besitzen auf der Reichenau um 980 eine ‹mittellateinische› Malerei. Ihre Stellung läßt sich der mittellateinischen Dichtung der Deutschen in ottonischer Zeit vergleichen. Es ist der gleiche Vorgang hier wie dort. Hrotsvit in Gandersheim dichtet lateinisch und lehnt sich an Terenz und Prudenz an, und doch bewahrt sie durchaus ihren eigenen Charakter.

Im Codex Egberti werden mit der optischen Heraushebung der Figuren als Träger der Bildhandlung neue künstlerische Möglichkeiten gewonnen, die im Vergleich mit allem Karolingischen auf neue Bildmöglichkeiten der ottonischen Malerei hinweisen. Die Figuren befreien sich von den Bindungen an den umweltlichen Raum, wodurch wiederum die Prägnanz der Erzählung sich steigert. Der Rhythmus der Figurenordnung beherrscht in Füllung und Spannung die gerahmte Bildfläche, und nun breitet sich ein solcher Reichtum an Bildgestaltungen vor uns aus, daß trotz der Gleichartigkeit der figuralen Phantasie und trotz bestimmter wiederkehrender Formeln fast jedes Bild seinen eigenen Wert entwickelt. Es gibt freiere und gebundenere Kompositionen, dichtgefüllte Bilder neben überraschend locker behandelten, strenge und bewegte. Das Gefühl für rhythmische Gleichgewichtigkeit der Bildhälften ist in ebenso hohem Maße ausgebildet wie das für Sinnfälligkeit des erzählten Vorgangs. Man kann sich die Erzählung vom kananäischen Weibe, das für die Gesundung seiner Tochter bittet, bei so knapper Form nicht lebhafter gestaltet denken als bei diesem Meister, der die Geschichte in zwei einander gegenüberstehenden Bildern gibt. Zuerst wie die Chananea hinter Christus, der sich nicht um sie bekümmern will, und den beiden begleitenden Jüngern, die den Fall besprechen, herschreitet. Dann auf dem zweiten Bild die gleichen Personen in anderer Gruppierung: Christus, Petrus und der zweite Jünger haben sich umgedreht. Die Chananea, in der Silhouette äußerster Demut, ist nahe herzugekommen, und sie hat durch ihren Glauben gesiegt. In den höchst ausdrucksvoll geöffneten Händen empfängt sie die Versicherung, daß ihre Tochter geheilt wird (Abb. 9).

Man muß indessen Bild für Bild durchgehen, von den stilleren Szenen wie Christi Gespräch mit der Samariterin am Brunnen oder Christus im Hause der Maria und Martha bis zu den dramatisch erregten, dichtgefüllten der ‹Gefangennahme› und dem feierlichen Ernst in dem ganzseitigen Bilde mit der Kreuzabnahme und Grablegung, um zu erfassen, daß wir hier vor einer Kunst der Bildkomposition stehen, die ihresgleichen sucht. Wir müssen bis zu Giottos Arenafresken gehen, um einem Zyklus zu begegnen, der in der Beherrschung figuraler Kompositionswerte in der rahmenbegrenzten Fläche Vergleichbares aufweist.

Das Neuartige, das hier vorliegt, läßt den starken Gegensatz zur spätkarolingischen Buchmalerei verspüren und zeigt nirgends deutlicher und faßbarer die Ansätze zu einer Stilbildung, die sich im Ottonischen entfaltet.

Was insbesondere im Werk der Reichenauer Mönchskünstler des

10. Jahrhunderts das Auge bezaubert, liegt indessen in der Farbe. Auch sie scheidet diese Bildkunst sofort von allem Karolingischen und zugleich auch von allem Zukünftigen. Das spätantik Auflösende und Zerfließende der Bilderscheinung ist fallengelassen, aber das Gefühl für feinste Tonübergänge ist geblieben. Die festumrandende Konturlinie des 12. Jahrhunderts liegt noch weit entfernt, und so bewahren Figuren und Dinge im Codex Egberti noch eine einzigartige Leichtigkeit. Wegen dieser Konturlosigkeit muß man von ‹Farbsilhouetten› sprechen, aber diese Silhouetten bilden wiederum keine homogenen Flächen, sondern besitzen eine reiche, farbige Binnenmodulierung und steigern sich durch das Beieinander der farbigen Grundwerte zu juwelenhafter Schönheit. So steht das feierliche Violett, das Christus (mit goldenem Nimbus) fast durchweg trägt, zusammen mit dem gesättigten Blau, Grün und Rot gegen die milchiglicht gebrochenen Töne des Grundes. Es ist ein in der abendländischen Malerei zwischen Antike und Gotik einziger Augenblick, der eine solche Farbenkunst erlaubt. Sie ist ottonisch.

Die 51 erzählenden Bilder des Codex Egberti sind nun weder künstlerisch noch stilistisch ganz gleichwertig. Diese Erkenntnis vermittelt ja aufs lebendigste den Eindruck der in den Skriptorien vorhandenen künstlerischen Möglichkeiten und Bestrebungen. Am auffallendsten spürt man den Unterschied zwischen den ersten Bildern (Verkündigung bis Kindermord) mit ihrer weich und locker modellierenden raumhaften Malerei und allen späteren, die auf stärkere Festigung und rhythmisch neue Ordnung der Bilderscheinung ausgehen, bis zu den feierlich gereckten Gestalten, wie in der Szene, wo Jesus den Jüngeren erscheint. Das heißt, daß auch innerhalb der Handschrift ein Wandel zu verspüren ist zwischen einer antikisierenden Haltung und einer von der altchristlichen Vorlage sich abwendenden, ein neues Bildideal aufsuchenden Kunst [1].

Der Aachener Ottonen-Codex

Der Zyklus des Codex Egberti ist als geschlossene Leben-Christi-Folge der reichste, umfaßt aber keineswegs den gesamten Bildvorrat der ottonischen Buchmalerei zum *Neuen Testament*. Selbst auf der Reichenau, innerhalb der gleichen Klostergemeinschaft, finden wir in anderen Handschriften weitere Illustrationen zu gleichen oder anderen Textstellen und Begebenheiten aus dem Leben Christi. Auch diese Bilder schöpfen aus alten Quellen. Zugleich tritt aber mit der weiteren Entwicklung der Schule die große künstlerisch formende

1 Hervorzuheben der Meister des *Registrum Gregorii*, benannt nach einem Fragment (Trier, Stadtbibliothek), das den Hl. Gregor darstellt, wie er von der Taube des Hl. Geistes inspiriert wird. Der Meister ist auch in anderen künstlerisch bedeutenden Buchmalereien zu erkennen. Vgl. C. NORDENFALK, Der Meister des Registrum Gregorii. Münchner Jahrbuch d. bild. Kunst, 1950, S. 61.

Kraft hervor, die in den führenden Handschriften immer neue Bildwerte selbst bei ikonographisch gleichem Stoff entfaltet [1].

Nichts gewährt einen so guten Einblick in das drängende, reiche künstlerische Leben auf der Reichenau Ende des 10. Jahrhunderts als der Vergleich des Codex Egberti mit der zeitlich nahestehenden Handschrift des KAISERS OTTO im Aachener Münster [2], der Vergleich der Leistungen von KERALD und HERIBERT mit denen LIUTHARS. Nicht deshalb, weil wir hier in der Aachener Handschrift auf neue Stoffgebiete stoßen – die Quellen für das Figürliche liegen zum Teil in der gleichen Zeit wie für den Codex Egberti –, sondern weil das Suchen nach neuen Formen und neuen Kompositionsgedanken unverhüllt uns entgegentritt. Während im Egbert-Codex eine gewisse Ausgeglichenheit und Reife in der Erzählungsweise wie in den Feinheiten der Bildgestaltung herrscht, scheint bei LIUTHAR alles erst im Werden. Altes und Neues, Römisches und Byzantinisches mischen sich so, daß der Charakter der Mischung zwar noch spürbar bleibt, zugleich aber auch das künstlerische Ringen um ein bestimmtes bildhaftes Gefüge vermerkt wird.

Egbert-Codex und die Wandgemälde in Oberzell komponieren im Breitformat. Der Aachener Ottonen-Codex bringt schon durch das Hochformat einen starken Gegensatz, der sich in seiner Wirkung noch erhöht durch die Verwendung von architektonischen Rahmenmotiven, wie wir sie aus der karolingischen Buchmalerei, vor allem von der Darstellung der Evangelisten her kennen. Doch gleicht der Rahmen in den Aachener Miniaturen mehr einem Gehäuse, in das das ‹Bild› mit einer eigenen Bildgrenze eingelassen ist. Offenbar kam es dem Künstler auf feierliche große Wirkung an. Eben deswegen der Schmuck der Handschrift mit *ganzseitigen* Vollbildern und die Wahl der architektonischen Rahmung, die, bereichert durch stets wechselnde Ziermotive in Füllungen und Ecklösungen, nun auch das dargestellte Ereignis in besonderer Weise heraushebt.

Szenen aus der Leben-Christi-Folge in ein rundbogig geschlossenes Hochformat einzufügen, war etwas Neues. Und man spürt auch: Das Vollbild im Hochformat wird künstlerisch nicht ganz beherrscht. Der Künstler ringt um das richtige Verhältnis der szenischen Anordnung zur Bildfläche in dem schmalen Hochformat. Kleine oder große Figuren, kurze oder gestreckte, Füllung oder Leere, Symmetrie oder freier Rhythmus, dazu die Verwendung der Bildarchitektur: dies alles wird fraglich, je nach der Eigenart der Szenen und je nach der Vorlage, die er als Stoff benutzt. Zweifellos hat der Künstler nicht immer reine Lösungen gefunden. Gleichwohl ist seine Leistung

---

1 Man gruppiert die in den Klöstern der Reichenau entstandenen Handschriften nach ihrer stilistischen Zusammengehörigkeit und unterscheidet 1. EBURNANT-Gruppe, 2. RUODPRECHT-Gruppe, 3. LIUTHAR-Gruppe. Doch können die Handschriften hier nicht alle aufgezählt werden.

2 STEPHAN BEISSEL, Die Bilder der Handschrift Kaisers Otto im Münster zu Aachen. Aachen 1886. Aus der Handschrift geht nicht hervor, ob es sich um OTTO II. oder OTTO III. handelt.

von ungeheurer Bedeutung für die Reichenau gewesen, wie wir an den späteren Kaiserhandschriften ermessen können, die künstlerisch auf dem aufbauen, was die LIUTHAR-Handschrift mit dem Arkaden-Typus der Erzählung erstrebt. Es ist der Wille zur monumental-fest-lichen Wirkung, der mit starkem figürlichem Pathos gesättigten Bildseite, der hier im Ansatz steht und der in der Folge den Geist der Reichenauer Kunst bestimmt.

Die Verkündigungsfiguren (Abb. 10) stehen vor Goldgrund unter einer Aedicula; eine festliche Votivkrone hängt von oben herab. Im Giebel reckt sich die Hand Gottes. Auf den Kuppelrundungen über dem Giebel sieht man Pfauen, die ihre Schnäbel in Blütenkelche tauchen. Die Säulen mit dem Giebel werden wiederum umrahmt von der größeren äußeren Bogenstellung, die den Purpurgrund umfaßt. So wirkt die Szene als Ganzes gewissermaßen wie nimbiert, sie erhält einen Glanz, der in der deutschen Buchmalerei des 10. Jahrhunderts etwas Neues bedeutet, indem der Vorgang der Verkündigung in einen Bereich von Überzeitlichkeit hinausgehoben wird. Schon die Tatsache, daß auf der Reichenau zum ersten Male im Abendlande der Goldgrund aufgenommen und als Ausdrucksmittel für die mittelalterliche Malerei gestaltet wird, zeigt die epochale Stellung der Reichenau. *Die Möglichkeit, Zeitlosigkeit des Geschehens zur Anschauung zu bringen, steigt auf.*

In der Tat bedeutet das Aachener Otto-Evangeliar innerhalb der Reichenauer Buchmalerei einen Anfang zu immer reinerer Ausprägung ihres künstlerischen Gehalts und ihrer besonderen Ausdrucksweise. Dieser Vorgang ist zweifellos als das Ergebnis eines unaufhörlichen künstlerischen Ringens zu verstehen, wie er für diese Zeit in der abendländischen Malerei sonst nicht beobachtet werden kann. Wie er sich im einzelnen vollzogen hat, wissen wir bei der verhältnismäßig geringen und ja nur zufällig erhaltenen Zahl von Denkmälern nicht. Aber wir können erkennen, daß unter OTTO III. in der Zeit um die Jahrtausendwende ein Höhepunkt erreicht wird. Die Gestaltenwelt erwächst nun zu einer inneren Größe, die weit abführt von der ursprünglichen ‹lateinischen› Sprache, um so deutlicher, als es sich dabei um Umformung eines festgeprägten Bildervorrats handelt.

Das Evangeliar Ottos III.

Die nächste Stufe wird in dem für OTTO III. geschriebenen Evangeliar der Münchner Staatsbibliothek lat. 4453 (Cim. 58) erkennbar[1]. Man vergleiche etwa aus den Evangeliaren OTTOS II. und OTTOS III. solche Vollbilder, die den gleichen Gegenstand behandeln, beispielsweise die Fußwaschung. Die Aachener Handschrift gibt eine schöne geschlossene Gruppe in dem Gegeneinander von Christus und Petrus

1 GEORG LEIDINGER, Miniaturen aus Handschriften der Kgl. Hof- und Staatsbibliothek in München, Heft I. Das sogen. Evangeliarium Ottos III. München o. J.

vor der hochaufsteigenden Doppelarkade. Die Münchner Handschrift baut diese Szene aus den gleichen Bestandteilen auf, vor allem in der Petrus-Christus-Gruppe (Abb. 11). Aber wieviel eindringlicher wird nun die Wirkung! Jetzt steht Christus als Hauptfigur herausgehoben in der Mitte. Der goldene Grund bleibt ungeteilt, so daß die Gestalt Christi ohne jede Überschneidung vor dieser Goldwand sich abhebt. Die zwischen den Säulen ausgespannte Goldfläche mit der bekrönenden Architektur übernimmt hier eine neue Funktion. In der Aachener Handschrift kann man nur von einer Hintergrundarchitektur sprechen, die die Gruppe zusammenfaßt und dabei zugleich die obere Bildfläche ausfüllt. In München erst wird sie zu einem auf die Gestalt Christi bezogenen Baldachin gebildet. Aber das bleibt nicht das einzige. Alle anderen Figuren sind mit Rücksicht auf die Bedeutung der Christusfigur abgestuft, in der Größenerscheinung wie in der Zuordnung der zur Seite Stehenden, so daß sich ungezwungen eine rasche Steigerung nach der Bildmitte ergibt.

Entscheidend für diese Wirkung bleibt dabei der neue Bildstil als ein das Ganze der Erscheinung umformendes Stilprinzip. Erschien schon die lateinische Figurenwelt des Codex Egberti verglichen mit dem Römisch-Christlichen wie herausgehoben aus aller umweltlichen Auffassung, und erschien die Bildauffassung der Aachener Otto-Handschrift ihrerseits mit der antikischen Form völlig zu brechen, so treibt der Künstler im Münchner Codex die Bewegung von der Antike weg noch einmal weiter. Jetzt gewinnt die Reichenau das Ziel eines ganz eigenen Figurenstils, und zwar vermittels einer Formensprache, die eine von antiker Auffassung völlig abgewandte Idealität der Figur ermöglicht.

Die Idealität der ottonischen Figur liegt wesentlich beschlossen in ihrer Funktion, durch nichts als durch ‹Gebärde› etwas aussagen zu sollen. Die Figur bietet keine Möglichkeit, nach irgendeiner anderen Seite hin aufgefaßt, als ein so oder so sich verhaltendes, in anderer Lage möglicherweise anders empfindendes, innerlich bewegtes Wesen bewertet zu werden. Die Funktion der Gebärde verschlingt alle anderen möglichen Wirkungsfunktionen menschlicher Figur. Die ottonische Figur kann in dieser Hinsicht als ein schlechthin eindimensional gerichtetes Wesen bezeichnet werden. Sie ist Gestalt gewordene Gebärde, ist mit ihrem ganzen Wesen nur diesem einzigen Geschehnis verhaftet. Darin liegt zugleich ihre gewaltige Ausdrucksfähigkeit. Indem sie eine einzige Möglichkeit der menschlichen Figur sich auszudrücken heraushebt und übersteigert, wird sie nicht etwa arm, sondern vermag das Pathos der Gebärde zur höchstmöglichen geistigen Wirkung zu läutern. Die Gebärde spricht nicht den Inhalt dessen, was zum Ausdruck kommen soll, aus, sondern seinen Gehalt. Den Inhalt gibt der Text oder die allgemein verbindliche Bekanntheit einer Vorstellung. Den Gehalt gibt die figurale Verbildlichung durch die Gebärdefigur. Dabei kann diese Idealität der ottonischen Figur nur mit der gleichzeitigen Enträumlichung des Bildgefüges, in dem sie steht, verstanden werden. Auch hierin wird Abwendung von der Antike erstrebt und erreicht. Kunstgeschichtlich drückt man diesen Vorgang zumeist nur negativ aus. Man muß indessen verstehen, daß der Un-Raum seine eigenen künstlerischen Möglichkeiten und Gesetze besitzt. Die Malerei hat die eigentümliche Möglichkeit, zwischen erfahrbarem Raum und Un-Raum die verschiedensten Zwischenstufen zu veranschaulichen und als Ausdrucksmittel zu benutzen. Im Un-Raum gibt es weder Tiefe noch Schwerkraft. Figuren und Dinge bleiben körperlos und gewichtslos. Und eben diese Loslösung vom erfahrbaren Raum ermöglicht der frühdeutschen Malerei, da die Figuren zwar ihren ‹Körper› verlieren, aber ‹Gestalt› bleiben, etwas Über-Räumliches und Über-Zeitliches auszusagen. Die Figur wird nicht etwa aus einer umweltbezogenen Auffassung herausgeschnitten (wie gelegentlich in der Buchmalerei der lateinischen Länder), sondern erhält ihre eigene Aussagekraft und Gestalt als Gebärdefigur. Das ist das Neue und Einzigartige in der ottonischen Entwicklung am Ausgang des 10. Jahrhunderts.

Die dialogische Beziehung zwischen Petrus und Christus in dem Beispiel des Otto-Evangeliars gibt zunächst nichts anderes als Rede und Gegenrede. Aber liest man den Text dazu *(Joh. 13, 8–9): Dicit ei Petrus: Non lavabis mihi pedes in aeternum. Respondit ei Jesus: Si non lavero te, non habebis partem mecum. Dicit ei Simon Petrus: Domine, non tantum pedes meos, sed manus et caput.* (‹Da sprach Petrus zu ihm: Nimmermehr sollst du mir die Füße waschen. Jesus antwortete ihm: Werde ich dich nicht waschen, so hast du keinen Teil mit mir. Spricht zu ihm Simon Petrus: Herr, nicht die Füße allein, sondern auch die Hände und das Haupt.›) So wird sogleich deutlich, was in diesem ottonischen Bild zum Ausdruck gebracht wird: Die leidenschaftliche Ergebenheit des Jüngers gegen den Herrn, der ungeheure Ernst der Szene, das Glühende der Empfindungen, das Beteiligtsein aller Umstehenden ausschließlich an diesem so dichtgefüllten Dialog, das Symbolische des Vorgangs. Aber nun nicht im Sinne einer ‹historischen› Szene. Ottonische Figuren haben eine eigentümliche Weite um sich. Es ist die Weite des Ewigen. Auf der Reichenau wird niemals ein ‹Augenblick› in den Begebenheiten dargestellt. Das geschieht nur in der nachmittelalterlichen Malerei, wo ein Augenblick aus dem Fluß des Geschehens herausgehoben wird und ‹Dauer› erlangt. Ottonische Bildauffassung bedeutet vielmehr die Möglichkeit, einen Vorgang als etwas aus dem Ablauf des Geschehens Losgelöstes mit neuer Sinngebung zu erfüllen. So steht in der Fußwaschung das Ewig-Gültige im Verhältnis des Jüngers zu seinem Herrn vor uns, losgelöst von jeder Beziehung auf einen irgendeinmal an einem bestimmten Ort tatsächlich geschehenen Vorgang.

Die abendländische Kunst hat nie wieder eine Formensprache gefunden, die einen solchen Gehalt bildhaft zu sagen vermag. Weder bei Giotto noch bei Dürer oder Rubens gibt es solche Möglichkeit, da eben nicht jede geistige Wirklichkeit sich durch körperlich-räumliche Beziehung ausdrücken läßt. Nur die ottonische Malerei hat dies mit ihrer aus Raum und Zeit herausgelösten Gebärdefigur vermocht. Die ganze nachfolgende abendländische Kunst, Gotik, Renaissance,

Barock, hat fortdauernd das Leben Christi säkularisiert und aus dem Ewig-Gültigen im Sinne der frühmittelalterlichen Christusgestalt schließlich eine örtlich-zeitlich bedingte Figur gemacht.

Die für OTTO III. hergestellte Handschrift (München lat. 4453), der die genannte Szene angehört, rechnet zum Kostbarsten, was die Reichenau geschaffen hat. Um von ihrem künstlerischen Reichtum Rechenschaft zu geben, müßten – noch ganz abgesehen von den später zu nennenden Evangelisten und der Kaiserdarstellung – alle 29 Bilder zum Leben Christi einzeln betrachtet werden. Sie reichen von der Verkündigung bis zu der Erscheinung nach dem Tode.

Lauter ganzseitige Miniaturen, die über die vier Evangelien verteilt sind. Für die Bildwirkung der ganzseitigen Miniaturen und ihrer Komposition ist eines nicht zu vergessen: Wir stehen hier am Anfang der abendländischen Bildauffassung mit fester Grenze. Im Ottonischen ist sie noch nicht da. Und gerade das feine und reiche Spiel verschiedenartiger Darstellungselemente innerhalb einer noch lockeren Bildgrenze macht vielfach den unvergleichlichen Reiz der ottonischen Buchmalerei aus (Abb. 12).

Das Perikopenbuch Heinrichs II.

Es gibt schließlich auf der Reichenau noch eine weitere Entfaltung dieser Bildsprache zu äußerster feierlicher Strenge aus der Zeit KAISER HEINRICHS II. Und zwar ist es eine von dem Kaiser selbst seiner Lieblingsstiftung Bamberg dargebrachte Pracht-Handschrift, die uns diese letzte große Möglichkeit der Reichenau erkennen läßt: der Münchener Cod. lat. 4452 (Cim. 57), ein Perikopenbuch[1]. Brachte das Evangeliar OTTOS III. das bedeutendste Beispiel für die spannungsreiche Dramatik der Bilder, so tritt uns in Cim. 57 der sakrale Stil der Reichenau in seiner vollendeten Größe entgegen (Abb. 17). Es fällt schon auf, daß der Bilderschmuck dieser Handschrift thematisch auf solche Szenen verzichtet, die einen gewissen Erzählerreichtum verlangen: die Wundertaten Christi. Sie fehlen ebenso wie die Gleichnisse. Dafür sind eine Reihe von sonst seltener behandelten Themen gestaltet, die bereits vom Inhalt her ein bedeutendes Pathos in sich bergen: Abendmahl, Himmelfahrt, Pfingsten, Tod der Maria, Jüngstes Gericht. Aber dies sakrale Pathos überträgt sich auch auf andere Szenen, die bisher weniger Möglichkeit zu solch feierlicher Stilbildung zu geben schienen. Gerade solche Szenen sind es, die am ehesten die Größe der künstlerischen Schöpfung und die Herrschaft einer zum stärksten Ausdruck gezüchteten Form erkennen lassen.

Die Figuren wachsen und beherrschen mehr denn je das Bildfeld, ihre Haltung ist gereckter und stiller, der Zug der Gewänder schärfer, die Binnenzeichnung sparsamer, die große über den Goldgrund ausgespannte Gebärde machtvoller. Sie durchdringt das Bildfeld mit

---

1 GEORG LEIDINGER, a. a. O. Heft V, Das Perikopenbuch Kaiser Heinrichs II. München o. J.

einer Kraft wie nie zuvor. Jedes Bildfeld erfordert auf der gegenüberliegenden Seite einen ebenbürtigen Klang. Er wird entweder durch die monumentale Formung der zugehörigen Schriftseite erzeugt wie bei der Darstellung im Tempel oder durch zwei thematisch zusammengehörige Bilder wie beim Einzug in Jerusalem, oder so, daß *ein* Vorgang über zwei nebeneinanderstehende Seiten verteilt wird. Zu den Wunderwerken der Gestaltungskraft dieses Malers gehört beispielsweise die Darstellung der ‹Frauen am Grabe› auf zwei Gegenbildern, von der herrlichsten Erhaltung, ohne jede die Kraft der Bilder störende Umstände (Abb. 23, 24). Ikonographisch greift hier der Maler zu dem Typus, der auf jedes Beiwerk verzichtet. Kein Grabesbau, keine Wächter. Jeweils stehen die Figuren unter einer überaus klar gezeichneten Giebelstellung, die den Bildgrund nach oben noch durchbricht. Die von der Erscheinung des Engels wie gebannt stehende Dreiergruppe der Frauen hat etwas von statuarischer Ruhe und Größe. Die Fähigkeit, diese Gruppe gerade so zu formen, die Köpfe im Dreieck aufzubauen, die Frauen durch verschiedenfarbige Nimben und Gewänder ebensosehr zu trennen wie zu binden, durch Gleichklang der Formen die Wirkung eines sich steigernden, verstärkenden Echos zu erlangen, die Binnenzeichnung der Gewänder mit äußerster Strenge, aber nicht ohne Abwechslung durchzuführen, die Geschlossenheit der Silhouette durch das Weihrauchgefäß wie durch das weitausgreifende Kopftuch vor allzu großer Unbeweglichkeit zu bewahren, die ganze Gruppe vor die erhaben zeitlose Weite des Goldgrundes zu stellen: dies alles läßt eine so wunderbare Sicherheit in der Beherrschung der künstlerischen Bildmittel erkennen, daß der Meister zu den größten der abendländischen Malerei jener Jahrhunderte zu rechnen ist.

Von nicht geringerer Bedeutung der Engel. Bei aller Bewegtheit der biegsam schwingenden Flügel und der heftig geschleuderten Gewandenden bleibt eine eigentümliche Lautlosigkeit der Erscheinung. Sie hat etwas Geisthaftes, und diesen Eindruck unterstützt die seltsame Färbung. Der Engel, auf grün marmoriertem Sargdeckel, steht in eiskühlen Farbtönen vor Goldgrund! Das Gewand zeigt ein kaltes Blaugrün, der Mantel ein stumpfes Sandbraun. Dazu in Gesicht, Händen und Füßen ein Altrosa als Fleischfarbe, so daß es aussieht, als sei der Engel geheimnisvoll erglüht.

Eine entsprechende Wandlung hat die ‹Darstellung im Tempel› durchgemacht. Eine Dehnung der alten szenischen Ordnung ins Weite und Große, eine betonte und klare Heraushebung der Figuren findet überall statt, am sinnfälligsten vielleicht in der Darstellung der Geburt Christi, die nun in der Cim. 57 mit der ‹Verkündigung an die Hirten› auf zwei gegenüberliegende Bilder verteilt wird. Die Verkündigung an die Hirten zeigt in ganzseitiger Komposition eine auf der Reichenau oft verwendete Gruppe von Figuren, doch nirgends so eindrucksvoll geformt wie in dieser Handschrift Heinrichs II. (Abb. 17). Die Szene lebt ganz und gar von der überweltlichen Erscheinung des Engels, der mit weitgebreiteten Schwingen und mächtig ausgreifenden Mantelfahnen sich aus der Himmelshöhe herabläßt, den Hirten die frohe Botschaft zu bringen.

Den Unterschied der Gestaltungsweise im Vergleich mit dem Evangeliar OTTOS III. könnte man an der Bedeutung darlegen, die die ‹leeren› Flächen gewinnen. Die Kraft der Gebärde in den übergroß gereckten Armen und Händen verlangt die Weite der Flächen. Dieses ganz freie Schalten mit Figuren und Figurengruppen über die leeren Flächen hin, ohne dabei an Gleichgewicht im Verhältnis der Figuren zum Bildgrund zu verlieren, bleibt eine der großen künstlerischen Leistungen der Reichenauer Malerei, die die Bildfläche als ein Kraftfeld entdeckt und gestaltet hat. Von der Größe der künstlerischen Gesinnung, die sich mit dieser Ausdrucksweise verbindet, zeugt, daß nicht nur die bereits vom Inhalt her für uns gewichtig erscheinenden Szenen die Bedeutung eines ewig Gültigen, von allen Bedingungen einer erfahrbaren Umwelt Losgelösten, erhalten, sondern auch Geschehnisse, die ganz nebenherlaufen. Die *Matthäus*-Verse *(21, 2 – 3)* vor dem Bericht über den ‹Einzug› in Jerusalem geben die Anweisung Christi an die zwei Jünger wieder, die Eselin und das Füllen zu holen. Gerade diese sonst nicht dargestellte Begebenheit hat der Künstler des Perikopenbuches benutzt, um sie als Gegenbild mit dem ‹Einzug› zusammenwirken zu lassen. Wie die beiden Gestalten der Jünger mit den seltsam geformten Tieren als farbige Silhouetten gegen den Goldgrund ragen, so verleiht eben jene in unablässiger Zucht eroberte künstlerische Ausdrucksform dieser Szene den Anschein eines weltgeschichtlichen Ereignisses [1].

Neue Bildthemen
Die Bamberger Apokalypse

Die Vorgänge um den Kreuzestod Christi sind in den künstlerisch bedeutendsten Reichenauer Handschriften in mehreren Bildern geschildert, ein für die Geschichte der abendländischen Bildvorstellungen bedeutsames Ereignis. Denn hier in der deutschen Kunst des 10. Jahrhunderts treten neben der Kreuzigung zum ersten Male besondere Darstellungen, wie Lanzenstich, Abnahme vom Kreuz und Grablegung, auf. Als ein Zeugnis für die bildschöpferische Kraft der Reichenau ist dann der ‹Tod der Maria› zu nennen, um so mehr, als wir uns hier am Beginn der abendländischen Marientoddarstellungen befinden. Die Reichenauer Mönche haben offenbar erst auf einer reifen Stufe ihrer Kunst dieses Thema gestaltet, dessen Verbildlichung ihre Grundlage nicht im Evangelientext, sondern in der Legende hat. Die Bildvorstellung, Maria auf dem Sterbebette inmitten der Apostel zu geben, geht auf Byzanz zurück. Auf der Reiche-

1 Abbildungen der genannten Miniaturen bei LEIDINGER a. a. O. Einzelne Beispiele, auch farbig, bei BOECKLER, Deutsche Buchmalerei vorgotischer Zeit.

nau selbst gab ein kostbares Stück byzantinischer Elfenbeinschnitzerei mit solcher Darstellung[1]. Es schmückt noch heute als Mittelstück den goldenen Deckel der Cim. 58. Vielleicht hat ein solches Beispiel der Kleinkunst die Anregung für die Aufnahme der Szene in den Reichenauer Bilderkreis geboten. Denn dieser byzantinische Typus (der seine Festigung wahrscheinlich auch erst am Ende des 10. Jahrhunderts gewonnen hat) mit dem hinter dem Bette stehenden Christus, der die Seele der Verstorbenen emporhält, kehrt in verschiedenen Handschriften der LIUTHAR-Gruppe wieder[2]. An selbständiger Abwandlung und Ausgestaltung im Sinne der Reichenauer Sprache fehlt es nicht. Die Bamberger Handschrift lit. 5 (Ed. V. 9)[3], noch dem LIUTHAR-Stil der Aachener Ottonen-Handschrift verwandt, zeigt in einer vergleichsweise lockeren Gruppierung der Apostel Maria auf dem Sterbebette, jedoch ohne Christus. Ein Teil der Apostel richtet die Blicke nach oben, wo die Seele der Maria als Halbfigur in goldener, von Engeln getragener Scheibe erscheint. Aus einer Flammenwolke ragt von oben her die ein goldenes Kreuz haltende Hand Gottes herein.

Im Perikopenbuch HEINRICHS II. wird in weitgehender Loslösung vom byzantinischen Typus eine großartige Umformung dieser Bildvorstellungen vorgenommen. Im Geiste dieses Meisters, dessen Wille zum Feierlichen überall spürbar wird, erfährt die Darstellung eine abermalige Erhöhung durch das Motiv, daß oben der thronende Christus selbst in der Glorie und vor ihm in dem von Engeln gehaltenen Rundbild die Seele der Muttergottes als Orante erscheint. Es kommt damit nicht nur die Himmelfahrt der Seele, sondern zugleich ihr Ruhen in der himmlischen Sphäre zum Ausdruck. Im Ansfrid-Evangeliar, das der weiteren Schulbildung der Reichenau angehört, erscheint eine dritte Bildmöglichkeit, in ihrer Wirkung stark durch die prunkvolle, dem Schmuck der Kanontafeln entlehnte Hintergrundsarchitektur bestimmt. Christus, hinter dem Sterbelager, neigt den Kopf zur Maria und trägt zugleich in den straff vorgereckten Armen die Scheibe mit der Seele, die von den aus der Höhe zwischen den Säulen herabfliegenden Engeln in Empfang genommen wird.

Die Bildfolge im Perikopenbuch HEINRICHS II. schließt mit einem der gewaltigsten Themen, das die christliche Kunst des Abendlandes kennt, mit einer Darstellung des Jüngsten Gerichts. Und auch in diesem Falle ist es die Reichenau, die die Bildvorstellung des Abendlandes in weitreichendem Maße bestimmt. Was GEORG DEHIO in seiner Geschichte der Deutschen Kunst zuerst hervorhob, daß die Weltgerichtsvorstellungen des Nordens auf der Reichenau ihre

---

1 Abb. bei W. MESSERER, Der Bamberger Domschatz. 1952, Abb. 20.

2 Außerhalb der Reichenauer Schule die wenig glückliche Komposition in einem Antiphonar aus Prüm, Paris B. N. lat. 9448 vom Ende des 10. Jhs. GOLDSCHMIDT, Die deutsche Buchmalerei. Bd. II o. J. (1928), Taf. 67.

3 Farbige Abb. bei HANS FISCHER, Mittelalterliche Miniaturen aus der staatlichen Bibliothek in Bamberg. Heft II, 1929.

früheste bildliche Form gefunden haben, bestätigt die jüngere Forschung. Wir stehen in der Reichenauer Klosterschule vor den ersten Konzeptionen. In der Buchmalerei erscheint das Thema in dem genannten Perikopenbuch und in der ‹Bamberger Apokalypse›, in der Wandmalerei an der Westapsis von St. Georg in Oberzell und Ende des Jahrhunderts in Burgfelden. Die entscheidenden Züge dieser Auffassung finden dann im 11. Jahrhundert Eingang in Italien (St. Angelo in Formis) und werden später, als das Abendland seine wichtigsten Vorstellungen in der Skulptur zum Ausdruck bringt, an den gotischen Kathedralen oft in den Mittelpunkt des Portalschmuckes gestellt: der thronende Christus begleitet von den Aposteln als Beisitzer des Weltgerichts; die Auferstehung der Toten, die durch Posaunenblasen aus ihren Gräbern gerissen werden, und die Scheidung in Selige und Verdammte.

Am Anfang dieser weit durch die abendländische Kunst reichenden geschichtlichen Folge steht nun der Künstler des Perikopenbuchs HEINRICHS II.[1]. Er bringt von vornherein die monumentale Bildgesinnung verbunden mit der Darstellungsmöglichkeit des Zeitlosen auch für dieses Thema mit, das er auf zwei einander gegenüberstehende Seiten verteilt.

Die Szene links rahmen die bildeinwärts stehenden vier Engel, die zum Gericht posaunen. Die Gräber öffnen sich, und heraus steigen die Toten, mit lebhaften Gebärden auf die Engel hinblickend. In den Bildecken, den Engeln zugeordnet, blasen die gehörnten Winde. Das Blatt rechts, dessen Komposition von den symmetrisch verteilten Figurengruppen bestimmt wird, bringt das eigentliche Weltgericht. Es zeigt in seiner oberen Hälfte den thronenden Christus mit einem gewaltigen Kreuz als *signum filii hominis*. Rechts und links die zu ihm aufblickenden Engelhalbfiguren und, zu seinen Füßen, die Apostel als Beisitzer unter Führung von Peter und Paul. In der unteren Bildhälfte zwischen den Gruppen der Seligen und Verdammten zwei große Engel mit entfalteten Schriftrollen, jedoch ohne Schrift. Was auf ihnen zu lesen ist, erfahren wir aus der entsprechenden Darstellung der Bamberger Apokalypse. Es ist das Urteil des Weltenrichters:

Venite benedicti patris mei. Possidete paratum vobis regnum (Matth. 25, 34).

Discedite a me maledicti in ignem eternam (Matth. 25, 41).

Die Bamberger Apokalypse hat, was im Perikopenbuch auf zwei Blätter verteilt wird, in ein einziges Bild unter Fortlassung der ‹Winde› zusammengepreßt und die Halbfigur des Johannes in der linken unteren Ecke hinzugefügt. Über das stilistische Verhältnis wird noch zu sprechen sein. Doch mag die Bildfolge dieser Apokalypse in 50 Illustrationen hier eingeschaltet sein, da sie die Bedeutung der Reichenauer Malerei von einer neuen Seite offenbart.

Die Visionen des Johannes stellten der abendländischen Kunst der verschiedensten Jahrhunderte eine der vom Problem der Veranschaulichung her am schwersten zu bewältigenden Aufgaben.

---

1 Abb. bei LEIDINGER a. a. O., ferner JANTZEN, Ottonische Kunst. 1947, Abb. 60, 61.

Merkwürdig, wie der Gehalt je nach der Sprachfähigkeit der Epochen wechselt! Das frühe Mittelalter besaß jedoch hier Vorteile, die für spätere Zeiten nicht mehr in Frage kamen. Denn es liegt eben in der stilistischen Struktur einer solchen abstrahierenden Kunst wie der ottonischen begründet, daß gerade sie am ehesten befähigt war, die unsinnlichen Vorgänge apokalyptischer Visionen bildhaft zu gestalten. Man wird dessen gewahr, wenn man etwa auf die nachmittelalterlichen Möglichkeiten einer abbildhaft verfahrenden Kunst hinschaut. Gewiß zählt DÜRER zu den phantasiereichsten Künstlern, die die deutsche Kunst je besessen hat. Aber welche Mühe hat auch ein DÜRER in seiner Apokalypse – wenn man etwa den Drachenszenen nachgeht –, um in der von der Zeit geforderten Bildsprache die jeder verstandesmäßigen Betrachtung sich entziehenden ungeheuerlichen Vorgänge der Visionen des Johannes zu veranschaulichen. Er muß Landschaft geben, menschlich geformte Figuren, ein groteskes Tier aus naturalistisch gegebenen Einzelheiten. Wie soll er mit solchen Mitteln das ‹Sonnenweib› veranschaulichen, das nach dem Text mit der Sonne ‹bekleidet› ist, den Mond zu Füßen und das Haupt mit Sternen gekrönt hat? Oder jene Szene, wo dem Weibe Flügel gegeben werden ‹wie eines großen Adlers, daß sie in die Wüste flöge an ihren Ort›. ‹Und die Schlange schoß nach dem Weibe aus ihrem Munde ein Wasser, wie ein Strom, daß er sie ersäufete.› *(Offenb. Joh. 12.)* Die Bildauffassung der ottonischen Zeit, die alles auf die tägliche Umwelt Bezogene als nicht darstellungswürdig ausschaltet, gewinnt von vornherein eine ganz andere Grundlage für die Illustration jener endzeitlichen Phantasien, die das christliche Abendland so häufig beschäftigten. So zeigt es der Meister der Bamberger Apokalypse, bei der in der Tat nun alle Vorgänge in einem nicht mehr erfahrbaren Raum vor sich gehen und bei der der Geist der Erzählung sich zu bildhaften Visionen verdichtet, die bereits in der Konzeption auf das Hereinziehen menschlicher Maßstäbe verzichten (Abb. 18). In seiner Bild- und Formensprache schließt er sich an die Meister des Perikopenbuches HEINRICHS II. an, doch besitzen seine Gebärdefiguren bei aller Bedeutung seiner figuralen Phantasie nicht mehr ganz die Spannkraft und Ausdrucksgröße, wie sie in dem sakral-feierlichen Stil der Cim. 57 herrschen.

Die Schulen von Köln und Echternach

Den künstlerischen Leistungen der Reichenau im Ausgang des 10. Jahrhunderts läßt sich auf dem Gebiet der Buchmalerei kaum etwas von gleicher Bedeutung in den übrigen deutschen Klosterschulen zur Seite stellen, wenigstens nicht, soweit die künstlerische Gestaltung der Leben-Christi-Folge in Frage kommt. Regensburg kennt zunächst keine Beziehung zu diesem Themenkreis und entwickelt ein von Grund auf anderes Bildgefüge. In Hildesheim zeigen sich unter BISCHOF BERNWARD gerade in der Buchmalerei nicht die bedeutenden künstlerischen Kräfte, die ihm für Baukunst und Erzguß zur Verfügung standen. Es fehlt zwar in den Handschriften BERNWARDS nicht an Illustrationen zu *neutestamentlichen* Szenen, aber die

Szenen versinken in der dekorativ-ornamentalen dichten Füllung der Blätter. Der Vergleich der Hildesheimer mit der Kunst der Reichenau lehrt von vornherein, welche Unterschiede noch innerhalb einer naturfern gestaltenden figuralen Malerei bestehen können, ob Figuren mit innerer Spannkraft, die etwas auszusagen vermögen, oder Figuren, die nur als eine ornamentale Umschreibung des Thematischen angesehen werden können, gegeben werden.

Anders in der *Kölner Buchmalerei*, wo wenigstens in einzelnen Fällen Bilder zum Leben Christi auftreten. Das Sakramentar aus St. Gereon in Paris bot freilich nach dem liturgischen Typus weniger Gelegenheit hierfür, enthüllt aber bereits die für Köln charakteristische Malweise. Die reichste Bildfolge bringt das Evangeliar der Äbtissin Hitda aus dem westfälischen Kloster Meschede[1]. Die Auswahl schon der Illustrationen läßt hier ottonischen Geist erkennen, insofern außer den Bildern zur Jugendgeschichte Christi und außer der Kreuzigung ausschließlich Wundertaten dargestellt sind. Stilbildung und Formensprache in den beiden Handschriften, die das Wesen der Kölner Schule schon hinreichend erkennen lassen, weisen sofort darauf hin, daß die ottonische Malerei in Köln ihren Gegenpol zur Reichenau besitzt (Abb. 13, 14, 16)[2]. Hier ist nichts von der Spannkraft, Klarheit und Weite der Fläche wie im alemannischen Südwesten des Reiches zu finden. Im Hitda-Codex überblenden sich die räumlichen Bildbereiche, verströmen in bewegten dunkelfarbigen Flächen, weichen auseinander wie Vorhänge oder öffnen sich in farbigen Höhlen. Ein Bild wie die Geburt Christi wirkt wie ein traumhaftes Erlebnis, in dem die einzelnen Vorgänge ineinander übergleiten. Da liegt die Maria in weite bunte Gewänder gehüllt, sehr fremdartig, und über ihr das eingewickelte Kind mit dem goldenen Nimbus. Ochs und Esel schauen aus einer Bogenstellung heraus. Rechts, abgewandt, sitzt Joseph; und nach dem oberen Bildrande zu bewegen sich Gebäude, deren regellose Flächen nach ähnlichen Gesetzen gemustert, gestreift und gepunktet sind wie die Gewänder der Figuren. Die Absicht, das Thematische ganz aus der Farbe heraus zu kennzeichnen, ist deutlich. In der Tat treffen wir im Hitda-Codex auf einen Künstler, der sich in erster Linie durch die Sprache der Farbe ausdrückt. Es ist ein Meister, der alle Geheimnisse der Farbe kennt, Empfindung für die erlesensten Farbwerte besitzt und der sicherlich zu den bedeutendsten Malern des ottonischen Abendlandes gehört. Das Besondere seiner Kunst liegt in der Bewegtheit der Farbflächen, in der phantastischen Klanggestaltung

---

1 Verkleinerte Abb. bei Heinrich Ehl, Die Kölner ottonische Buchmalerei. 1922; vergrößerte Abb. bei Elisabeth Schipperges, Der Hitda-Codex. 1938.

2 A. Boeckler wies nach, daß die Hauptvorlage für die Kölner ottonische Buchmalerei, vor allem für das Sakramentar von St. Gereon, Paris (Bibl. Nat. cod. lat. 817), eine byzantinische Handschrift des 10. Jahrhunderts gewesen ist. A. Boeckler, Kölner ottonische Buchmalerei. In: ‹Beiträge zur Kunst des Mittelalters›. Berlin 1950 S. 144 ff.

gegenstandsfreier Farbwirkungen, in der Kühnheit der Gegeneinandersetzungen kalter und warmer Töne, in der Fähigkeit, die Schmuckwerte der Farben mit Hilfe des reinen Goldes zu herrlichstem Glanz zu steigern. Der Verkündigungsengel überstrahlt die zauberhafte Wirkung von Farben seltener Schmetterlinge; Goldkringel glitzern auf bunten Flächen, und kleinste rotfunkelnde Scheiben werden von Goldpunkten umkreist. Gold und Rot spielen in den farbkünstlerischen Mitteln dieses Meisters eine wichtige Rolle, wie auch an den zinnoberrot gefaßten Goldnimben der Figuren zu erkennen ist.

Wiederum eine sowohl von der Reichenau als auch von Köln abweichende Art, das Leben Christi zu vergegenwärtigen, zeigt die *Echternacher Klosterschule*[1]. Sie setzt erst dann mit schulbildenden Schöpfungen ein, als die Reichenau bereits ihren Höhepunkt erreicht hat, führt also über das ‹Ottonische› im chronologischen Sinne hinaus und weiter in das 11. Jahrhundert hinein, ohne daß die Kontinuität gestört würde. Echternach verfügt über einen umfangreichen Bilderkreis zum *Neuen Testament*, hauptsächlich im Nürnberger *codex aureus*[2] (um 1020), in dem für HEINRICH III. geschriebenen Perikopenbuch (Bremen), das die Bildfolge des Codex Egberti benutzt (um 1040) und in jenem prunkvollen Evangeliar, das HEINRICH III. dem Dom zu Speyer schenkte (Escorial) und das uns von ALBERT BOECKLER mustergültig bekanntgemacht ist.

Die Echternacher Malerei zeigt eine neue Abwandlung dessen, was wir als ottonische Formgesinnung ansprechen können. In der Erzählungsweise weicht sie beträchtlich von der Reichenau ab, obwohl viele verbindende Fäden zwischen beiden Kunstzentren laufen. Jene große, im Figuralen künstlerisch frei gestaltende Kraft, wie sie besonders die LIUTHAR-Gruppe auszeichnet, darf man in Echternach nicht suchen. Selbst im Escorialensis liegt das Triumphale des Gesamteindrucks mehr in dem einzigartigen, wahrhaft monumentalen Gefüge der Zier- und Schriftseiten. Die figürlichen Bilder, in enger Verbindung mit der Textfolge und im Breitformat, zeigen Gemeinsamkeit mit dem Illustrationsprinzip des Codex Egberti, weichen aber von diesem wiederum in der auf kontinuierende Erzählungsweise zurückgehenden Streifenform ab (Abb. 19). Ein stilistisch beträchtlicher Abstand, der die Zeit zwischen Entstehung des Codex Egberti und des Nürnberger *codex aureus* – wie BOECKLER darlegte – auf etwa vier Jahrzehnte zu bemessen erfordert, wird vor allem durch den Abstand von der antikisierenden Haltung des Codex Egberti gekennzeichnet. Daß trotz des vielfach übereinstimmenden Bildervorrats für die Nürnberger Handschrift eine andere Vorlage als für den Egbert-Codex anzunehmen ist, hat gleich-

---

1 ALBERT BOECKLER, Das Goldene Evangelienbuch Heinrichs III. Berlin 1933. Ebenda ausführliche stilgeschichtliche Untersuchung der Echternacher Malschule. Übersicht über die Handschriften S. 43 ff.

2 Vollständig veröffentlicht: Das Goldene Evangelienbuch von Echternach im Germanischen National-Museum zu Nürnberg. München o. J. (1956).

falls Boeckler überzeugend nachgewiesen. Aber ganz abgesehen von den Voraussetzungen und den Ansatzpunkten der Stilbildung in der Echternacher Malerei zeigt das künstlerische Gesamtergebnis eine im Vergleich mit dem Codex Egberti und der Liuthar-Gruppe sich vollziehende Verfestigung der Bildform, dichte raumlose Füllung der Flächen, betonte Rahmengerechtigkeit in der Ordnung der Bildelemente. Die Architekturen suchen nach allen Seiten festen Halt, beginnen die Figurenszenen ringsherum zu umschließen, so daß – besonders im Escorialensis – binnenräumliche Eindrücke aufkommen. Die Gestalt Christi reiht sich mehr ein, wirkt nicht mehr mit der magischen Kraft ihrer Gebärde, unbeschadet der Tatsache, daß auch hier noch genügend Spielraum für verschiedene künstlerische Individualitäten bleibt. Innerhalb der Bildfolgen des Escorialensis hat Boeckler sie mit feiner Beobachtung unterschieden. Doch bewegen sich alle gemäß der Grundlage des Illustrationsprinzips in den durch das Streifenbild gegebenen Grenzen, selbst dort, wo einer der Meister darauf ausgeht, einem Drei-Streifen-Bild eine große, das Gesamtbild beherrschende Ordnung zu geben, wie auf dem Blatt mit Dornenkrönung, Kreuztragung und Kreuzigung im *Marcus-Evangelium* (Abb. 19).

Eine besondere Ergänzung zum Leben Christi bildet hier in Echternach die Vorliebe für Darstellung der Gleichnisse, die in Christi Reden vorkommen. In der Reichenauer Malerei erscheinen sie nur vereinzelt, während sie beispielsweise im goldenen Evangelienbuch Heinrichs III. ganze Seiten mit ihrer ausführlichen Erzählung füllen, im *Matthäus-* das Gleichnis von dem Pächter des Weinberges, im *Lucas-Evangelium* die Gleichnisse vom Barmherzigen Samariter, vom Gastmahl und vom armen Lazarus. Gerade hier wird deutlich, daß Echternach zum Bildproblem ein ganz anderes Verhältnis besitzt als die Reichenau. Echternach bleibt beim ‹gelesenen› Bild, die Reichenau geht stärker auf die Möglichkeiten ein, den Gehalt des Erzählten durch das im Anschaulichen Gegebene sinnfällig zu machen.

Majestas Domini

Neben der Darstellung des Lebens Christi und seiner Wirksamkeit auf Erden gibt es eine Veranschaulichung der Majestät Gottes, des *Pater omnipotens,* die einer rein verehrenden Haltung entspricht und mit der Vorstellung des thronenden Christus als Weltenherrscher zusammenfließt (Abb. 16). Die *Majestas Domini* bildet das bedeutendste anschauliche Symbol für die höchste überweltliche Macht. Sie tritt, bildhaft geprägt, bereits in der karolingischen Buchmalerei mit bestimmten Zügen auf und bleibt, begleitet von den Attributen der Allmacht und den Verkörperungen des Logos, für das gesamte Mittelalter gültig. Auf der Weltscheibe thronend, herausgehoben durch eine mandelförmige Glorie, umgeben entweder von den Evangelistensymbolen, von den schreibenden Evangelisten selbst, von verehrenden Engeln oder in verschiedenartiger Zuordnung dieser geistigen Mächte, so erscheint das Bild des Herrn, das

Antlitz in strenger Vorderansicht vor dem goldenen Nimbus, in der Kunst des frühen Mittelalters wie in einer Vision eingegeben.

Die ottonische Malerei des 10. Jahrhunderts greift je nach den Schulbildungen auf die verschiedenartigen karolingischen Fassungen zurück. Der auf der Reichenau geschriebene Gero-Codex (Darmstadt cod. 1948) nimmt den breiten Rahmenkranz der Karlsburger Handschrift auf[1]. Das Petershausener Sakramentar in Heidelberg um 980—990 wiederholt ihn mit vereinfachender Ausstattung[2]. Trier übernimmt die feierliche Darstellung der spätkarolingischen Viviansbibel mit Evangelisten und Symbolen[3] und gibt diese Darstellung an die Echternacher Schule (Evangeliar in Nürnberg[4]) und andere Handschriften weiter.

In der Kölner Buchmalerei wird die Erscheinung in erster Linie durch die düstere Pracht dunkler Farben in den malerisch aufgelösten Einzelformen bestimmt. Die *Majestas*-Darstellungen begegnen hier häufiger und lassen zugleich die stilistischen Abwandlungen der Schule im Verlaufe des 11. Jahrhunderts erkennen. Sie alle zeigen beim Festhalten an dem Kölner Grundtypus jeweils künstlerisch eigene Züge in der Komposition. Was in diesen malerisch reichen Visionen zum Ausdruck gelangen soll, vermittelt am besten der im Hitda-Codex der *Majestas domini* gegenüberstehende Titel: *Hoc visibile imaginatum figurat illud invisibile verum cuius splendor penetrat mundum cum bis binis candelabris ipsius novi sermonis*[5].

Auf der Reichenau wird der bekannte karolingische Typus der *Majestas domini* nicht weiter beibehalten. Doch gehören zwei neuartige Bildvorstellungen in diesen Vorstellungsbereich. In der Vision des Jesaias (Bamberg bibl. 76) erscheint der thronende Gott mit ausgebreiteten Armen inmitten einer Flammenwelt von strahlendem Gewölk und sechsflügeligen Seraphim, von denen einer mit schwarzer Zange die rotglühende Kohle vom Altar nimmt[6]. Gold, Purpur und Grün sind die bestimmenden Farben dieses Blattes. Im Evangeliar Clm. 4454 erscheint auf einem Blatt vor Beginn des Textes die gesamte christliche Kosmosvorstellung versinnbildlicht, und es ist wieder die eigengesetzliche Kraft der ottonischen Bildsprache, die dem im Lebensbaum stehenden jugendlich bartlosen Christus, umgeben von Sonne und Mond, Himmel und Erde, Evangelistensymbolen und Weltströmen, die geheimnisvoll sieghafte und leuchtend hervortretende Erscheinung verleiht[7].

---

1 Adolf Schmidt, Die Miniaturen des Gerokodex, 1924. Abb. auch bei Goldschmidt, Buchmalerei, Taf. 17.

2 Goldschmidt, Buchmalerei, Taf. 19.

3 Goldschmidt, Buchmalerei, Taf. 9.

4 Ebd. Taf. 43

5 ‹Diese sichtbare Darstellung verbildlicht jenes unsichtbare Wahre, dessen Glanz die Welt mit tausend Leuchten seiner verkündenden Rede durchdringt.›

6 Messerer, Bamberger Domschatz. Taf. 14.

7 Ebendort Taf. 35.

Zum Schmuck der Evangelien-Handschriften gehört die Darstellung der *Evangelisten* als Autoren der heiligen Texte. Das Motiv ist alt. Es entstammt der Spätantike und begleitet dann als Thema die christliche Kunst bis in die Barockzeit hinein. Im frühen Mittelalter gehört die Darstellung der Evangelisten zu den am häufigsten begegnenden Aufgaben in den Klosterschreibstuben; ja, sie sind oft die erste und alleinige Aufgabe einer figürlich gestaltenden Phantasie. Die karolingische Buchmalerei fügt in zahlreichen Fällen die Evangelistenbilder als einzigen figürlichen Bildschmuck den Evangeliaren bei. Aus dieser Überlieferung schöpft auch die ottonische Buchmalerei, die sich übrigens auch häufig mit den Evangelistenbildern zur künstlerischen Ausstattung der Evangeliare begnügt.

Das Hauptmotiv der Darstellung der Evangelisten ist das des Schreibens, und zwar vom bloßen Bereitsein zum Schreiben oder der Beschäftigung mit dem Schreibwerkzeug bis zur Darstellung des geheimnisvollen Vorgangs der Niederschrift des heiligen Textes auf Grund der Inspiration als eines geistigen Geschehnisses. Die inspirierende Macht wird in dem Evangelistensymbol selbst vergegenständlicht. Die Maler in den Kloster-Skriptorien des frühen Mittelalters haben eine unerschöpfliche Fülle von Variationen über dieses Thema geschaffen. Gewiß unterscheiden sie sich ihrem Typenvorrat nach in der Hauptsache gemäß den Schulen, an deren Stilbildung sie teilnehmen. Aber auch noch innerhalb dieser Schulbildung sind die künstlerischen Möglichkeiten von vielfacher Art.

Der Evangelist der ottonischen Malerei hat nur wenig vom ‹leibhaftigen› Menschen. Auch wenn er nur schreibend dargestellt ist, so bleibt er doch unter allen, die sonst schreiben, herausgehoben. Von der Antike her haftet ihm in manchen Bildern noch etwas vom Dichter und Philosophen an. Aber wiederum unterscheidet er sich von der Antike dadurch, daß das Leibliche der Erscheinung nicht mehr einziger Ausgangspunkt für die bildhafte Darstellung bleibt, daß vielmehr eine neue Möglichkeit, das großartige Motiv der schöpferischen geistigen Leistung in dieser Gestalt zu veranschaulichen, gewonnen wird. Das bedeutet eine für das abendländische Mittelalter entscheidende Tat, die selbst aus einer dem Norden eigentümlichen Konzeption vom Wesen des Geistigen geboren wird. Noch in karolingischer Zeit steht die Formung der Evangelisten-Figur zwischen antikischer Körperlichkeit und nordischer Abstraktion. Die beiden polaren Möglichkeiten für einen abendländischen Darstellungstypus der Evangelisten lassen sich in der Buchmalerei zu karolingischer Zeit in zwei Grenzfällen erkennen. In dem zu den Reichskleinodien gehörenden Evangeliar sitzt der Evangelist als ein antiker Philosoph oder Rhetor, glattrasiert, in voller Körperlichkeit vor seinem Schreibpult, nur durch den Nimbus in den christlichen Bereich übertragen. Im äußersten Gegensatz hierzu steht die insulare Malerei[1], die alle

1 i. e. der Klöster auf den britischen Inseln im Frühmittelalter.

Körperlichkeit ablegt und in deren Bereich sich der Evangelist zu einem ornamental-kalligraphischen Zeichen verwandelt.

Die deutsche ottonische Malerei verflüchtigt sich nicht ins Ornamentale, sondern schafft einen spiritualisierten Typus, und sie verfügt über die bildkünstlerischen Mittel, um in ihren höchsten künstlerischen Leistungen den Evangelisten gestalthaft zu einem eigentümlichen Geistwesen zu erheben, ohne ihn zu individualisieren.

Auch hier lenkt zuerst die Reichenau den Blick auf ihre Schöpfungen. Die Reichenau beginnt um 970 mit der Wiederaufnahme des karolingischen Evangelisten-Typus der Ada-Gruppe: Evangelist unter Arkade thronend, mit dem Evangelisten-Symbol im Halbrund des Bogens. So erscheint er im Gero-Codex, wenngleich schon umgeformt. Aber schon der Codex Egberti bringt eine ganz andersartige Darstellung, weißhaarige Greise mit goldenen Nimben sitzen, mit starrem Blick in den weitgeöffneten Augen, vor gemusterten Gründen, schreibend oder wie in innerer Bereitschaft aufhorchend (Abb. 15). Die kleinfigurigen Symbole am oberen Bildrand werden kaum bemerkt. Die unruhig über dem Bildgrund liegende Musterung wirkt wie eine Resonanz für die geistige Spannung, die in den durch Nimbus und Namenstreifen betonten Köpfen lebt.

Die Entwicklung geht dahin, die Erscheinung des Evangelisten in immer stärkerem Maße zu überhöhen, die Ausdrucksgewalt der Figur zu steigern. Der Aachener Ottonen-Codex nimmt dafür andere Bildmittel zu Hilfe als der Codex Egberti, vor allem die architektonische Rahmung, doch nicht mehr im Sinne der karolingischen Evangelisten-Komposition. Jetzt wächst die Gestalt im Verhältnis zur Arkade, die Gebärde wird strenger, die architektonischen und landschaftlichen Hintergründe des Karolingischen fallen fort, der Kopf rückt in das Zentrum der Aufmerksamkeit, der Nimbus wird von einem Schriftband flach umrollt, so daß die Köpfe doppelt nimbiert erscheinen; die Evangelistensymbole stützen sich unmittelbar zu Häupten der Evangelisten auf diesen merkwürdigen Buchrollennimbus. In zwei Fällen erhöhen Votivkronen die Feierlichkeit des Arkadenraumes. Doch bei aller Erhöhung der Erscheinung spürt man, wie in den Evangelienszenen dieser Handschrift so auch in diesen Evangelistenbildern, daß die Kunst der Maler des Aachener Ottonenkodex noch mit den Möglichkeiten einer neuen Formensprache ‹ringt›, zwar ein hohes Ziel sieht, aber es noch nicht erreicht und der letzten künstlerischen Reife entbehrt. Und doch bereitet sie den Weg, der in die nächste Zukunft der Reichenauer Malerei weist.

Das Evangeliar Ottos III. (München Cim. 58) bemächtigt sich dann mit einzigartig dichterischer Gewalt dieses Motivs und bringt die äußerste Möglichkeit in der Steigerung der Erscheinung nach der geistigen Seite hin (Abb. 21). In der Auffassung der Evangelisten wird hier die Vorstellung eines ungeheuren geistigen Vorgangs vermittelt mit einer so ursprünglichen künstlerischen Kraft und mit den Mitteln einer Formensprache, die in ihrer vollendeten Eigengesetzlichkeit sich weit von vorhergehenden wie den nachfolgenden Epochen der abendländischen Kunstentfaltung entfernt. Das Motiv des Schreibens wird zurückgedrängt zugunsten des Seherischen. Der Matthäus im Evangeliar Ottos III. wird durch einen breiten, magisch wirkenden Kreis in die Höhe gerückt. Seine Seherkraft scheint sich zu steigern. Die Arme sind in scharfer Knickung erhoben, und es ist, als ob er mit starr geöffneten Augen die fremdartigen Gebilde zu fassen sucht, deren Gewalten auf ihn einströmen. Markus, Lukas, Johannes werden in gleicher Weise als Herrscher im Reiche ihrer ekstatischen Visionen dargestellt. Der Lukas (Abb. 21) durchstößt mit beiden Armen nach oben die mandelförmige Glorie und trägt – eine spiritualisierte Atlantenfigur – die magisch verschlungenen Sphären zu seinen Häupten. Diese Blätter erhalten durch die Art, wie die Phantastik der Bildvorstellungen auf die weitaufgerissenen Augen der starr frontal gegebenen Evangelistenköpfe bezogen erscheint, etwas Drohendes, Hypnotisierendes, das wie eine beschwörende Zauberformel wirkt.

Auch die Farbe sucht hier das Äußerste und Kühnste an fesselndem Ausdruck in nie gesehenen Farbkontrasten zu gewinnen. Das geheimnisvolle, rahmende Violett, aus dessen unheimlichen Tiefen phantastische Tiere in goldener Zeichnung über schwarzem Grund auftauchen, steht in erregendstem farbigem Gegenspiel zu dem kalten, lichten, stumpfen Blau und Grün der Mitte. Die Glorie hinter dem Lukas öffnet sich eisgrün (!). In Gewand und Mantel der Evangelisten begegnen sich Blau und Violett.

Über diese Gestaltung visionärer Bereiche hinaus gab es auf der Reichenau keine Steigerungen mehr. Wohl aber Abwandlungen und Verschmelzungen mit anderen Kompositionsmotiven wie in Barb. lat. 711 der Vatikanischen Bibliothek oder wie in dem aus Limburg an der Hardt stammenden Cod. 218 der Kölner Dombibliothek. Im Clm. 4452 (Perikopenbuch Heinrichs II.) nimmt der Reichenauer Evangelistentypus teil an der allgemeinen Monumentalisierung des Stils dieser Schule zu Beginn des 11. Jahrhunderts. Die Säulenstellung erweitert sich und trägt ein breites Schriftband. Der Segmentbogen mit dem Symbol greift über den oberen Bildrand hinaus. Die Formen breiten sich in großen, vereinfachenden Zügen, aber alles bleibt noch von einer starken geistigen Spannung erfüllt. – In einer verwandten kompositionellen Grundhaltung erscheinen die vier Evangelisten in Clm. 4454.

Die übrigen Schulen bewegen sich in geistig gemäßigteren Zonen. Fulda bleibt der karolingischen Tradition am nächsten, wie der um 970/80 geschriebene Codex Wittichindeus (Berlin) bezeugt[1]. Die vornehmsten Evangelistentypen schufen die Trierer und Echternacher Skriptorien. Es sind keine Züge des Ekstatischen, die hier fesseln, sondern vielmehr der Wohlklang von Linie und Gebärde, die Abgewogenheit aller Bildwerte der Figur und die harmonisch-ruhige, in der späteren Entwicklung der Echternacher Malerei freilich üppigere und gehäuftere Füllung der Bildfläche. Zur repräsentativen Wirkung solcher Bildseiten mit den Evangelisten ist die architektonische Rahmung unerläßlich, wie sie bereits die karolingische Buchmalerei kannte. Einer der großen Künstler, der karolingisches Formengut vollständig umschmilzt, alle Flächenwerte in neue, klangreine Verhältnisse zu bringen weiß, ist der Trierer Meister des Evangeliars der Ste. Chapelle

1 A. Boeckler, Der Codex Wittekindeus. 1938.

(Paris lat. 8851). Er erweist sich als ein Künstler, der die Bildfläche in der Verteilung von Thron, Schreibpult, Figur, Architektur und zartem Ornamentspiel aufs glücklichste beherrscht und damit zugleich die Voraussetzungen für die Kunst in den Echternacher Evangelisten-Darstellungen schafft. Die Ausbildung dieser Möglichkeiten klingt in den verschiedensten Färbungen weiter. Im Nürnberger Codex (etwa 1020) finden sich reiche Ineinanderschachtelungen der Rahmenmotive. In der großen Prunkhandschrift, die HEINRICH III. dem Dom von Speyer stiftete (Escorial), beruhigt sich die Erscheinung des Evangelisten zu einer wahrhaft klassischen Vornehmheit (Abb. 20). Wie sich die Figur innerhalb der rahmengerecht unter der Arkade ausgespannten Thronsilhouette bewegt, wie in dieser Profilfigur alles zur Fläche eingeebnet wird, wie zwischen geometrisierendem Prinzip und organischer Auffassung eine ganz reine Gleichung gewonnen wird, gehört zu den großen Leistungen der abendländischen Malerei jener Zeit. Man mag den (zeitlich freilich früheren) Johannes der Münchner Cim. 57 daneben halten, um sich von der Verschiedenheit in der Verfolgung der Schulideale ebenso wie von dem Gestaltungsreichtum ottonischer Malerei bei gleichen Motiven zu überzeugen. Er kommt ebenso, nur auf einer anderen Stufe der Entwicklung, bei einem entsprechenden Vergleich zwischen den Evangelisten im Evangeliar der St. Chapelle und denen des Codex Egberti zur Geltung.

Die Kölner Evangelisten können weder nach ihrer kunstgeschichtlichen Herkunft noch nach den in ihren Bildern bevorzugten Bildwerten architektonische Rahmungen gebrauchen. Sie sitzen meist, wenn auch nicht ausschließlich, frei vor reich bewegten farbigen Gründen, wie ihre Erscheinung selbst innerhalb der ottonischen Buchmalerei am stärksten das Malerische der Malerei als Stilprinzip betont und diesem Prinzip auch die Gebärde unterordnet.

In Regensburg und Hildesheim bestimmt die dekorativ-ornamentale Durchmusterung der ganzen Bildfläche die künstlerische Ausstattung, so daß Erinnerungen an textile Wirkungen oder an Verteilung der Bildwerte wie bei einem Glasfenster wachgerufen werden. Die in der Regensburger Schule vorherrschende geometrische Aufteilung der Bildfläche bemächtigt sich auch der Evangelisten, so im Uta-Codex (München) und im Heinrichs-Evangeliar der vatikanischen Bibliothek. Der Evangelist beherrscht als Gestalt hier nicht mehr das Ganze der Bildfläche, sondern wird in die Mitte eines kunstvoll geordneten Feldersystems gesetzt, das in seinen Formen von Fall zu Fall wechselt und das ihn zugleich in ein inhaltlich beziehungsreiches theologisches Gedankensystem einbettet. Der Evangelist wird Personifikation eines Textzusammenhanges, der in der Tat durch reichliche Beischriften vermittelt wird und die Loslösung vom rein anschaulich Deutbaren fördert. In Hildesheim wiederum wird das Figürliche ganz im ‹dekorativen› Sinne verwendet. So bilden beispielsweise im Bernward-Evangeliar die Evangelisten nur eine vordere, flächig sich breitende Schicht mit gegenständlich bestimmteren Umrissen vor einem rein ornamental behandelten Grund. Da der Evangelist nur noch wie ein ‹Zeichen› wirkt, so kann ein Ausdrucksgehalt wie auf der Reichenau nicht mehr vermittelt werden.

Weitere Themenkreise

Den Autorenbildern verwandt sind die Gestalten derjenigen verehrungswürdigen Persönlichkeiten altchristlicher Zeit, die den heiligen Schriften eine abschließende Form gegeben haben: HIERONYMUS als

Bibelübersetzer († 420) und GREGOR († 604) als Herausgeber des römischen Sakramentariums. Auch die Gestalt des psalmierenden David, der nach alter Gepflogenheit dem Buch der Psalmen vorangesetzt wird, wie in dem für den ERZBISCHOF EGBERT geschriebenen Psalter zu Cividale, ist zu den Autorenbildern zu rechnen.

Der Hieronymus spielt freilich bei weitem nicht die Rolle wie am Ausgang des Mittelalters. Und auch die Geschichte seiner Bibelübersetzung, die in den karolingischen Bibeln so ausführlich behandelt wird, bietet den ottonischen Skriptorien kein Thema. Hieronymus erscheint lediglich im Sinne eines Autorenbildnisses, und zwar mit Vorliebe in der Kölner Schule, wo man ihn wie die Evangelisten dargestellt findet, nur daß ihm ein Schreiber beigegeben wird. Als Darstellung aus Reichenauer Handschriften ist der Hieronymus mit zwei Schreibern im Hillinus-Codex der Kölner Dombibliothek zu nennen. Bedeutender tritt Gregor hervor. Sein vornehmes Bildnis bewahrt die Stadtbibliothek zu Trier, ein Blatt aus einer Handschrift, die ERZBISCHOF EGBERT um 983 für den Trierer Dom anfertigen ließ. Der heilige Papst, durch einen großen Nimbus ausgezeichnet, sitzt in kerzengrader Haltung, den Kopf nach rechts gewendet, in der baldachinmäßig geordneten Säulenstellung eines langgestreckten Gebäudes. Der Raum, in dem er sich befindet – denn Raumhaftes schwingt hier noch mit –, ist nach links durch einen zwischen den Säulen aufgespannten Vorhang abgegrenzt. Gregor schreibt nicht, sondern diktiert. Auf seiner Schulter, neben seinem Ohr, sitzt die Taube des Hl. Geistes. Hinter dem Vorhang der neugierige Diakon mit der Schreibtafel. Um das Wunder der Inspiration zu erlauschen, bohrt er mit dem *stilus* ein Loch in den Vorhang. Die kleine Szene steht im Gegensatz zu der weihevollen Ruhe der Gregor-Gestalt, und die zarte, in kühlen, gebrochenen Tönen gehaltene Farbstimmung des ganzen Blattes unterstützt den Eindruck einer monumentalen Stille, die um den meditierenden Papst gebreitet liegt[1].

Nicht nur eine andere Bildform, sondern auch einen anderen Bildtypus zeigt dann das in Regensburg geschriebene Sakramentar HEINRICHS II. (Clm. 4456)[2]. Gregor, mit einem byzantinisierenden Greisenkopf, ist hier schreibend gegeben, die Taube kommt aus einer Wolke von oben zugeflogen, und das Ganze ist durch üppiges Rahmenornament, Musterung des Grundes und Zierschrift in einen dekorativ-textilen Bereich des Anschaulichen übertragen. In der Kölner Schule gibt das Gereons-Sakramentar (Paris lat. 817) den Gregor mit der Taube auf der Schulter und dem in ganz kleiner Figur zu seinen Füßen sitzenden Schreiber. Ausnahmsweise kommt er in Köln auch einmal als unter einer Arkade stehend vor. – Im Fuldaer Skriptorium stellt man ihm den Hl. Gelasius als zweiten um das Sakramentar verdienstvollen Papst zur Seite.

---

1 Abb. z. B. bei NORDENFALK, Der Meister des Registrum Gregorii. Münchner Jahrb. d. bild. Kunst. 1950.

2 GEORG SWARZENSKI, Die Regensburger Buchmalerei des 10. und 11. Jahrhunderts. Leipzig 1901. Abb. des Gregor auch GOLDSCHMIDT, Buchmalerei, Taf. 74.

Nicht jedes Sakramentar trägt den Papst Gregor als Titelbild, auch dann nicht, wenn sonst figürlicher Bildschmuck vorhanden ist. Die ottonischen Sakramentare fallen vielmehr durch stets wechselnde Illustrationsprinzipien auf. Aber sie sind reich geschmückt. Keines der übrigen europäischen Länder jener Epoche bietet dafür so bedeutende Beispiele wie die deutsche Buchmalerei. Zu den prunkvollsten Handschriften der Art zählt neben den mit prachtvollen Zierseiten geschmückten Sakramentaren der frühen Reichenauer Malerei das schon erwähnte Sakramentar HEINRICHS III., das den figürlichen Schmuck mit zwei Kaiserbildern beginnt, dann außer reich gestalteten Zierseiten und außer dem typischen Initialschmuck zu Beginn der Präfation und des Kanons mit dem Kanonbilde noch den Gregor, die Frauen am Grabe des Herrn, die Hand Gottes und eine Darstellung des Lammes als besondere künstlerische Ausstattung bringt. Von den auf der Reichenau entstandenen Sakramentaren gleicht keines im Illustrationsschmuck dem andern. Wir finden hier ebenso liturgische Szenen, so die drei Illustrationen zur Messehandlung im Sakramentar aus St. Blasien, wie auch Evangelienszenen (Paris B. N. lat. 18005), die den in den Evangeliaren gebräuchlichen Zyklen entnommen wurden.

Entsprechend dem textlichen Typus des Sakramentars tritt als Bildschmuck die Darstellung Christi am Kreuze als Kanonbild überall stark in den Vordergrund. Das Lorscher Sakramentar aus der Trierer Schule vom Ende des 10. Jahrhunderts (Chantilly) enthält als einziges Bild ein künstlerisch bedeutendes Blatt mit Christus am Kreuze, Maria und Johannes, ganz im Stile des Meisters des Gregorregisters [1]. Die Spannweite der künstlerischen Möglichkeiten der Epoche auch für dieses Thema beleuchtet der Vergleich dieser noch ganz ‹statuarisch› aufgebauten Gruppe mit der 20 bis 25 Jahre später entstandenen Darstellung im Sakramentar HEINRICHS II. oder im Guntbald-Sakramentar des Hildesheimer Domschatzes von 1014, in denen das ornamental-dekorative Bildgefüge die Wirkung bestimmt, oder schließlich der Vergleich mit den malerisch-ausdrucksvollen Beispielen aus den Sakramentaren der Kölner Skriptorien, von denen sich übrigens dem Typus nach die Kreuzigungsbilder in den Evangeliaren dieser Schule nicht unterscheiden [2].

Eine wenn auch nicht künstlerisch, so doch ikonographisch bedeutsame Bereicherung des ottonischen Bildervorrats bringen die in der alten Reichsabtei Fulda geschriebenen Sakramentare. Sie enthalten nicht nur liturgische Szenen, die sonst selten anzutreffen sind, sondern auch eine historische Bilderreihe zum Leben Christi und vor allem die sonst in dieser Zeit seltenen Szenen aus den Heili-

---

1 GOLDSCHMIDT, Buchmalerei, Taf. 12, und BOECKLER, Deutsche Buchmalerei vorgotischer Zeit. 1952. S. 31.

2 Die Kreuzigung im Psalter des GRAFEN EBERHARD V. MURACH (Clm. 7355 fol. 6 v.) erwähnt TIKKANEN in seinem Buch ‹Studien über die Farbgebung in der mittelalterlichen Buchmalerei›. 1933, als ‹eine der mächtigsten Darstellungen dieses Gegenstandes in den erhaltenen Handschriften des frühen Mittelalters›.

genlegenden, besonders die Martyrien als Illustrationen zu den Heiligenfesten (Bonifaz, Stephan, Martin, Lorenz, Peter und Paul)[1].

Kaiserdarstellungen, Dedikationsbilder

Ein besonderes Thema in der Buchmalerei dieser ottonischen Zeit bilden die Kaiserdarstellungen, wie wir sie in den Reichenauer Handschriften vor allem der LIUTHAR-Gruppe, dann in Regensburger Handschriften, aber auch in Trier und Echternach als Eingangsbilder finden. Von den sächsischen Herrschern begegnen uns hier OTTO II. OTTO III. und HEINRICH II., von den Saliern KONRAD II. und HEINRICH III. Die Gedanken der Zeit über Stellung und Auffassung des deutschen Kaisertums sind uns in diesen Darstellungen unmittelbar anschaulich gegeben, wobei schon bedeutsam bleibt, daß die Kaiserbilder ausschließlich im Bereich von Heiligtümern erscheinen. In ihnen sind nicht etwa ‹Bildnisse› in unserem Sinne zu sehen. Das Besondere und Individuelle in der Person des Kaisers bleibt für diese Zeit als etwas nicht Darstellungswürdiges beiseite. Gültige Wirklichkeit ist gerade das Allgemeine, die Idee des ottonischen Kaisertums, die göttliche Quelle ihrer Machtfülle, das herrscherliche Verhältnis zur beherrschten Umwelt, die christliche Demut der Kaiser vor dem Allerhöchsten. Im Karolingischen finden sich solche Gedanken zwar vorbereitet, doch keineswegs so streng betont und geformt. Der Herrscher erscheint hier stärker nach seiner Persönlichkeit herausgehoben. Bei dem reichen Zeremoniell etwa der Bibelübergabe an KARL DEN KAHLEN verhält sich seine Umgebung zu ihm wie ein Hofstaat zu dem in seiner Mitte thronenden Fürsten. Im Ottonischen bekommen alle Figuren die Neigung, sich zu ‹Symbolen› für ihren Bedeutungsbereich zu erhöhen.

Die Veranschaulichung aller der Vorstellungen, die mit dem Kaiserbilde verknüpft sind, geschieht auf verschiedene Weise, je nachdem welche Seite im Kaisertum der Dargestellten betont wird. Daher entsteht auch kein einheitlicher Darstellungstypus, wenn auch die Grundgedanken die gleichen bleiben. Die künstlerisch sehr verschiedenartige Behandlung erwächst wiederum auf dem Boden der stilistisch zu unterscheidenden Formensprache der Klosterschulen wie der einzelnen Maler.

Das Titelblatt im Aachener Ottonen-Evangeliar um 980 geht innerhalb der Buchmalerei allen anderen ottonischen Kaiserdarstellungen voran[2]. Das dem Kaiser gegenüberstehende Widmungsblatt zeigt

1 E. HEINRICH ZIMMERMANN, Die Fuldaer Buchmalerei in karolingischer und ottonischer Zeit. (Kunstgesch. Jahrb. d. K. K. Zentralkommission zur Erhaltung u. Forschung der Kunst- und historischen Denkmäler IV), 1910.

2 Literatur u. Abbildungen auch für die folgenden Kaiserdarstellungen bei PERCY ERNST SCHRAMM, Die deutschen Kaiser und Könige in Bildern ihrer Zeit. 1928. Für das Aachener Titelblatt vgl. W. MESSERER, Zum Kaiserbild des Aachener Ottonencodex. Nachr. d. Akad. d. Wiss. in Göttingen. Philolog.-Histor. Kl. 1959, S. 27 ff.

den Mönch Liuthar mit dem Buche in der Hand zum Kaiser hingewendet. In den Widmungszeilen wird der Name des Kaisers ‹Otto› genannt, doch ohne nähere Angaben, welcher der Ottonen gemeint ist. Im übrigen stehen die beiden Blätter sachlich wie ihrer künstlerischen Ordnung nach ganz für sich. Das Kaiserbild, auf Goldgrund, zeigt den jugendlichen, bartlosen Herrscher als Stellvertreter Christi thronend und von einer Mandelglorie umrahmt. Der überweltliche Bereich wird durch die vier Evangelistensymbole, die ein vor der Brust des Kaisers vorbeilaufendes Band halten, veranschaulicht. Zu Häupten des Kaisers greift aus einem Kreisrahmen die Hand Gottes mit der Krone heraus und berührt die Stirn des Herrschers. Er selbst thront mit beiderseits ausgestreckten Unterarmen, in der Rechten den Reichsapfel als Symbol der christlichen Weltherrschaft haltend, die Linke flach ausgebreitet. Der Thron wird unterwärts von der knienden *Terra*, der antikisierenden Personifikation der ‹Erde› getragen. Auf gleicher Ebene stehen, links und rechts zu Füßen des Kaisers, zwei durch Fahnenlanzen gekennzeichnete Herzöge in verehrender Haltung. In der unteren Bildhälfte stehen, in je zwei Figuren vergegenwärtigt, die Vertreter des Kriegerstandes und der Geistlichkeit. Die Überzeitlichkeit der unmittelbar von Gott eingesetzten Kaisergewalt wird hier ebenso wie die weltliche Macht durch eine bildliche Ordnung symbolhafter Figuren veranschaulicht, und zwar, wie schon der Goldgrund zeigt, nicht anders als ein sakrales Thema.

Auf Otto II. ist wohl ein in Chantilly aufbewahrtes Einzelblatt zu beziehen, eine Miniatur vom Meister des *registrum Gregorii*, die ebenso wegen der Vornehmheit in der Haltung der Figuren wie wegen der ungemein zarten Farbgebung berühmt ist. Der Dargestellte ist durch die in Kopfhöhe angebrachte Inschrift ‹OTTO IMPERATOR AUGUSTUS› benannt. Er thront mit Stab und Reichsapfel in den Händen unter einem Baldachin. Zu beiden Seiten des Thrones stehen streng symmetrisch in vollkommener Ruhe je zwei gekrönte Frauengestalten als Personifikationen der beherrschten Länder, die durch Beischriften als Germania, Francia, Italia, Alamannia gekennzeichnet sind. Der Nachdruck wird hier auf die imperiale völkerbeherrschende Macht ebenso wie auf Würde der Erscheinung gelegt.

Dies betont dann in gesteigerter Feierlichkeit der Komposition die Kaiserdarstellung Ottos III. im Eingang zum Evangeliar Clm. 4453 (Cim. 58). Sie ist auf zwei einander gegenüberstehende Seiten verteilt, wobei das Blatt links seinen Sinn ausschließlich in seiner Beziehung zu dem thronenden Kaiser rechts erhält (Abb. 25, 26). Auf dem Blatt links sieht man die vier huldigenden Länder, Gaben bringend, hintereinander im gleichen Schritt sich nähern. Ganz anders als im Gregorsregister, wo die Nationen völlig gleich gekennzeichnet sind, erscheinen sie in Cim. 58 verschieden in Tributen, Kronen und Farben. Voran die Roma, die über rotem Tuch eine goldene Schale trägt. Dann folgen Gallia und die blonde Germania mit Füllhörnern. Zum Schluß die Sclavinia mit einer Mauerkrone auf dem Kopfe. Daß diese Darstellung von vier Nationen auch literarisch eine zeitgenössische Parallele besitzt, lehrt die öfters in diesem Zusammenhange angeführte Stelle bei GERBERT, der in einem OTTO III. 997/98 gewidmeten Büchlein schrieb: ‹*Nostrum, nostrum est Romanum imperium. Dant vires ferax frugum Italia, ferax militum Gallia et Germania, nec Scithae desunt nobis fortissima regna.*[1]› Auf der anderen Seite des Doppelbildes thront unter dem Säulendach der Kaiser, dem nun Kriegerstand und Geistlichkeit in je zwei Figuren seitwärts des Thrones zugeteilt sind. Der Kaiser, jugendlich, bartlos, doch ohne bildmäßige Züge. Die Kaiserfigur selbst wird hier gewissermaßen zur Personifikation ottonischer Kaisermacht. Dementsprechend wird auch die bildmäßige Erscheinung als solche nach ihrer Bedeutung gesteigert, ja, jetzt wird erst recht sichtbar, wie rein aus der künstlerischen Form heraus Würde und Erhabenheit der kaiserlichen Majestät zum Ausdruck kommen. Wie die Figur OTTOS in breiter Fülle gegeben ist, frontal, hieratisch, mit einer gelassenen Großartigkeit der Haltung: das geht weit über die vorher genannten Bilder hinaus. Auch im Vergleich mit den karolingischen Kaiserdarstellungen zeigt sich die Macht der neuen ottonischen Bildform, wobei geschichtlich bemerkenswert bleibt, daß diese neue Größe der Bilderscheinung unter Verzicht auf die noch antikisierende Formensprache des Karolingischen erreicht wird. Farbig herrschen die kühlen Werte, überwiegend Blau und Lila, zusammen mit Grün und Zinnober, aber alles durchsetzt mit breiten Goldstreifen in Borten, Kronen, Attributen.

Das Motiv in der Haltung OTTOS, in der rechten den Stab, in der ausgestreckten Linken den Reichsapfel haltend (anders als in Chantilly), ist das zumeist auf den ottonischen Kaisersiegeln vorkommende, das auch im kleinen Maßstab nicht der großen Art entbehrt und für die folgenden Jahrhunderte vorbildlich bleibt.

Die Anordnung der Zwei-Seiten-Darstellungen übernimmt dann ein weiteres Kaiserbild, das einer Bamberger Josephus-Handschrift eingefügt ist und zugleich Übereinstimmung mit dem Chantilly-Blatt aufweist. Der thronende Kaiser ist eine Kopie nach Chantilly mit genauer Benützung der Einzelzüge, aber Umwandlung der Formensprache ins Starre[2]. Der stilistische Vergleich mit Clm. 4453 läßt erkennen, daß die Josephus-Darstellung mit ihrer vereinfachenden Zeichnung später entstanden ist, so daß man in dem dargestellten Kaiser doch wohl HEINRICH II. wird sehen müssen, wie die Inschrift HEINRICHUS nahelegt. Die huldigenden Länder Gallia und Germania sind umgestellt, so daß die Reihenfolge jetzt lautet: Italia, Germania, Gallia, Sclavinia.

---

1 ‹Unser, unser ist das römische Reich. Macht verleihen uns das fruchtbare Italien, das kriegerische Gallien und Germanien; auch besitzen wir die starken Reiche der Skythen.›

2 SCHRAMM, a. a. O. S. 95 kehrt das Verhältnis um, ohne jedoch stilistische Kriterien zu benutzen. Vgl. auch SCHRAMM, Zur Geschichte der Buchmalerei in der Zeit der sächsischen Kaiser. Jahrb. für Kunstwissenschaft I, 1923, S. 54 ff.

Gabenbringende Frauengestalten sieht man auch auf dem Widmungsbild im Perikopenbuch HEINRICHS II., das nach der gegenüberstehenden Widmungsinschrift von HEINRICH und KUNIGUNDE dem Bamberger Dom geschenkt wurde (vor 1014) (Abb. 28). Aber die Darstellung unterscheidet sich von den bisher genannten Huldigungsbildern der Ottonen dadurch, daß zwei Szenen übereinandergestellt sind: oben die Krönung HEINRICHS und seiner Gemahlin KUNIGUNDE durch den thronenden Erlöser selbst, wobei der König von Petrus, die Königin von Paulus dem Throne zugeführt wird; unten die huldigenden Gestalten, die nicht näher bezeichnet sind und daher verschiedene Deutungen erfahren haben. Um ‹politische› Figuren handelt es sich jedenfalls. Bei der mittleren, mit Mauerkrone geschmückten und dadurch als Stadtgöttin gekennzeichneten Frau, die in der Linken den Stab, mit der Rechten eine Kugel emporhält, dachte VÖGE an die Babenberga, SCHRAMM an die Roma. Ob die beiden Gestalten links und rechts mit Reichsapfel und Kranz als Länderpersonifikationen anzusprechen sind, wie SCHRAMM meint, scheint mir zweifelhaft. Denn ob man sie mit Germania und Gallia oder mit den Namen anderer Reichsgebiete anspricht, so bleibt die Beziehung zu dem so offenkundig als Geschenk dargebrachten Reichsapfel und Kranz ebenso wie die auffallende Strahlenkrone unerklärt. Die 6 unteren Halbfiguren mit Füllhörnern und Schalen werden einleuchtend als die deutschen Hauptstämme angesehen. Tatsächlich erscheinen sie so, und zwar inschriftlich als solche bezeichnet — *distinctae gentes famulantur dona ferentes* — in einer weiteren Kaiserdarstellung im Anhang der Bamberger Apokalypse (Bibl. 140, früher A II 42), und zwar in einer symmetrisch angelegten Bildkomposition, deren obere Hälfte HEINRICH II. inmitten der Apostelfürsten zeigt. Peter und Paul sind von beiden Seiten herzugetreten und fassen die Krone an. Unten die gekrönten *gentes* in Vierzahl mit Füllhörnern und Schalen als ganze Figuren. Auf dem gegenüberstehenden Blatt eine Darstellung der Tugenden als Siegerinnen über die Laster [1].

Von diesen Reichenauer Darstellungen unterscheiden sich ihrem künstlerischen Charakter nach aufs stärkste die Kaiserbilder aus der Regensburger Schule. Die bedeutendsten befinden sich in jener prunkvoll ausgestatteten Handschrift Clm. 4456, dem Sakramentar HEINRICHS II., das der Kaiser dem Bamberger Dom schenkte. Auch hier zwei zusammengehörige Bilder, die indessen nicht einander gegenüberstehen, sondern Vorder- und Rückseite eines Blattes schmükken. Die farbig und golden reiche Aufteilung der beiden Seiten in einzelne Felder mit gemusterten Gründen und die ornamentaltextile Gesamtwirkung entprechen dem Schulcharakter der Regensburger Malerei dieser Zeit. Die Felderteilung ermöglicht hier, die symbolhaften Figuren jede nach ihrem Bedeutungsbereich zu verein-

1 Abbildungen bei HEINRICH WÖLFFLIN, Die Bamberger Apokalypse. 2. Aufl. 1921, Taf. 51 u. 52. Die Deutung bei SCHRAMM a. a. O. auf OTTO III. leuchtet nicht ein.

zeln und sie zugleich anschaulich in einen sinnvollen Ideenzusammenhang zu bringen. Auf der Vorderseite ist HEINRICH II., dessen Name in der Umschrift genannt wird, stehend, mit erhobenen Armen, im Größenwert alle andern Figuren überragend, dargestellt (Abb. 27). Zu seinen Häupten der in spitzovaler Glorie thronende Christus, der dem Kaiser die Krone aufsetzt. Die aus der Höhe neben Christus kopfüber herabstürzenden Engel haben dem Kaiser die Heilige Lanze, das staatsrechtlich bedeutendste Symbol ottonischer Zeit, und das Schwert gereicht. Die Arme des Kaisers, der den Blick schräg nach oben richtet, werden von Ulrich und Emmeram, den heiligen Bischöfen von Augsburg und Regensburg, gestützt. Auf keinem der ottonischen Kaiserbilder, mit Ausnahme des Aachener Codex, ist die kaiserliche Macht als eine unmittelbar von Gott verliehene so sinnfällig dargestellt wie hier, und zwar unter Betonung der das Kaiserregiment unterstützenden Bischofsgewalt [1].

Das zweite Bild, auf der Rückseite, ergänzt die Vorstellung von der weltlichen Seite her. Dem unter einem Baldachin thronenden Herrscher zur Seite stehen der Schwertträger und der Schildträger, ohne die ein germanischer Herrscher nicht zu denken ist, und auf den beiderseits sich ergebenden Randfeldern sowohl unten als auch oben neben der Kuppel sind die Personifikationen der beherrschten Länder, gekrönte weibliche Figuren mit Füllhörnern, dargestellt, hier jedoch ohne Namensbeischriften. Die kunstgeschichtliche Stellung dieses zweiten Kaiserbildes ist dadurch bestimmt, daß wir es als eine unmittelbare Übersetzung aus dem Karolingischen ins Ottonische kennen. Es wiederholt die Darstellung KARLS DES KAHLEN aus dem *codex aureus* von St. Emmeram unter Veränderung der Attribute des Herrschers und der Erhöhung der Zweizahl der huldigenden Länder auf vier. Stilistisch entfernt sich diese Kopie vom Vorbild in gleichem Sinne, wie wir es im Grundsätzlichen überall dort erkennen können, wo ein solches Verhältnis vom Ottonischen zum Karolingischen begegnet, das heißt: alles Raumhafte und Illusionistische der Erscheinung wird zugunsten von Flächenbeziehungen umgewandelt. Eine neue Loslösung von allem Naturhaften ermöglicht die Veranschaulichung rein ideeller Gebilde. So handelt es sich in der Tat nicht bloß um Änderungen der ‹Form›, sondern als Kaiserdarstellung nimmt die ottonische Miniatur aus dem Karolingischen diejenigen Züge heraus, die noch mit ihrer Auffassung vom Kaisertum übereinstimmen, und ergänzt sie in dem Sinne, daß jetzt auf zwei Blättern die wichtigsten politischen Grundlagen des deutschen Kaisertums zur Zeit HEINRICHS II. zur Geltung gelangen.

In einem anderen Sinnzusammenhang steht die Kaiserdarstellung HEINRICHS II. im Evangeliar der Vatikanischen Bibliothek (Ottob. lat. 74). Das Blatt erscheint auffallenderweise nicht als Titelbild, sondern ist an Stelle des Johannes-Evangelisten eingeschoben in gleicher

---

1 HEINRICH II. zwischen zwei Bischöfen, die die Arme des Kaisers stützen, auch im Cod. Bamb. Liturg. 53. Vgl. SCHRAMM, Die deutschen Kaiser u. Könige. Abb. 83.

Darstellungsart wie die Evangelisten selbst, was schwer zu erklären bleibt. Die Neigung der Regensburger Schule, das Bildganze in einzelne Felder aufzuteilen, ist hier mit Benutzung von Kreisformen sehr weitgetrieben, dies freilich ganz im Sinne der gedanklichen Beziehungen, in die wie in ein Netz die Figur des Herrschers eingesponnen erscheint. Nicht die Veranschaulichung von Majestät und Würde des Kaisers steht hier in erster Linie, sondern der ethische Bereich des Kaisertums, und dementsprechend nehmen auch die in den Rahmungen umlaufenden Inschriften einen breiten Raum ein. Der Kaiser als derjenige, der über Gesetz und Recht zu wachen hat, thront in der Mitte. Sein Kreis überschneidet die vier übrigen kleeblattförmig geordneten Kreisrahmen, in denen man links und rechts die dem Kaiser zukommenden Tugenden *Sapientia* und *Prudentia*, oben die Taube des Heiligen Geistes, unten eine Richtszene sieht. Außen in den Bildecken stehen als Arkadenfiguren durch Inschriften bezeichnet: *Justitia, Pietas, Lex* und *Jus*, eine bedeutende Gruppe geistiger Mächte, die den kaiserlichen Thron umgeben [1].

Man sieht, daß gerade bei den Darstellungen HEINRICHS II. eine Vielzahl von Aspekten des deutschen Kaisertums zur Anschauung kommt. Unter den nachfolgenden ersten beiden Saliern tritt in den wenigen Bildern, die uns von ihnen erhalten sind, die Repräsentation der Macht zurück. Wir sehen hier vor allem HEINRICH III. als Stifter kostbar ausgestatteter Bücher an die Dome von Speyer, Bremen und Goslar. Es mag dabei nicht unerwähnt bleiben, daß auch HEINRICH II. einmal als Geschenkbringer im Bilde erscheint und dabei ganz persönlich der Muttergottes gegenübertritt. In dem im Kloster Seeon geschriebenen Evangeliar der Bamberger Bibliothek (Cod. Bamb. Bibl. 95) steht *Heinricus Rex pius* in ganzer Figur auf Goldgrund unter einer Arkade im Begriffe, das Buch der in gleicher Anordnung und Größe auf der gegenüberstehenden Seite sich ihm zuwenden Maria zu überreichen.

In dem goldenen Evangelienbuch HEINRICHS III., das im Escorial verwahrt wird (entstanden um 1045), kommt die persönliche Beziehung der beiden ersten Salier zum Dom von Speyer am sinnfälligsten zur Geltung. Auf dem linken der beiden Gegenbilder knien KONRAD und AGNES vor der thronenden Majestät Christi in gleicher Gesinnung und Gebärde wie HEINRICH II. und KUNIGUNDE zu Füßen Christi im Baseler Antependium [2]. Rechts thront unter der Baldachinarchitektur des Doms von Speyer Maria, der sich von den Seiten her HEINRICH III. (mit dem Buch) und KAISERIN AGNES nahen. Die übrigen noch zu erwähnenden Darstellungen verfügen nicht über einen so großartigen Hintergrund. Die Krönung des Kaiserpaares HEINRICH III. und AGNES durch Christus selbst erblickt man in dem für den Dom von Goslar bestimmten Evangeliar zu Uppsala. Gegenüber der Krönung die Darbringung der Handschrift durch den Kaiser persönlich an die heiligen Patrone des Domes.

In einem für Bremen bestimmten Perikopenbuch erscheint HEINRICH III. selbst als königlicher Empfänger der Handschrift, die ihm vom Schreiber

---

1 GOLDSCHMIDT, Buchmalerei, Taf. 78, u. SCHRAMM Abb. 86.

2 Zum byzantinischen Christustypus im Escorialensis vgl. PHILIPP SCHWEINFURTH, Das Goldene Evangelienbuch Heinrichs III. und Byzanz. Zeitschr. f. Kunstgeschichte, 1941/42, Bd. 10, S. 40 ff.

überreicht wird. Auf zwei weiteren Bildern der gleichen Handschrift sind HEINRICH III. und seine Mutter, die KAISERIN GISELA, inmitten der Geistlichkeit dargestellt. HEINRICH mit allen Insignien, Krone, Zepter und Weltkugel — auch der ‹Protospatarius›[1] fehlt nicht im Gefolge —, wobei dem Kaiser, entsprechend der Regensburger Darstellung HEINRICHS II., die Arme von den Bischöfen gestützt werden. Die Handschrift ist zwischen 1039 und 1043 in Echternach geschrieben, wo auch die oben angeführten Prunkhandschriften für HEINRICH III. angefertigt wurden.

Jene Bilder, in denen die Kaiser kostbare Handschriften der Kirche schenken, wie es uns auch in zahlreichen Fällen die zeitgenössischen Quellen überliefern, gehören dem Bereich der Dedikationsdarstellungen an, in denen außer den Herrschern vorwiegend der hohe Klerus als Stifter erscheint. Einmal kommt auch ein Herzog vor. Es ist der Bayernherzog HEINRICH DER ZÄNKER im Regelbuch von Niedermünster, der stehend, mit Zepterstab und Buch, das Haupt nimbiert, frontal gegen den gemusterten Grund auf der ersten Schmuckseite des Buches begegnet, mit einem ausführlichen Widmungsgedicht auf der Gegenseite. Doch ist hier keine Überreichung dargestellt. Wo die Überreichung der zum Gottesdienst bestimmten kostbaren Handschriften an die Kirche vergegenwärtigt wird, geschieht dies in feierlicher Handlung. Für jeden Geschenkgeber bedeutet die Überreichung ein hohes frommes Verdienst. Bei der Darstellung solcher Handlung kommt denn auch die unmittelbare Gottesnähe der Epoche sehr anschaulich zum Ausdruck. Die Kirche, der ein Geschenk dargebracht wird, ist ja nicht ein ‹Gebäude› oder eine Verwaltungseinheit innerhalb der christlichen Kultgemeinschaft, sondern sie ist ganz personal durch ihre Patrone oder durch Christus selbst vertreten. So stehen die Geschenkbringer Gott und den Heiligen von Angesicht zu Angesicht gegenüber. Die Patrone nehmen das Buch mit eigener Hand in Empfang, sei es von einem Kaiser, sei es vom Bischof oder Abt oder von einer Äbtissin. Der Kreis der Personen, die an der feierlichen Überreichung beteiligt sind, beschränkt sich nicht immer auf Geber und Empfänger, sondern wird oft in ein Nacheinander verschiedener Rangstufen aufgeteilt, wobei denn auch derjenige, der das Buch angefertigt hat, zur Geltung kommt. Im Hornbacher Sakramentar (Solothurn), einer Reichenauer, um 980 entstandenen Handschrift, geht das Buch in einer Reihe von Widmungsbildern von Hand zu Hand. Der Schreiber EBURNANT überreicht es dem ABT ADALBERT VON HORNBACH, dieser dem Klosterpatron PIRMIN, der Klosterpatron dem Petrus und Petrus schließlich überreicht das Buch an Christus, der mit der Rechten danach greift und es an sich nimmt, was hier um so eigentümlicher wirkt, als er in seiner Linken schon ein großes Buch als übliches Attribut hält. Aber der Weg, den das Buch nimmt, kann auch kürzer sein. Der ERZBISCHOF GERO VON KÖLN erhält das Buch vom Schreiber und überreicht es auf dem folgenden Blatt an Petrus. Der Schreiber RUODPRECHT überreicht dem thronenden ERZBISCHOF EGBERT VON TRIER den von diesem bestellten Psalter (Cividale), und EGBERT wiederum übergibt das Buch in gleicher verehrend-demütiger Haltung wie vorher RUODPRECHT dem thronenden Petrus als Patron des Trierer Doms. Die Rangstufe der beteiligten Personen wird zumeist durch Unterschiede der Größenmaße und der Haltung ausgedrückt. Besonders auffallend in jenem Titelbilde einer andern im Auftrage EGBERTS hergestellten Handschrift, dem uns bekannten Codex Egberti, wo dieser Erzbischof in feierlicher Frontalität thront, den Blick starr geradeaus gerichtet, neben sich in Kniehöhe die kleinen Figuren der beiden Reichenauer Mönche, die ihm das Buch überreichen und durch Überschrift dem Leser bekanntgemacht werden: *Keral-*

---

1 Schwertträger im Gefolge des Kaisers.

dus und *Heribertus Augigenses.* Nicht immer indessen brauchen die Mönchskünstler bei solchen Dedikationen zugegen zu sein. Der Kanoniker Hillinus übergibt ohne jeden ‹Vorgang› dem Petrus als Patron des Kölner Doms sein Buch, während die beiden Schreiber Purchard und Chuonrad in der ausführlichen Eingangsinschrift genannt sind. Im Evangeliar der Hitda sehen wir die schlanke Gestalt dieser Äbtissin des Klosters Meschede ihr Buch der auf einem Sockel stehenden hl. Walburgis überreichen, ohne daß weitere Beziehungen dazukommen. In demütiger Gebärde hält die Äbtissin Uta von Niedermünster in Regensburg (1002—1025) das Buch auf dem Widmungsblatte, das die Stifterin in einer Zone unterhalb der thronenden Muttergottes zeigt. An Stelle der Buchübergabe tritt ausnahmsweise die Gebärde reiner Verehrung in dem Epistolar des Erzbischofs Everger von Köln (985—999), der auf dem Widmungsblatt sich vor den gegenüber thronenden Apostelfürsten niedergeworfen hat.

Wer aber ist jener Liuthar, der im Aachener Ottonencodex als ein Buch-Überbringer dem Kaiserbilde gegenüber erscheint? Liuthar steht, sehr lebendig als Benediktiner gekennzeichnet, in einer Vierpaßrahmung mit Wendung nach rechts, wo in einer nicht zu überbrückenden Distanz der Kaiser von Gottes Hand gekrönt wird. Über und unter dem Vierpaß die Fürbitte und Forderung enthaltende Inschrift: HOC AUGUSTE LIBRO TIBI COR DS INDUAT OTTO QUEM DE LIUTHARIO TE SUSCEPISSE MEMENTO. [1] Ist es der Verfertiger der Handschrift, der hier spricht? Oder gar der Künstler, der die Bilder malte, also ein Selbstbildnis? Oder ist es sonst ein Angehöriger des Klosters, der würdig war, dem Kaiser die Handschrift zu überreichen? Wir wissen es nicht. Bei Kerald und Heribert können wir wohl annehmen, daß es die Künstler selbst sind, die sich hier darstellen, doch erfahren wir wiederum nicht, wie sich ihre Arbeit verteilt. Aber daß ein Schreiber sein Buch der kaiserlichen Majestät selbst ohne Vermittler überreicht, ist nach den in Frage kommenden Beispielen der ottonischen Malerei kaum anzunehmen. Im Perikopenbuch Heinrichs III. (Bremen) ist zwar die Verbindung von Skriptorium und Kaiser sehr sinnfällig dargestellt [2], wie links in der Echternacher Kirche — sogar die übergreifenden Bogen im Mittelschiff der Echternacher Basilika sind hier wiedergegeben — der Mönch und ein Laie an den Schreibpulten sitzen, aber gegenüber auf dem andern Blatte wird auch nicht recht deutlich, wer derjenige ist, der dem Kaiser das Buch überreicht. Auch verschwindet hier bereits das eigentümlich Feierliche des Vorgangs.

Daß auch ein Restaurator ein besonderes Verdienst für sich in Anspruch nehmen kann, lehrt die Wiederherstellung des um 870 geschriebenen *Codex aureus* von St. Emmeram in ottonischer Zeit. Abt Romwald von St. Emmeram zu Regensburg veranlaßte die Restaurierung der kostbaren Handschrift Karls des Kahlen durch die Mönche Arippo und Adalbert und ließ sich selbst mit einem Bildnis in das Buch einfügen, während die Künstler immerhin in der Inschrift genannt wurden.

Ornamentik

Das Figürliche allein würde nicht ausreichen, den Charakter der ottonischen Buchmalerei zu bestimmen. Es ist notwendig, den Be-

1 ‹Mit diesem Buche, Kaiser Otto, möge Gott dir das Herz umkleiden. Denke daran, daß du es von Lothar empfangen hast.›

2 Goldschmidt, Buchmalerei, Taf. 52.

reich der ornamentalen Ausstattung in die Betrachtung einzubeziehen. Unter allen Zweigen der anschaulich gestaltenden Künste kommt der Ornamentik etwas von der Art der Musik zu, insofern beide gegenstandsfreie Gebilde ausdrucksvoller Art zu schaffen imstande sind. Von dieser Musik ist die frühmittelalterliche Buchmalerei der nordischen Länder auf weite Gebiete hin durchzogen. Ohne ihre künstlerische Macht zu begreifen, bleiben Eigenart, Reichtum und Schönheit der frühen Buchmalerei verborgen. Die Fähigkeit zur Schaffung freier Phantasiegebilde im ornamentalen Bereich gehört zu den ursprünglichen Anlagen der germanischen Völker. In der festlichen Verzierung der zum kultischen Gebrauch bestimmten Schriften gewann der Norden im Rahmen der christlichen Kunst schon früh ein Feld, auf dem sich Grundkräfte des germanischen Formgefühls auswirken konnten. Die ottonische Buchmalerei trat hier ein reiches Erbe an. Aus all jenen Überlieferungsbereichen, die ebenso für die Baukunst wie für die bildnerische Kleinkunst ihre Bedeutung hatten, aus dem Karolingischen, Spätantik-Altchristlichen und Byzantinischen, strömen auch für die Ornamentik der ottonischen Zeit die Elemente zu. Und wiederum erleben wir das eindrucksvolle, im Anschaulichen sich abspielende Drama, wie die gestaltende Kraft der ottonischen Künstler sich einen eigenen Stil errang und Gebilde von einer inneren Größe schuf, die in der Geschichte der abendländischen Kunst einen bedeutenden Rang einnehmen.

Zur typischen Ausstattung der für den kirchlichen Gebrauch bestimmten Handschriften gehört eine Reihe stets wiederholter Motive, von denen einige hier zu nennen sind. An besonders sichtbarer Stelle stehen in den Evangelienhandschriften die Eusebianischen Kanontafeln, die zum ältesten und ursprünglichen Schmuck der Evangeliare schon in spätantiker Zeit gehören[1]. Aus einer tabellarischen, durch Säulenstellungen gegliederten Übersicht über die Konkordanzen in den Evangelien hatte sich hier ein festlich wirkendes Motiv entwickelt, das im Laufe der Jahrhunderte von der Spätantike zum frühen Mittelalter mannigfache Abwandlung erfuhr und in der nordischen Buchmalerei weiterverwendet wurde. Zwischen Abbild einer antiken Tempelfront, der Verwendung verschiedenartiger Bogenformen architektonischer Herkunft bis zur Auflösung in ein ornamentales Ziergebilde konnte das Motiv alle Stufen der Erscheinung durchlaufen. In der karolingischen Buchmalerei liegen die polaren Möglichkeiten etwa in den dem antiken Vorbild entnommenen Kanones des Aachener Domschatz-Evangeliars einerseits und den zierlichen Gitterbögen der Handschriften in der anglofränkischen Gruppe andrerseits.

Die ottonische Malerei bewahrt in ihren Kanones das Motiv der Säulenstellung, aber sie betont weder das Körperhafte der Erscheinung und die tektonische Logik, noch löst sie die Kanontafeln zum

---

1 Carl Nordenfalk, Die spätantiken Kanontafeln. Text und Tafelband. Göteborg 1938. — Über den geringen praktischen Nutzen der Tabellen in mittelalterlichen Handschriften vgl. daselbst S. 126.

bloß kalligraphischen Spiel auf (Abb. 32). Die ‹Gestalt› der Säule und der Säulenstellung bleibt als ein flächig-dekoratives Gebilde von fester Rahmenwirkung bewahrt, das grundsätzlich den Forderungen der Buchseite gehorcht. Die Gestaltungsgesetze solcher Kanontafeln sind Variation, Kombination, Kolorismus und Symmetrie. Das gilt sowohl für die Gegenüberstellung zweier Bildseiten als auch innerhalb einer Kanontafel selbst, wo beispielsweise Farbe und Ornamtierung der Säulenschäfte spiegelbildlich zur Mittelachse behandelt werden. Die Abwandlungen der Grundmotive sowohl innerhalb der gleichen Klosterschule als auch zwischen den verschiedenartigen Schulcharakteren erscheinen unerschöpflich, wenn auch die Prinzipien der Variation und Kombination durchaus sichtbar bleiben.

Den Hauptbestandteil der ornamentalen Ausstattung der Handschriften bilden sodann die *Initialornamentik* und die Hervorhebung ganzer Schriftseiten in bildmäßiger Form. Sie fesseln das Auge an besonderen Stellen des Textes. Diese Pracht ist indessen nicht bloß auf dem Boden eines allgemeinen Verzierungsbedürfnisses entstanden, sondern sie erwächst aus einem tiefen geistigen Bezug der Zeit zum Text[1]. Das ‹Wort› als Mitteilung hatte im frühen Mittelalter ein anderes Gewicht als in unserer wortreichen Zeit. Es besaß volleren Klang, war inhaltsgesättigt und fähig, letzte Wahrheiten in sich zu bergen. Dieses spezifische Gewicht des Wortes gelangt im Schriftbild zum Ausdruck, das nicht allein von der bloßen Lesbarkeit und übersichtlichen Gliederung des Textes her geformt wird, sondern das etwas von der Bedeutung der Mitteilung veranschaulichen soll. Denn es handelt sich ja in den für den Kult bestimmten Schriften nicht um eine beliebige Mitteilung von beliebigem Wert, sondern um den für die christliche Menschheit im heilsgeschichtlichen Sinne entscheidenden Text. So entwickelt das Wort als sichtbares, einer bestimmten Gestaltung fähiges Gebilde aus seinem besonderen Wert heraus die Kraft zur Veranschaulichung seines sakralen Gehalts. Die Initiale wird zum Anruf an den Leser, die Zierseite enthält das ursprüngliche Pathos des sakralen Wortes, als ob es laut und feierlich verkündet würde. In der Tat ist hier in gewisser Weise die Festlichkeit der Kultsprache anschaulich gemacht.

Die Buchmalerei des frühen Mittelalters zeigt eine lange Entwicklung in dem Bestreben, das Schriftbild bestimmter Seiten optisch herauszuheben, und wählt vor allem die Anfänge der Texte zum Träger besonders festlicher Wirkungen. Diese Entwicklung steht zum spätantiken Schriftbild in keinem geringeren Gegensatz als das Figurenbild. Das Wesentliche und Schöpferische des frühen Mittelalters auf dem Gebiete der Schrift liegt in der Fähigkeit, Buchstaben

---

1 Ich benutze hier eine kurze Niederschrift meines 1936 auf dem internationalen kunsthistorischen Kongreß in Bern gehaltenen Vortrages ‹Das Wort als Bild in der frühmittelalterlichen Buchmalerei›. Histor. Jahrb. 1940 (Festgabe für Rudolf von Heckel), S. 507 ff. — Das mit vielen Abbildungen ausgestattete Buch von Alois Schardt, Das Initial. Phantasie und Buchstabenmalerei des frühen Mittelalters, erschien 1938.

und Wort gestalthaft zu fassen, und gerade diese Möglichkeit wird von der ottonischen Kunst aus einem neuen Geiste heraus wahrgenommen.

Soweit ein einzelner Buchstabe in Frage kommt, läßt sich entsprechend dem Verhältnis der Kanonsäule zur antiken Säule die ottonische Initiale als phantasiereichste Variation über das Thema der lateinischen Schriftzeichen auffassen. Durch Größe wird sie wie schon früher vor allen andern Buchstaben herausgehoben. Der Buchstabenkörper selbst wird in seiner Grundform gedehnt, geöffnet, als Rahmenwerk gestaltet, gefüllt und verbunden mit abstrakten oder vegetabilen Gebilden, seltener mit Figuren oder Tiergestalten, dies alles in einer freien Rhythmik, die ihre eigene Gesetzmäßigkeit besitzt. In der Ausbildung solcher Ornamentik des Schriftzeichens steht im 10. Jahrhundert die Reichenau an Reichtum der künstlerischen Phantasie unbestritten an erster Stelle. Sie knüpft an die ältere Kunst der Schreibstube des benachbarten St. Gallen an, jedoch lediglich in den Motiven, um sogleich zu selbständigen Gestaltungen von großer Pracht der Erscheinung vorzuschreiten und im Aachener Ottonencodex – ein ornamentgeschichtlich wichtiger Augenblick – den Reichtum byzantinischer Ornamentik einzubeziehen.

Eines der eindrucksvollsten Motive in der Buchstabenornamentik der frühen Reichenauer Malerei ist die Pfeilranke (Abb. 29, 30). Sie scheint sich aus einer Symbiose von Blütenranke und Riemenwerk zu entwickeln mit der Neigung zu immer abstrakterer Bildung, so daß sie schließlich alles Pflanzenhafte abwirft. Zunächst tritt sie mit rundlichen Formen auf wie im Petershausener Sakramentar und im Egbert-Psalter. Sie vermag wie ein Schlinggewächs den ganzen Buchstabenkörper zu erfüllen und bringt eine erregende Lebendigkeit mit sich, die sich steigert, sobald die Ranken in pfeilartigen Spitzen enden und mit Zick-Zack-Bewegungen das Sprühende gewisser Feuerwerkskörper erreichen. In dieser Phase nimmt sie eine beherrschende Stellung in der Blütezeit, zumal im Perikopenbuch Heinrichs II. ein, wo sie mit ihrer Dynamik in unerschöpflicher Mannigfaltigkeit der Gestaltung den Stil der Initialornamentik bestimmt.

Über die Formung des einzelnen Buchstabens hinaus wird dann seine Verbindung mit der gesamten Schriftseite von entscheidender Bedeutung. Es ist dies ein Vorgang, der als Bildwerdung der Schrift oder genauer des ‹Wortes› bezeichnet werden kann. Die Grundzüge dieser ‹Bildwerdung› sind bereits im Karolingischen vorhanden, insofern die herauszuhebenden Worte optisch als ein durch Rahmung der Schriftseiten zusammengeschlossenes Ganzes erscheinen. Sowohl die Ada-Gruppe als auch besonders St. Gallen, also diejenigen Klosterschulen, auf die die Reichenau zurückgreift, lassen eine bedeutende Gestaltungskraft auf diesem Gebiete erkennen. Das Charakteristische solcher bildmäßigen Schriftseiten liegt in der freien Komposition der Buchstabenfolge im umrahmten Bezirk. So braucht beispielsweise die Initiale nun auch nicht mehr am Anfang des Wortes zu stehen. Der logische Buchstabenzusammenhang im Sinne der Lesbarkeit wird zerrissen zugunsten einer ausdrucksstarken Ganzheitswirkung der Seite, die in erster Linie von der bildmäßig verteilten Ordnung der Schriftseiten lebt. Der Malerschreiber der QUID-GLORIARIS-Seite des St. Gallener Folchart-Psalters setzt in die Mitte ein das ganze gerahmte Bildfeld beherrschendes, mit Riemenwerk gefülltes Q, dessen machtvolle Form – Gold auf Purpur mit hinterlegtem grünen Grund – den Wortzusammenhang mit den übrigen, in freier Akzentsetzung verteilten Buchstaben überstrahlt.

Die ottonische Malerei entfaltet aus solchen Gestaltungsmöglichkeiten heraus in ihren hervorragendsten Handschriften eine unerhörte Fülle reichster Wortbilder. Die Werke der Reichenauer Schule bieten dafür die schönsten Beispiele. Niemals wieder hat ‹geschriebenes› Wort einen so vollen Klang erhalten wie in der deutschen ottonischen Kunst. Dabei scheint sich die ornamentale Phantasie dieser Wortmaler in ihren Schöpfungen fortlaufend zu überbieten.

Zur höchsten künstlerischen Kraft steigert sich die Bildwerdung der Schrift im Evangeliar Kaiser Ottos III. (Clm. 4453). Die Evangelisten dieser Handschrift sind berühmt. Man sollte jedoch die den Evangelisten gegenüberstehenden Schriftseiten dabei nicht vergessen, die an magischer Bildkraft wie an künstlerischem Ausdrucksgehalt die figurierten Blätter fast noch übertreffen. Den Meister, der die LIBER-Seite zum *Matthäus-* oder entsprechend den Anfang des *Lukas-Evangeliums* gemalt hat, darf man ruhig als den bedeutendsten Schriftmaler der deutschen Kunst bezeichnen. Im Vergleich mit den stilistisch älteren Wortkompositionen des Gero-Codex und des Egbert-Psalters wird nun die Wirkung dichter und geballter bei gleichzeitiger Steigerung der optischen Gegensätze innerhalb des bildhaften Ganzen, verbunden mit der Steigerung der farbigen Kräfte. Unergründlich das geheimnisvoll ringsum rahmende Violett, aus dessen Tiefen phantastische Tiere in goldener Zeichnung auf Schwarz auftauchen, in erregendstem farbigen Gegenspiel zu dem lichten stumpfen Blau und Grün der Mitte. Das wie eine seltene Blüte sich dehnende L dreifach am Rande verknotet, schwebt frei vor dem elfenbeinernen Pergamentgrund, so daß also das lichte Mittelfeld von tiefstem purpurnem Dunkel umrahmt wird. Die gleiche Grundstruktur haben auch die den andern drei Evangelisten gegenüberstehenden Seiten. Bei dem QUONIAM QUIDEM, gegenüber dem Lukas, (Abb. 22) steht die mit flammendem Blattwerk gefüllte Kugel des Q als herrschende Mitte wiederum vor dem lichten Feld, in das die übrigen Buchstaben der Wortgruppe mit vollkommener Klarheit in rhythmisch freier Verteilung hineingesetzt sind. Bei den Anfängen des *Markus-* und *Johannes-Evangeliums* halten sich die für die Mitte herausgehobenen Initialkompositionen strenger an die gegebenen Hauptrichtungen der rechteckigen Rahmengrenzen. Einen Maßstab für das Außerordentliche dieser künstlerischen Leistung erhält man beim Vergleich mit Cim. 59, dessen Schreibermaler die Zierseiten der Evangelienanfänge nach dem Vorbild von Cim. 58 in etwas verändertem Format wiederholt, die Initialen indessen durchgängig mit Pfeilranken füllt und die Goldzeichnung auf dem purpurnen Rahmengrund fortläßt, oder beim Vergleich mit den entsprechenden Seiten des Hillinus-Codex. In diesen Zierseiten waltet bereits nicht mehr die genial-gestalterische Kraft des Meisters der Cim. 58. Auch der Vergleich mit dem *Lukas*anfang des Evangeliars der Kölner Dombibliothek 218, das die gleiche Grundform benutzt, ist aufschlußreich.

In dem großen Format des Perikopenbuchs HEINRICHS II. sind die Anfänge der Perikopen in besonders momunmental wirkenden Zierseiten behandelt, entweder als einzelnstehende Blätter oder als Gegenseiten zu den entsprechenden Bildillustrationen. Sehr wirksam stehen die goldenen Buchstaben auf Purpurstreifen gegen den weißen Grund, während die goldene, mit Blau und Grün unterlegte Pfeilrankeninitiale in mächtiger Gestalt das gesamte Bildfeld beherrscht. Auch der durchgehende Purpurgrund kommt vor. Im Rahmen wird zumeist ein buntes, in seinen Abschnitten frei behandeltes Mäanderband verwandt. Die Schrift gewinnt hier durchgängig den gleichen Grad der Monumentalisierung wie in den Bildszenen auf den figürlich erzählenden Seiten.

Wenn das Echternacher Skriptorium durch die prunkvolle Ausgestaltung seiner im Auftrage der Kaiser hergestellten Handschriften besonders das Auge auf sich lenkt, so steht auch in diesem Falle die Steigerung im Ausdruck des Schriftbildes als wichtigstes künstlerisches Mittel obenan. Besonders das Evangeliar HEINRICHS III. im Escorial wendet eine überwältigende Fülle von Zierseiten auf, mit denen Anfang und Schluß der Texte zu feierlicher Wirkung gebracht werden [1]. Die einzelnen Wortteile, farbig besonders unterlegt und streifenförmig verteilt, leuchten wie streng geformte Schrifttafeln. Die Seite mit dem INCIPIT des *Johannes-Evangeliums* setzt die Wortteile in Kreisrahmungen hinein, eine Anordnung, die, da sie auch für figürliche Symbole verwendet wird (z. B. Rückdeckel von Clm. 4452) eindringlich die Tatsache erhellt, daß die Symbolkraft der ‹heiligen› Schriftzeichen nicht anders gewertet wird als die Macht der figürlichen Symbole.

Die Zierseiten der Kölner Buchmalerei gestatten den Initialen nicht jene freie und große Art schwungvoller Entfaltung wie auf der Reichenau. Die farbigen Rahmungen legen sich dicht um das Schriftfeld herum, so daß kaum ein freier Grund bleibt und die Zeichnung der Buchstaben dem Gesetz der eingrenzenden Rahmenlinien sich fügt. Das Ergebnis ist eine dichtere Füllung des ganzen Bildfeldes der Zierseiten, in seinem optischen Charakter vor allem durch die besondere Farbigkeit der Kölner Schule bestimmt.

In Regenburg steht der ornamentale Stil des Schriftbildes mit seiner weitgehenden Anlehnung an den karolingischen *Codex aureus* von St. Emmeram mit einem Schlage fertig da, in starkem Gegensatz wiederum zur Art der Reichenau, denn in den Regensburger Zierseiten läuft der Buchstabe Gefahr, seine ‹Gestalt› zu verlieren. Er wird Ornament wie andere Ornamente, und die dichtgefüllten Schrift-

---

1 Abb. bei BOECKLER a. a. O.

seiten wirken wie golddurchwirkte Teppiche. Das gilt besonders für das Sakramentar HEINRICHS II. und für den Uta-Codex, soweit nicht hier schon wie im Heinrichs-Evangeliar der Vaticana die Reichenauer Initialornamentik eine Einwirkung ausübt.

Farbe

An der eigentümlichen und einzigartigen künstlerischen Wirkung der ottonischen Buchmalerei hat ihre optisch elementarste Ausdrucksmöglichkeit, die *Farbe,* entscheidenden Anteil. Sie weicht von allen uns aus der nachmittelalterlichen Malerei vertrauten Wirkungen grundsätzlich ab, so daß ihre Gesetze schwer zu enträtseln bleiben. Wir müssen uns damit begnügen, die wichtigsten ihrer stilbildenden Kräfte kennenzulernen.

Die Stilbildungen der Farbe in der Geschichte der abendländischen Malerei lassen sich im allgemeinen nach dem Verhältnis vom Eigenwert zum Darstellungswert der Farbe bestimmen. Unter ‹Eigenwert› verstehe ich alle diejenigen Werte in der Wirkungsweise der Farbe, die ohne Rücksicht auf den Farbenträger Geltung besitzen, in denen also die Elementarkräfte der Farbe zum Ausdruck kommen, ihr Schönheitswert, ihr Buntwert, ihre Möglichkeit, sich wechselseitig zu ergänzen, zu steigern oder abzustoßen. Unter ‹Darstellungswert› seien alle diejenigen Eigenschaften in der Wirkungsweise der Farbe verstanden, die darauf ausgehen, die Natur des Farbenträgers zu erklären, die nicht nur seine ‹Färbung› angeben, sondern auch seine Stofflichkeit, Härte, Dichte, Rauheit, Glätte, das Körperhafte ebensogut wie seine Stellung in Raum und Licht, das heißt also diejenigen Werte, um die sich alle nachmittelalterliche Malerei, die die Welt als eine Welt individueller Dinglichkeiten auffaßte, unaufhörlich bemühte. Die Geschichte der Farbe in der Malerei ist die Geschichte der stets sich wandelnden Beziehungen von ‹Eigenwert› und ‹Darstellungswert› zueinander. Dem epochalen Stil der ottonischen Kunst, deren Malerei die Welt nicht als Welt von Dinglichkeiten, sondern als eine Welt geistiger Beziehungen auffaßt, entspricht es, daß an den Darstellungswert der Farbe die geringsten Ansprüche gestellt werden. Auch dort, wo sie an der ‹Gestalt› der Dinge haftet, hat sie nicht die Aufgabe, etwas über das naturhaft-dingliche Leben des Dargestellten auszusagen. Sie trägt vielmehr dazu bei, das Gegenständliche aus aller umweltlichen Bezogenheit herauszulösen, und dient so dazu, das ‹Allgemeine› als das wahrhaft Seiende zu veranschaulichen.

In der Kaiserdarstellung OTTOS III. Clm. 4453 (Abb. 26) zeigt der Schwertträger blaues Gewand, ebensolches blaues Haar und blaue Schuhe, zinnoberrote Gamaschen, violetten Mantel, grünes Schwert mit goldenem Griff. Auf dem Kaiserbild der Bamberger Josephus-Handschrift zeigt der an gleicher Bildstelle stehende Schildträger vereinfachte Farbengebung, aber ebenfalls Hellblau in Haar, Rock und Schuhen und bekundet damit deutlich genug, daß keinerlei Eingehen auf die gegenständliche Eigenfarbe gemeint ist, sondern daß neben dem reinen Schmuckwert der Farbe ausschließlich ihre Funktion, Flächen zu trennen, in Anspruch genommen wird. Gewiß zeigt die ottonische Farbe sich nicht etwa gänzlich frei von Darstellungswerten. Man kann das Ziegelrot des Baldachindaches auf dem vorhin erwähnten Kaiserbilde der Cim. 58 als Gegenstandsfarbe ansprechen, aber es wirkt kaum in diesem Sinne, da der gleiche Farbwert auch für andere Dinge verwendet wird. Und auch dort, wo eine gewisse Färbung des Gegenständlichen entsprechend seiner natürlichen Dinghaftigkeit in Frage kommt wie bei Gewändern und im Inkarnat, bleibt es doch stets beim geringsten Maß an Darstellungswert, weil grundsätzlich das Stoffliche und Räumliche als nicht darstellungswürdig außer acht bleiben und, falls sie im Anschluß an antike Vorbilder erscheinen, sich doch stets in engen Grenzen halten. Die Farbe steht also in einem ‹freien› Verhältnis zur Gestalt, was noch dadurch unterstrichen wird, daß sie nicht durch Umriß (Kontur) gebunden wird. Erst die Umrißlinie verhaftet die Farbe einer bestimmten Dinglichkeit, indessen kommt solche Verfestigung im wesentlichen erst für die nach-ottonische Zeit in Frage.

Von aller dinglichen Bezogenheit weithin entbunden, vermag die Farbe als Eigenwert in der ottonischen Malerei geheimnisvolle musikalische Kräfte zu entfalten, wie sie andere Epochen der abendländischen Malerei nicht mehr aufweisen. Schon das Ausmaß an völlig gegenstandsfreien Farbflächen in den Bildgründen fällt ins Gewicht. Sie werden besonders wirkungsvoll von den Reichenauer Künstlern behandelt, und hier können wir auch in einigen Fällen die Herkunft ihrer farbigen Besonderheit kennenlernen, insofern die Nähe des spätantiken Vorbildes gewisse Unterschiede bedingt. Die Hintergrundsflächen im Codex Egberti lassen noch eine letzte Erinnerung an den Darstellungswert der Himmelsfarbe einer illusionistisch verfahrenden Malerei verspüren. Wollte man aber im Codex Egberti ‹Himmel› sagen, so träfe diese Bezeichnung schon nicht mehr zu. Die Farbfläche ist gegenstandsfrei geworden, aber nicht als eine tote Folie, nicht als bloßer Anstrich, sondern sie besitzt lebendige Wirkung, da sie nicht homogen-einförmig verläuft, sondern durch Abstufung zarter Tönungen in sich bewegt bleibt und im Farbenganzen des Bildes Ausdruck besitzt. Denn gerade das Unbestimmte solcher bildmäßig eingegrenzten, doch farblich bewegten Flächen wird als geheimnisvoll empfunden. Der Wirkung etwa von Gold auf Purpurgrund, den auch die karolingische Malerei verwendete, kann sich niemand entziehen. Mit den durch Farbenwahl und Schulbildungen bedingten Abwandlungen hat die ottonische Malerei diese innere Lebendigkeit gegenstandsfreier Farbflächen in ihren künstlerisch bedeutungsvollen Arbeiten stets bewahrt. Erst zum Schluß der Entwicklung kommt es zu einer Erstarrung der Farbflächen.

Die vom Darstellungswert weit entlastete Farbe der ottonischen Malerei gewinnt die Möglichkeit, die der absoluten Farbe innewohnende Ausdruckskraft im Sinne des Bildthemas und seines sakralen

Gehalts zu entfalten. Es bleibt in dieser Hinsicht von höchster Bedeutung, daß sie sich mit Gold verbindet nicht in dem Sinne, daß Gold auf Farbe, sondern daß Farbe auf Gold gesetzt wird. LIUTHAR hat den Goldgrund in die abendländische Malerei eingeführt und damit dem Bildgegenstande jene transzendierende Haltung verliehen, die für das ganze Mittelalter kennzeichnend bleibt. Gold vermag aber durch seine Nachbarschaft nicht nur die Schönheitswirkung als Eigenwert der Farbe zu steigern, sondern auch ihre magischen Kräfte zu wecken, und diese Einwirkungsmöglichkeit des Goldes auf die Farbe hat keine Zeit so verstanden wie die ottonische. So können die Buntwerte der Farbe durch ihre gesteigerte Pracht dem Dargestellten Adel, Schönheit, Entrückung verleihen, ohne daß dingliche Beziehungen nötig wären[1].

Farbenwahl und Verbindung der Farben untereinander tragen nicht minder zu dem Eindruck transzendenter Haltung einer ottonischen Bildseite bei. Der allgemeine Gegensatz zu jeder nachmittelalterlichen Malerei fällt auch hier kräftig ins Auge, denn dies ist eine der auffallendsten Erscheinungen in der ottonischen Malerei: sie bevorzugt die weltabgewandtesten, geheimnisvoll stimmenden Werte auf der *kalten Seite* des Farbenkreises, Farben wie Violett, Lila, Purpur, Blau, Grün sowohl in gesättigten als auch in gebrochenen Tonstufen. Die Harmonisierung dieser so schwer zu vereinbarenden Werte wird entweder durch Gold erreicht oder durch die Anwendung der Gesetze der Gegenfarben. Es gibt Beispiele erlesener Schönheit für den Zusammenklang überwiegend kalter Farben auf einer Bildseite. Die Darstellungen im Perikopenbuch HEINRICHS II. mit ihren den Farbencharakter erhöhenden Goldgründen sind bereits genannt. Aber auch da, wo Gold nur als Schmuckwert und Initialzeichnung auftritt, kommt es zu bedeutenden Farbklängen.

Von reichster künstlerischer Phantasie ist jenes Blatt der Vision des Jesaias (Bamberg, cod. bibl. 76) geformt, auf dem der Seraph zum Propheten fliegt und ihm mit der glühenden Kohle den Mund berühren will (Abb. 31). Der Prophet steht in den goldenen Pfeilranken der Initiale des Wortes VISIO, und die Pfeilranke umschlingt auch den flügelrauschenden Seraph. Die Szene schwebt vor einem grünen, nach oben bis zu Rosa aufgelichteten Grund, auf den man durch ein purpurfarbenes Tor hinschaut. Purpur und Grün sind getrennt durch das orangefarbene Rot der Säulen, das den Grünwert der inneren Grundfläche steigert. Oben verschlingen sich wie zu einem Baldachin blaue und grüne goldgestreifte Vorhänge, die an den Säulen verknotet sind. In der Gesamthaltung bewahren die kalten Töne durchaus die Führung, zumal die großen Säulenbasen und die Giebelfüllung blau betont sind.

1 Neue Begriffe, um den Charakter von Farbe und Licht in der Bildwelt der ottonischen Malerei, vor allem auch, um das Wesen des Goldgrundes zu analysieren, hat WOLFGANG SCHÖNE in seinem Buch ‹Über das Licht in der Malerei› (1954) mit seiner Unterscheidung von Eigenlicht — Sendelicht und Beleuchtungslicht — Zeigelicht erarbeitet.

Auch an die kühle Farbigkeit der Bamberger Apokalypse wäre zu erinnern. Von dem Engel mit dem Mühlstein sagt Heinrich Wölfflin: ‹Der Großartigkeit der Textworte kommt das Bild merkwürdig nahe. Das blaugraue Meer, das Violett des Mantels, die schiefergrauen Flügel geben farbig im Verein mit dem Gold und dem Dunkellila und Blutrot des oberen Streifens einen eigentümlich ergreifenden, ernsthaft feierlichen Klang.› Welche künstlerische Macht ferner die Farbe in der Kölner Schule zu ihrer Blütezeit zu entfalten vermochte, lehrte bereits die Betrachtung des Hitda-Codex. Und wiederum auf eine ganz andere Weise leben die ornamentbedeckten Zierseiten der Regensburger Malerei von dem Eindruck golddurchwirkter Farbe.

Entfaltung, Wandel und geistiger Gehalt

Die ottonische Buchmalerei bietet in der Mannigfaltigkeit ihrer Erscheinungen unter allen Denkmalsgattungen der Zeit trotz lückenhafter Erhaltung den geschlossensten Überblick über Entfaltung, Wandel, Reichtum und geistigen Gehalt der ottonischen Kunst. Hier am ehesten sind auch dank eindringlicher Forschung in den letzten Jahrzehnten einzelne Kunstlandschaften zu unterscheiden. Im Unterschied zur Architekturentwicklung stehen in der Malerei nicht die ottonischen Stammlande im Vordergrund, sondern der Westen und Süden des Reiches. Im ganzen lassen sich drei Hauptrichtungen unterscheiden, die nach den in Köln, auf der Reichenau und in Regensburg vorherrschenden Bildauffassungen zu trennen sind und die, unbeschadet der vielen bei solcher Unterscheidung nicht berücksichtigten Abwandlungen in anderen Schulen, doch dem ‹Ottonischen› das eigentümliche Gepräge geben. In Köln herrscht die Farbe, auf der Reichenau die Gebärde, in Regensburg das Gedankliche. Womit freilich nicht gesagt sein soll, daß etwa auf der Reichenau oder in der Regensburger Schule die Farbe wegzudenken wäre. Aber auf der Reichenau wird die Farbe dem Pathos der Figur zugeordnet. In Regensburg entscheiden die gedanklichen Beziehungen der Bildteile zueinander über die Grundstruktur des Bildganzen. Die Farbe tritt als schmückender Wert hinzu. In Köln dagegen bleibt das Figürliche ohne die Farbe unverständlich, das heißt Figur und Bildwert werden ganz aus dem Geist der Farbe heraus gestaltet.

Über die weitreichendste schöpferische Kraft verfügt die Reichenau. Den bedeutenden geistigen Besitz, über den sie gebietet, vermag sie in ihrer Malerei, das will sagen im Bereich des rein Anschaulichen, zum Ausdruck zu bringen. Die Leistung, die hierin liegt, wird noch kaum ihrer ganzen Tiefe nach erkannt. Das 19. Jahrhundert, in dem sich noch die seit der Renaissance herrschende Auffassung erhielt, daß das Mittelalter eine entartete Antike sei, konnte sich das Verhältnis der ottonischen Epoche zur Antike nicht anders als ein Verhältnis von Kopie zum Original vorstellen in dem Sinne, daß die spätantike Buchmalerei ein Vorbild liefert, das der

Mönchskünstler des 10. und 11. Jahrhunderts in unbeholfener Weise abzumalen versucht. Jede Abwendung vom antiken Vorbild wurde als ein negativer Vorgang aufgefaßt und als Verfall bezeichnet. Daher konnte auch von einer künstlerischen Gestaltung nicht die Rede sein. Diese Malerei schien nur einer naturwissenschaftlich-beschreibenden Betrachtung zugänglich. Im besten Falle blieb die Aufnahme des Stofflichen zu würdigen. Aber wie konnte auch das 19. Jahrhundert, das die Welt als eine auf den Beschauerstandpunkt bezogene Umwelt stofflich-individueller Einzeldinge auffaßte, den Gehalt einer Kunst aufnehmen, die jedes Geschehnis als ein auf Gott bezogenes auffaßte und die Universalien als gültige Wirklichkeit erlebte. Erst dann, wenn jeder der Antike oder der Neuzeit entnommene Maßstab als ‹unangemessen› erkannt wird, enthüllt sich das Eigene der ottonischen Malerei. Eben in der Umformung des aus der Spätantike herübergenommenen Stoffes an Bildvorstellungen zu einer Bildsprache, die die Beziehung auf das Ewige und Allgemeine anschaulich auszudrücken vermag, liegt die große geistige Leistung der Reichenau, und erst von hier aus wird verständlich, wie bei den großen Meistern der ottonischen Buchmalerei das Positive ihrer Stilbildung zugleich mit einer Abwendung von der Antike notwendig verbunden ist.

Die Reichenauer Buchmalerei hat die Reife ihrer Kunst nicht mit einem Schlage erreicht. Sie bietet vielmehr das Bild einer künstlerischen Entfaltung, wie es in solchem Reichtum vorher im Abendlande nicht zu beobachten ist. Vom Wiederanknüpfen an das karolingische Erbgut im 10. Jahrhundert, schon in eigener Sprache, über die Aufnahme ganz neuen Bildstoffes aus der Spätantike und aus Byzanz zur Umgestaltung dieses Stoffes aus einer ganz neuartigen Bildgesinnung heraus gewinnt die Reichenau einen Stil, der im Laufe fast eines Jahrhunderts sich dann in vielen Verzweigungen auslebt und auf weite Gebiete der deutschen Malerei des 11. Jahrhunderts bestimmend einwirkt. Figurenauffassung und Bildgestaltung der Reichenau strahlen weit hinaus und bezeichnen in den zahlreichen Abstufungen der Stilbildung eine erstaunliche Reichweite der Reichenauer Kunstübung. Sie macht sich nicht nur in Süddeutschland, im bayerischen oder alemannisch-schweizerischen Raum und nach Oberitalien hin bemerkbar, sondern auch nach Sachsen bis nach Bremen. Die Mindener Schule zu Beginn des 11. Jahrhunderts lebt vorzugsweise von Wiederholungen Reichenauer Bildvorstellungen. Aber auch nach Köln und darüber hinaus bis nach Lüttich können Ausstrahlungen verfolgt werden, während von einer Einwirkung im umgekehrten Sinne nicht gesprochen werden kann. Daß die Lütticher Schule zur Zeit Notkers und seiner unmittelbaren Nachfolger im Sinne der ottonischen Reichskunst schuf, kann schon angesichts der baukünstlerischen Bestrebungen dort nicht bezweifelt werden. Auf die Zusammenhänge der Buchmalerei mit dem südwestdeutschen Raum hat A. Boeckler hingewiesen.

In starkem Gegensatz zur künstlerischen Physiognomie der Reichenauer Buchmalerei stehen die Regensburger Handschriften, die, obwohl gering an Zahl, doch einen schulmäßigen Zusammenhang bilden. Die Regensburger Schule[1] hat ein eigentümliches Bildgerüst gefunden, um rein gedankliche Zusammenhänge anschaulich zu verknüpfen. Charakteristisch dann auch die überreiche Durchsetzung des Bildes mit Inschriften und Beischriften, denn diese Malerei kann des Wortes nicht entraten und nähert sich damit einer gewissermaßen graphischen Darstellung theologischer Gelehrsamkeit, während auf der Reichenau alles zu Sagende anschaulich darstellbare ‹Gestalt› bleibt. Das am meisten kennzeichnende Beispiel für die Art der Regensburger Malerei bieten die Zierseiten des für die Äbtissin Uta in Niedermünster zu Regensburg geschriebenen Evangeliars (München 13601)[2]. Besonders die beiden einander gegenüberstehenden Seiten mit dem Gekreuzigten und dem Meßopfer des hl. Erhard haben von jeher den Betrachter nach der Seite der inhaltlichen Deutung beschäftigt[3]. Auf dem Blatt mit dem Gekreuzigten sind nicht nur die bekannten Personifikationen der Ekklesia und Synagoge sowie in den Rahmenfeldern *Sol* und *Luna, Vita* und *Mors,* die Auferstehenden und der zerrissene Tempelvorhang gegeben, so daß auf der einen Seite Christi alles, was sich auf Licht, Gnade und Leben, auf der anderen Seite, was sich auf Dunkel, Verwerfung und Tod bezieht, zu stehen kommt, sondern auch in eigentümlich verrätselnder Weise durch geometrische Figuren und Inschriften eine Darstellung der Harmonien mittelalterlicher Musik. Der Vollzug des Meßopfers durch den Schutzpatron des Klosters, Erhard, auf dem gegenüberstehenden Bilde, das ebenfalls beziehungsreiche Nebendarstellungen und eine Fülle von Beischriften enthält, steht mit seinem Hinweis auf das Symbol des Erlösertodes in engstem gedanklichen Zusammenhang mit dem von dem Kreuz beherrschten Blatt, mit dem es als ein Ganzes zusammenzusehen ist. Das Dedikationsbild der Uta mit der thronenden Gottesmutter im Mittelkreis, das gegenüberstehende Bild mit der Hand Gottes und schließlich nicht minder die Evangelistendarstellung der Handschrift werden von der gleichen Bildgesinnung getragen, die nicht so sehr aus der Anschauung wie aus dem Gedanken geboren ist. In der Forschung ist mit Recht darauf hingewiesen, daß hier in Regensburg in ottonischer Zeit ein Bildtypus gefunden und vorweggenommen wurde, der zunächst zwar ohne Folge blieb, dann aber im hohen und späten, scholastisch denkenden Mittelalter die herrschende Rolle spielen sollte.

Was außerhalb Regensburgs während der ersten Hälfte des 11. Jahrhunderts in den bayrischen Klöstern von Tegernsee, Niederaltaich oder in Freising an Buchmalerei entstand, kann sich mit den

1 Georg Swarzenski, Die Regensburger Buchmalerei des 10. und 11. Jahrhunderts. Leipzig 1901.

2 Die Daten für Uta von Kirchberg (1002—1025) zwar überall angeführt, jedoch nicht ganz gesichert.

3 A. Boeckler, Das Erhardbild im Uta-Kodex. *Studies in Art and Literature for Belle da Costa Greene,* Princeton 1954, S. 219 ff.

Leistungen in den Skriptorien der Hauptstadt nicht messen[1]. Man bleibt bei der gewohnten Ausstattung der Evangelienhandschriften mit Kanontafeln und Evangelistenbildern, gewiß nicht ohne eigene Art, aber doch ohne in das Gesamtbild der ottonischen Malerei bedeutende Züge einzuzeichnen. So interessant auch die Persönlichkeit des Abtes Ellinger im Rahmen des unruhigen Konvents von Kloster Tegernsee erscheint und er selbst uns das Bild eines künstlerisch tätigen Klerikers von selbständiger Prägung gewährt, so steht doch auch er im Schatten der großen schöpferischen Leistungen, die im Westen und Südwesten oder in Regensburg die Bedeutung der ottonischen Malerei ausmachen.

Die Skriptorien von *Trier* und *Echternach* stehen in geschichtlicher Verbindung mit der Reichenau, so daß man sie auch als ‹südwestdeutsche› Gruppe zusammengefaßt hat[2]. Wenn man diese mehr kunstgeographische Bezeichnung zuläßt, so dürfen dabei das Eigene der Trierer und der von der Reichenauer Bildauffassung stark abweichende und in sich geschlossene Charakter der Echternacher Schule nicht verkannt werden. Die geistige Kraft erscheint hier freilich nicht so groß wie in dem, was auf der Reichenau geschaffen wurde, aber die Fähigkeit zu repräsentativ-festlicher Ausstattung der Prachthandschriften muß doch als ein hohes Maß an künstlerischer Gestaltungskraft bei den Echternacher Schreibkünstlern gewertet werden. Im Verhältnis vom Bild zum Text unterscheidet sich die Echternacher Schule weithin von der Reichenau. Für die Echternacher Schule bleibt, anknüpfend an Karolingisches, die Bevorzugung des Streifenbildes charakteristisch, ganz im Gegensatz zur Reichenau, wo die ganzseitigen ‹Bilder› als neuartige Kompositionen zu Hause sind. In der Reichenauer Buchmalerei gibt sich das Bild selbständig als ein für sich bestehendes anschauliches Gebilde. In Echternach dagegen wird der Bildstreifen in die Textseite hineingestellt und bleibt dem ursprünglichen Begriff einer ‹Illustration› näher. Auch die ganzseitigen Bilder entstehen aus einer Zusammenfügung von Bildstreifen. Und wiederum bezeichnend, daß mit wenigen Ausnahmen zu jeder in den Bildstreifen dargestellten Szene der dazugehörige Text in das Bild selbst hineingeschrieben wird und somit die ‹Lesbarkeit› des Bildes unterstützt, was der ganz auf das Anschauliche gerichteten Kunstweise der Reichenauer durchaus widerstrebt.

Bei aller gleichbleibenden Gesamthaltung in den prunkvollen Erzeugnissen der Echternacher Schule fehlt es ihr doch keineswegs

---

1 E. F. Bange, Eine bayerische Malerschule des XI. und XII. Jahrhunderts. München o. J. (1923). — Die Verbindung Salzburgs mit Regensburg setzt mit dem um 1040 entstandenen Perikopenbuch Clm. 15713 ein, das mit seinem byzantinisierenden Stil und dem vom Westen abweichenden Bilderkreis sich vom ‹Ottonischen› entfernt.

2 Die künstlerische Tätigkeit in Prüm kann nach den wenigen Handschriften, die uns bisher aus diesem Skriptorium bekanntgeworden sind, nur als nebengeordnet betrachtet werden, wenngleich auch das wenige nicht des eigenen Charakters ermangelt.

an Wandlung des stilistischen Formengefüges. Und damit ergibt sich auch die Frage nach dem Verlauf der ottonischen Malerei im 11. Jahrhundert und nach ihrem Ausgang, denn wie diese Kunst entsteht und wächst und ihre Blütezeit erreicht, so vergeht sie auch, wenngleich nicht alle Klosterschulen denselben Lebensrhythmus aufweisen.

Vor allem läßt sich erkennen, daß ein Bruch zwischen der Malerei zur Zeit der Ottonen und der ersten Salier im weiteren Verlauf des 11. Jahrhunderts nicht besteht, wohl aber, daß eine Wandlung vom Fließenden zum Gefestigten bis zum Erstarren sich vollzieht. Für die Reichenau spürt man zuerst in der Zeit HEINRICHS II., wie die Figurensilhouetten sich verfestigen, zugleich aber auch, wie in diesem Skriptorium die schöpferische Kraft ihren Höhepunkt erreicht und in der Folgezeit an Macht einbüßt. Zum Teil können wir diese Wandlung Schritt für Schritt verfolgen. Unter den Reichenauer Handschriften bietet in dieser Hinsicht das Verhältnis der Bamberger Apokalypse zum Perikopenbuch HEINRICHS II. ein aufschlußreiches Beispiel. Beide Handschriften wurden von HEINRICH WÖLFFLIN als von der gleichen Hand herrührend betrachtet unter der Annahme, daß die Apokalypse zeitlich vorangehe. Diese Annahme läßt sich indessen nicht aufrechterhalten. Stilistisch gibt sich die Apokalypse als die später entstandene Arbeit zu erkennen. Nimmt man als Maßstab die Entfernung von der Formensprache im Evangeliar OTTOS III., so läßt sich zeigen, daß die Apokalypse sich von diesem Stil weiter entfernt als das Perikopenbuch HEINRICHS II., nach Maßgabe der Gesamtentwicklung also jünger ist, wobei noch hinzuzufügen bleibt, daß, so bedeutend auch die Apokalypse wirkt, sie doch nicht der gleichen künstlerischen Rangstufe wie das Perikopenbuch angehört. Dem unmittelbaren Vergleich bieten sich weniger die Apokalypsen-Illustrationen als vielmehr die dem zweiten Teil der Handschrift angehörenden Evangelienszenen: Geburt Christi, Kreuzigung und Grablegung, die Frauen am Grabe, Himmelfahrt, Pfingsten, ebenso das Jüngste Gericht des Apokalypsen-Zyklus. Schon in den Bildtypen weichen einige Darstellungen von den entsprechenden Szenen der Cim. 57 ab, und es wäre notwendig, sie mit anderen Handschriften der Gruppe zusammenzustellen. Stilistisch bleibt indessen entscheidend, daß in der Apokalypsenhandschrift die Gebärdefigur um einen Grad spannungsloser, die Formen leerer werden, selbst wenn gelegentlich die Begrenzung der Gewandflächen bewegter verläuft. So etwa in der Himmelfahrt Christi bei dem rechts stehenden Engel. Aber man vergleiche die *ganze* Gestalt und die *ganze* Gruppe der Jünger. Wieviel kontrastreicher alles auf dem Blatte der Cim. 57, wieviel charaktervoller die Binnenzeichnung oder etwa der Petruskopf. In der Bamberger Akopalypse wirkt die Kollektivfigur der Jünger wie eine leere Formel, eine beliebige Wiederholung schematisierter Köpfe, um die Lücke bis zum Bildrand zu füllen. Tatsächlich gibt der Maler hier 11 Figuren, und gegenüber neben Maria an entsprechender Stelle 10, im ganzen also 21 Figuren (!), während Cim. 57 die Zwölfzahl der Jünger darstellt, ein Zeichen, daß beim Maler der Bamberger Handschrift bereits die Beziehung zum Text verlorenging und daher auch nicht angenommen werden kann, es sei die gleiche Hand hier tätig wie in Cim. 57. Die ‹Himmelfahrt› ist in der Gruppe verwandter Handschriften häufig dargestellt, aber stets in dem Sinne, daß die großartige Komposition der Cim. 57 schematisiert und vereinfacht wiederkehrt. In der Handschrift Wolfenbüttel Cod. 84 (VÖGE IV) stehen rechts nur 5 Jünger, in der zusammengepreßten Ordnung der gleichen Szene im Sakramentar der Pariser Nationalbibliothek (lat. 18005) gar nur 4 (übrigens hier alle nimbiert), und der Ausdruck ist noch weiter abgeschwächt.

Was beim Vergleich der Bamberger Apokalypse mit dem Perikopenbuch Heinrichs II. noch als ein nicht zu großer Abstand jener Handschrift von der bedeutenden Haltung im Figurenstil des Perikopenbuchs empfunden wird, das zeigt sich nun in anderen Handschriften als ein deutliches Nachlassen der künstlerischen Macht. Die Figuren verlieren ebensosehr an Spannkraft wie die Pfeilspitzenranke der Initialornamentik an züngelnder Schärfe. Die großen Gebärden büßen an Ausdruck ein, die Figuren wirken wie erschlafft und welk und stimmen weder in den Proportionen noch in den Flächenwerten zueinander. Als Beispiel mag das Evangeliar der Kölner Dombibliothek 218 genannt werden. Vergleichsweise wird dadurch erst recht deutlich, welche Meisterschaft der Gestaltenbildung in den führenden Werken der Reichenau steckt. Auch das bei den Reichenauern so ausdrucksvoll benutzte Motiv des weggeschleuderten Mantelendes wird schließlich kraftlos in seiner Form. So etwa beim Engel am Grabe in dem Evangeliar zu Brescia (Vöge XIV), wo denn auch die Kontur an Bedeutung gewinnt. Das völlige Absinken ist schließlich in der Handschrift des Berliner Kupferstich-Kabinetts (78 A2) am sinnfälligsten zu beobachten: Die Gestalten sehen hier alle eigentümlich angestrengt aus und verlieren den Zusammenhang ihrer Gliedmaßen.

Indessen ist die Entwicklung der ottonischen Buchmalerei im 11. Jahrhundert in der Zeit etwa zwischen 1020 und 1070 keineswegs immer abschätzig zu bewerten. Eben in diese Zeit fällt die Blüte der Echternacher Schule. Die Echternacher Malerei beginnt von vornherein schon in ihrer Vorliebe für rahmengerechte Bildarchitekturen mit einer festeren Bildhaltung, als wir sie auf der Reichenau finden. Sie setzt ja auch zeitlich erst dann ein, als die Reichenau bereits ihre entscheidenden Werke geschaffen hatte, und vermittelt uns so einen guten Einblick in die stilistischen Wandlungen, die sich in der Malerei des 11. Jahrhunderts vollziehen, zumal hier der Bilderkreis sich wenig verändert. Albert Boeckler hat in seiner Veröffentlichung des Escorialensis an vielen Stellen diese Entwicklung der Echternacher Schule im einzelnen so überzeugend analysiert, daß sich eine Wiederholung erübrigt. Zunehmende Enträumlichung, verbunden mit Betonung des Flächenhaften und der Linie als Mittel, die Formen schärfer zu umgrenzen, bilden diejenigen Züge, die die Entwicklung bestimmen. Bezeichnenderweise formt die Echternacher Schule auch die frühottonischen Reichenauer Bildkompositionen in diesem Sinne um. Schon das Nürnberger Evangelienbuch zerlegt etwa die im Codex Egberti vergleichsweise noch raumeinheitlich gegebene Szene des Pfingstwunders in ein Streifenbild, und das Bremer Perikopenbuch Heinrichs III. (1039/40) gibt augenfällige Beispiele, wie festgefügt unter Anlehnung an die Bildgrenzen die dem Codex Egberti entnommenen Szenen jetzt geformt werden. Schließlich ist in dem zwischen 1050 und 1056 entstandenen Evangeliar Heinrichs III. zu Uppsala (Univ.-Bibl.) eine weitere Verhärtung, verbunden gelegentlich mit Neigung zu prunkvoller Überladung des Bildes, nicht zu verkennen.

Besonders aufschlußreich für die Entwicklung ottonischer Malerei im 11. Jahrhundert erscheinen sodann die Wandlungen in den Handschriften der Kölner Schule. Auch diese, die so ganz im Malerischen der Malerei wurzelt und lange an ihrem Bildideal farbig fließender Flächen festhält, kann sich doch dem allgemeinen Stilwandel nicht entziehen und läßt in stufenweisem Fortschreiten nach der Jahrhundertmitte zu die Verfestigung aller Farbflächen in der Figurenbildung erkennen. Die Abfolge etwa der Evangelisten im Gereons-Sakramentar (Paris lat. 817), Gereons-Evangeliar, Köln, Stadtarchiv 312, Hitda-Codex (Darmstadt), Gießen, Univ.-Bibl. 660, Gundold-Evangeliar (Stuttgart), Evangeliar des Kölner Priester-Seminars kennzeichnet diesen Weg, bis schließlich im Abdinghofer Evangeliar (Berlin, Kupferstich-Kabinett 78 A 3) um 1060 die Figuren in farbig-streifig erstarrten Gewändern mit festen Umgrenzungen hart vor dem Bildgrunde stehen und alles Geistige der Erscheinung preisgeben. Rein formal betrachtet weisen sie — selbst noch ganz Fläche — mit den genannten Zügen auf einen säkularen Wandel hin. Aus der jetzt erst mit der Erstarrung gewonnenen ‹Linie› wird sich die körperhaft empfundene Figur des 12. Jahrhunderts entwickeln.

Wie kein anderes Land die Idee des christlichen Imperiums politisch so vertrat wie das ottonische Reich, so hat auch keine andere Kunst des christlichen Europa in der Zeit um die Jahrtausendwende solche Gestaltungskräfte aufzuweisen. Weder die Malerei Italiens noch die im westfränkischen Gebiet bieten Vergleichsmöglichkeiten. Nur auf altspanischem und angelsächsischem Boden gibt es im 10. Jahrhundert kunstgeschichtlich bedeutende Werke, die ins Auge fallen. Aber die hierher gehörigen Apokalypsen-Kommentare der Beatus-Gruppe aus dem letzten Viertel des 10. Jahrhunderts und die reichen Anhäufungen an Bildstoffen der katalanischen Bibelillustrationen aus dem Beginn des 11. Jahrhunderts gelangen mit ihren rahmenlosen Szenen, denen die innere Größe mangelt, nicht zu einer Form, die den abendländischen Geist dieser Epoche zu repräsentieren vermag. Die Schule von Winchester wiederum, an deren Spitze das von Godemann geschriebene Benedictionale des Bischofs Aethelwold steht (zwischen 971 und 989), bleibt in ihrer ornamental-prächtigen Phantasie dem Kalligraphischen zu nahe, so daß es nicht zu einer Figurenbildung von starkem Ausdrucksgehalt kommt. Wenn es auch nicht an Entsprechungen zur ottonischen Malerei fehlt, so liegt doch ein wesentlicher Unterschied darin, daß sich in der englischen Malerei des 10. Jahrhunderts eine neue Berührung mit der Spätantike nicht ergibt.

Die ottonische Malerei ist die erste große Epoche der Gesamtgeschichte der deutschen Malerei, getragen vom Reich. Drei Grundzüge sind es, die ihr das Gepräge geben: 1. die Gottnähe, 2. die gültige Wirklichkeit des Allgemeinen und Ewigen, 3. das Schaffen rein aus dem Geiste. Es sind zugleich diejenigen Züge, die der ottonischen Kunst allgemein zukommen und die den Geist, aus dem das abendländische Mittelalter von den Ursprüngen her lebt, am reinsten wiedergeben.

Das Leben und Schaffen aus dem Geiste erfährt freilich in den folgenden Jahrhunderten tiefgreifende Umwandlungen. Von der ottonischen Epoche her erscheint die Entfaltung der mittelalterlichen Kunst wie ein fortdauernder Prozeß der Säkularisierung über die Gotik hinweg bis zu JAN VAN EYCK, der nun nicht mehr die gültige Wirklichkeit des Allgemeinen, sondern alles Besonderen und Einzelnen darstellt. Noch ist Gott sichtbar, aber er wird in den perspektivischen Blick gerückt. Solange er sichtbar bleibt, währt das Mittelalter, selbst im Zeitalter des Barock, wenn auch dem Raum und der Zeit unterworfen. Bis schließlich im 19. Jahrhundert das Leben aus der Vernunft sich durchgesetzt hat und Gott in eine perspektivisch-unendliche Ferne gerückt und unsichtbar geworden ist[1].

1 vgl. WOLFGANG SCHÖNE, Die Bildgeschichte der christlichen Gottesgestalten in der abendländischen Kunst. Veröffentlichungen der Evangelischen Studiengemeinschaft: Das Gottesbild im Abendland, Witten und Berlin 1957.

III. BILDNEREI UND GOLDSCHMIEDEKUNST

Als Karl der Grosse vor der Aachener Pfalzkapelle ein großes Reiterbild nach antikem Maßstabe aufstellen wollte, holte er aus Ravenna das Reitermonument Theoderichs. Von Karl dem Grossen selbst gibt es zwar ein Reiterbildnis, aber lediglich als kleinfigurige Bronze, so daß hier nur das Motiv, nicht die Monumentalität antiker Kaiserdarstellung übernommen erscheint. Man darf diese Tatsachen nicht als Ergebnis zufälliger Denkmalerhaltung auffassen. In der Tat kennen wir keine karolingische Monumentalskulptur, nicht etwa, weil die Denkmäler verlorengegangen wären, sondern weil die abendländische Frühzeit in der Eroberung der menschlichen Figur nicht von großfigurigen Bildwerken, sondern von Malerei, Elfenbeinschnitzereien und Goldschmiedekunst ihren Ausgang nahm. Das Gebiet großfiguriger Bildnerei ist den germanischen Völkern von den Ursprüngen her fremd. In ihrer reichen ornamentalen Phantasie, die rein linienhaft-musikalisch eine ganz gegenstandsfreie Kunst zu entfalten vermag, fehlt der Sinn für körperhaft geformte Leiber. Dies gibt der Entwicklung der abendländischen Monumentalskulptur insgesamt ihr besonderes Gepräge. Auch die ottonische Skulptur kann diese Herkunft von der Kleinkunst nicht verleugnen, obwohl bereits bedeutende Ansätze zur großen Bildwerkkunst sich abzeichnen. Eben in jenen Herkunftsbedingungen lagen aber auch zugleich reiche Möglichkeiten für eine im Vergleich mit der Antike ganz neuartige und nur dem Ottonischen eigene Ausdruckssprache ausgebildet. Das Erzählen mit leibhaft geformten Figuren bedeutete in ottonischer Zeit immer noch so etwas wie Eroberung eines neuen Kunstgebietes.

Bischof Bernward
Die Anfänge des Figurenbildes

Man muß sich diese Tatsachen vergegenwärtigen, wenn man vor die Hildesheimer Erztür des Bischofs Bernward tritt (Abb. 33). Die fast 5 m hohe Erztür vom Dom in Hildesheim hat in Europa nicht ihresgleichen in dieser Zeit. Sie steht als eine der kühnsten Taten der Bildnerei im Norden da, geschichtlich schon deswegen an hervorragender Stelle, weil diese Bernwardsche Tür den ersten deutschen plastischen Bildzyklus bringt. Aber sie steht auch am Anfang des sächsischen Erzgusses, der in den folgenden Jahrhunderten so manches künstlerisch bedeutsame Werk hervorbrachte; sie steht am Anfang der deutschen figürlich geschmückten Bronzetüren, und sie setzt einen neuen Anfang in der Eroberung der menschlichen Figur in der bildenden Kunst des Nordens.

An kunstgeschichtlichen Voraussetzungen bleibt nicht viel aufzuzählen. Kirchentüren mit figürlichen Darstellungen zu schmücken, kannte schon die altchristliche Zeit. Die noch vorhandene Holztür von S. Sabina aus dem 5. Jahrhundert in Rom hatte Bernward bei seinem römischen Aufenthalt sicherlich gesehen und wahrscheinlich auch die Ambrosiustür in Mailand aus dem 4. Jahrhundert. Die Technik des Erzgusses war im Rheinischen zu Hause, und für das Ikonographische in der Darstellung der Geschichte der ersten Menschen ist die Kenntnis touronischer Bibeln und römischer Freskenzyklen vorauszusetzen [1].

Aber alles dies berührt nicht die originale Leistung der Bernwardstür, das Erregende einer noch nie gewagten Tat im germanischen Norden, das Überraschende der künstlerischen Ausdrucksmittel. Der Sprung von der figürlichen Kleinkunst in Gold und Elfenbein hinauf in den Bereich einer monumentalen Aufgabe wird hier gewagt. Und auch hierbei bleibt von vornherein bemerkenswert, wie unbekümmert um antikische Vorbildlichkeit der entwerfende Künstler zu Beginn des 11. Jahrhunderts in Hildesheim vorgeht. Das gilt schon von der Gliederung des Ganzen. In den Bronzetüren KARLS DES GROSSEN an der Aachener Pfalzkapelle herrscht noch antike Anschauung im abgemessenen Gegenspiel von Rahmung und Füllung, im Maß des Ganzen und in der zartgliedrigen Profilierung im einzelnen. Die ottonische Mainzer Bronzetür des ERZBISCHOFS WILLIGIS, auf der inschriftlich BERENGER als Künstler genannt ist, trägt ebensowenig figürlichen Schmuck wie die Aachener Türen KARLS DES GROSSEN, auf deren Vorbild sie in der Inschrift ausdrücklich hinweist und deren Felderteilung sie grundsätzlich folgt. Die Hildesheimer Türflügel — technisch insofern mit den Aachener und Mainzer verwandt, als sie wie jene in einem Stück gegossen sind — lassen im übrigen nichts von einem Anschluß an Karolingisches verspüren. Die Proportion ist steil, jeder Türflügel auffallend schmal. Die rahmenden Leisten setzen sich nur wenig von den Bildfeldern ab. Jeder Flügel enthält acht Felder, die durch die breite Querleiste in der Mitte nicht sehr streng unterteilt werden. Die Löwenköpfe als Ringhalter sind unbekümmert um die Feldergrenzen hineingesetzt. Im Grund kann man nicht einmal von einer Aufteilung in ‹Felder› sprechen, sondern in eine von Bildstreifen. Kurzum: wir sehen hier diejenige Tür, die sich innerhalb der abendländischen Kunst am weitesten und sehr radikal von der Antike entfernt.

Das Thema hält sich an den Kern der heilsgeschichtlichen Vorstellungen des Mittelalters. Auf dem linken Türflügel, von oben nach

---

1 HERMANN BEENKEN, Romanische Skulptur in Deutschland (11. und 12. Jahrhundert). 1924, bringt Wesentliches zur Analyse und Stilbestimmung der Skulptur des 11. Jahrh. — Die Hildesheimer Tür veröffentlicht von ADOLPH GOLDSCHMIDT, Die deutschen Bronzetüren des frühen Mittelalters. 1926. Vgl. ferner H. v. EINEM, Zur Hildesheimer Bronzetür. Jahrb. der Preuß. Kunstslg., 1938, S. 3 ff. RUD. WESENBERG, Bernwardinische Plastik. 1955. — Die karolingische Erztür von St. Denis zeigte als figürlichen Schmuck unter der Inschrift nur eine Dedikationsszene. *(Airardus monachus* bringt dem *Dionysius* die Türen dar.) Zu vergleichen den in der Kleinkunst vorkommenden Dedikationsszenen wie etwa am Ambrosiusaltar in Mailand. Die beiden Figuren der Tür im Stich bei MABILLON, *Annales ordinis S. Benedicti.* Bd. II (Lutetiae Parisiorum 1704). Abgebildet bei MAX BUCHNER, Forschungen zur karolingischen Kunstgeschichte und zum Lebensgange Einhards. (Ztschr. d. Aachener Geschichtsvereins, Bd. 40, 1918).

unten zu lesen, wie die Sünde in die Welt gekommen ist, acht Szenen von der Erschaffung Adams bis zum Brudermord. Auf dem rechten Flügel, von unten nach oben zu lesen, die Erlösungsgeschichte von der Verkündigung bis zum Auferstandenen. Also im ganzen eine *concordia veteris et novi Testamenti,* freilich ohne daß eine genaue typologische Entsprechung jeder Szene mit der gegenüberliegenden aufzuweisen wäre. Inhaltlich läßt sich unschwer eine Gruppierung der Szenen zu vieren bemerken. Oben links Adam und Eva im Paradiese. Unten auf der gleichen Seite die Austreibung mit dem nachfolgenden Brudermord. Rechts unten die Kindheitsgeschichte des Heilands. Darüber die Passion mit dem *noli me tangere* am Schluß. Jedenfalls ergibt sich eine gedanklich und künstlerisch sehr überlegte Gesamtkomposition, ein Hinweis darauf, daß die Tür als ein geschlossenes Ganzes entworfen ist.

Um den bildnerischen Stil dieser Darstellungen zu kennzeichnen, fehlt es uns an einer angemessenen Bezeichnung. Spricht man von ‹Relief›, so wird entweder der klassisch-antike Maßstab herbeigerufen — was hier unmöglich ist — oder die Bezeichnung wird in einem so allgemeinen Sinne verwendet, daß nicht mehr als eine körperlich greifbare Heraushebung von Figuren aus der Bildebene darunter zu verstehen ist. Die Veranschaulichung der Bernwardstür steht der Malerei näher als der ‹Plastik›. Man könnte von einer in Erz gegossenen Miniatur sprechen, und in der Tat ist ja für die Geschichte des ersten Menschenpaares die Beziehung zu karolingischen Miniaturen nachgewiesen. Aber auch abgesehen hiervon weist die ottonische Bernwardstür noch einmal darauf hin, daß Malerei und Kleinkunst die Bereiche sind, aus denen im nordischen Abendland die Vorstellung der menschlichen Figur erwächst. Nicht das Körperbildende, in sich Geschlossene der plastischen Vorstellung steht hier am Anfang, sondern das Gebärdenreiche, Zeichenhafte und Mimische in der Erscheinung der menschlichen Figur, so daß man angesichts der Bernwardstür von vorgewölbten Silhouetten sprechen müßte. Es kommt hinzu, daß die Figuren sich nicht gleichmäßig aus der Fläche herausheben wie beim klassischen Relief, sondern verschiedene Grade der Hochwölbung aufweisen und mit vollrunden Köpfen sich vom Grunde loslösen.

Alle diese Mittel versteht der Meister der Hildesheimer Tür in den Dienst einer höchst gesteigerten Erzählungskunst zu stellen. Der starke künstlerische Eindruck, den der Betrachter von den Darstellungen besonders des linken Türflügels empfängt, beruht eben auf der ungemein kräftigen und lebendigen Empfindung für das Dramatische und ‹Menschliche› in der Geschichte Adams und Evas. Als Erzähler steht der ottonische Künstler an der Bernwardstür dem Naumburger Meister, der im 13. Jahrhundert die Lettnerszenen schuf, in keiner Weise nach, ein Hinweis, wie in einem besonderen Sinne ‹deutsch› der Hildesheimer denkt. Es ist eine Begabung der Deutschen, gerade so zu erzählen. Die Begebnisse im Paradiese sind im Mittelalter kaum je wieder so ursprünglich empfunden wie an der Hildesheimer Tür. Das sind in der Tat die ‹ersten› Menschen, die noch in der Nähe des schaffenden, väterlichen Gottes atmen; sie versuchen ihre ‹ersten› Schritte — man kann sie nur mit Rührung verfolgen —, und sie verspüren zum ersten Male ihr Miteinandersein und die unbegreifliche Verstrickung in Schuld. Als sie aus dem Paradiese von dem Erzengel mit dem erhobenen Schwert hinausgewiesen werden, sind sie erwachsen. Eva dreht sich mit einer unbeschreiblichen Gebärde von Sorge, Zweifel, Nachdenklichkeit, Furcht und Verlangen zurück (Abb. 34). Adam geht an die Tür; ganz ‹sachlich› wendet er dem Paradiese den Rücken. Dann folgt die Darstellung mit Eva als Mutter und mit Adam, der nach Anweisung des Engels den Boden bearbeitet. Die beiden untersten Felder erzählen das Opfer von Kain und Abel und den Brudermord. In beiden Szenen wie auch jeweils in den vorhergehenden greift die himmlische Macht sichtbar ein. Der vor der drohend-verfluchenden Hand Gottes bis in den äußersten Winkel zurückweichende Kain im letzten Felde gehört ebenso wie der zu Tode getroffene Abel zu den ausdrucksvollsten Gestalten des Meisters. So wird in diese Bilder die gesamte Welt menschlichen Daseins einbezogen: Mann und Weib, Verführung und Schuld, Verbot und Strafe, Verbrechen und Sühne, Arbeit, irdische und himmlische Macht, die Geburt des Kindes und die ewige Hoffnung. Denn der andere Türflügel setzt nun der Schuld die Erlösung gegenüber. Die Erzählung beginnt mit der Verkündigung an Maria und führt über die Geburt Christi, Anbetung der Könige zunächst bis zur Darstellung im Tempel. Daran schließen sich nach oben hin die Vorführung vor Herodes, die Kreuzigung, die Frauen am Grabe und das *noli me tangere.*

Die Füllung der Bildfelder ist besonders in der unteren Gruppe des rechten Türflügels durch die reichere Verwendung von Architekturen zur Kennzeichnung des Schauplatzes dichter als auf dem linken Türflügel, und die Figuren werden fester, geschlossener und gröber als bei dem Meister der Paradieses-Szenen. In der Tat ist ein gewisser Stilwandel innerhalb der Tür ebenso wie die Beteiligung verschiedener Hände in der Ausführung mit Recht beobachtet worden. Doch wird die Einheitlichkeit der künstlerischen Gesamtleistung dadurch kaum beeinträchtigt.

Die auf der mittleren Querleiste angebrachte Inschrift lautet: *Anno dominicae incarnationis MXV Bernwardus episcopus dive memoriae has valvas fusiles in faciem angelici templi ob monimentum sui fecit suspendi.* (Im Jahre 1015 seit der Menschwerdung Gottes ließ Bischof Bernward seligen Angedenkens diese gegossenen Türen an der Fassade des Engeltempels zu seinem Gedächtnis aufhängen.) Versteht man unter dem *templum angelicum* die ‹Engelkirche› St. Michael, so wäre die Erztür ursprünglich 1015, im Jahre, als Bernward die Krypta weihte, an der Michaeliskirche angebracht worden. Godehard, der Nachfolger Bernwards, ließ sie, wie wir aus dessen Lebensbeschreibung von Wolfher wissen, an den Dom überführen. Das muß etwa 1033 geschehen sein. Sie hätte also nicht einmal ganz zwei Jahrzehnte an dem ihr bestimmten Platz gestanden. Welcher Platz dies war und warum sie so bald an den Dom überführt wurde — ein für jene Zeit höchst auffallender Beschluß, da er einen scharfen

Einschnitt in den künstlerischen Nachlaß BERNWARDS bedeutete – wissen wir nicht [1]. Noch ein zweites Werk, ebenfalls aus Erz gegossen, geht auf BERNWARD zurück. Es ist die von ihm in der Michaelskirche errichtete und uns noch erhaltene Christussäule. Sie stand ursprünglich hinter dem Kreuzaltar beim Übergang vom Langhaus zur östlichen Vierung als monumentaler Träger des Kreuzsymbols. Kreuz und Kapitell wurden im 17. Jahrhundert abgenommen. Die Säule selbst entging im 18. Jahrhundert der drohenden Vernichtung, veränderte mehrfach ihren Platz, erhielt 1871 ein neues Kapitell und wurde 1895 im Querhaus des Doms aufgestellt.

Unter allen Bernwardinischen Werken ist diese Säule das einzige, in dem ganz sinnfällig die Anlehnung an ein antikes Vorbild zum Ausdruck kommt, denn der auf einem Spiralband um die Säule herumlaufende Figurenfries erinnert sofort an die Trajanssäule in Rom. An künstlerischer Bedeutung können sich die Bronzereliefs nicht mit der Bernwardstür messen. Die Ausführung erweist sich als bedeutend gröber, obwohl es im ‹zeichnerischen Entwurf› keineswegs an eindrucksvollen Gestalten fehlt und obwohl sie stilistisch noch mit den Reliefs der an der Tür arbeitenden Gehilfen zusammenhängt. Doch gewinnt die Bernwardssäule für uns hohe Bedeutung einmal als Ergänzung des Bilderkreises im ottonischen Hildesheim, zum andern als Zeugnis für die Christus-Auffassung der Zeit. Gegenüber dem Versuch, die Säule als christianisierte Irminsul zu deuten, wies neuerdings W. HAFTMANN mit Recht darauf hin, daß es sich hier unter Benutzung der römisch-antiken Form der Triumphsäule um ein Ehrenmal für den Christus-Gott handelt – ein Gedanke, der ursprünglich im byzantinischen Osten zu Hause ist – und daß die Reliefdarstellungen gewissermaßen als ‹Triumphzug Christi› aufzufassen seien [2]. In der Tat entspricht dies der ottonischen Vorstellung Christi als eines göttlichen, mit Wundermacht ausgestatteten Helden, wie wir sie bereits in der Malerei der Zeit vorfanden und wie sie auch in der Dichtung zu finden ist. Auch die Säule bringt die für die Zeit typische Erzählung des Lebens Christi, insofern das Hauptgewicht auf die Wundertaten gelegt wird. Von 24 Szenen zwischen Taufe im Jordan und Einzug in Jerusalem – übrigens vielfach mit ikonographisch eigenen Zügen – stellen neun die Wundermacht Christi dar. Als Kreuzessäule steht die Hildesheimer nicht allein in ottonischer Zeit. Es wäre etwa an die Marktsäule von 958 in Trier zu erinnern [3]. Die antike Säule im Westwerk des Essener Münsters

---

1 Über die Schwierigkeit, der Bernwardstür einen Platz an der Michaelskirche zuzuweisen, vgl. BESELER-ROGGENKAMP a. a. O. S. 103, und R. WESENBERG, Bernwardinische Plastik. 1955, S. 172 ff.

2 WERNER HAFTMANN, Die Bernwardssäule zu Hildesheim. Ztschr. für Kunstgeschichte, 1939, S. 151 ff. Neuere Literatur u. Abb.: WESENBERG a. a. O. S. 117–150.

3 Marktkreuz in Trier, inschriftlich datiert 958. ‹*Henricus episcopus Treverensis me erexit*›. – RADEMACHER (Trierer Ztschr. 1936, S. 166) bemerkt mit Recht, daß die charakteristische Form nur aus ‹englischen Vorläufern› zu erklären ist.

mit dem ottonisch-korinthischen Kapitell soll ursprünglich ebenfalls ein Kreuz getragen haben. Als figurierte Bronzesäule jedoch unter Verwendung eines antiken Gedankens bleibt die Bernwardssäule einzigartig im Norden.

Die Hildesheimer Domtür besitzt für Süddeutschland ein Gegenstück in der Erztür des Augsburger Doms (Abb. 36), die jedoch einem andern Typus angehört und künstlerisch anderen Gesetzen folgt[1]. In flach gerahmten Feldern bewegen sich, leicht aus dem Grunde hervortretend, Einzelfiguren silhouettenhaft wie in einem feinen bunten Spiel figürlicher Phantasie: einzelne Krieger, Simson, der die Philister niederstreckt, Simson, der dem Löwen den Rachen aufreißt, eine Hühner fütternde Frau, ein Traubenesser, Kentauren als Bogenschützen, Löwen, ein Bär unter einem Baum, Schlangen und anderes. Die Figuren, nirgends an die Rahmenlinien angelehnt, erscheinen wie in einem weitmaschigen Streumuster locker über die Türflügel verteilt, wobei die flachen Rahmenbänder nur so weit betont sind, daß das Auge sich nicht verliert. Keine Schwere, kein dramatisches Gewicht. Dem entspricht das Fließende von Form und Gebärde. Das Netz der locker verteilten Figuren bedeutet indessen nicht nur eine schmückende Zier der Türflügel, sondern diese Gestalten stehen als Sigel für bestimmte Bedeutungswerte in einem sinnhaften Zusammenhang untereinander, mit dem Thema der vier Jahreszeiten in den unteren Feldern, im übrigen mit allegorischen Figuren nach der Vorstellungsweise des Mittelalters, um den Kampf des Guten mit dem Bösen in der christlich-heilsgeschichtlichen Auffassung zu veranschaulichen. Ursprünglich hatte die Tür gleich breite Flügel, und die Platten waren so verteilt, daß der linke Flügel die gleichen Darstellungen zeigte wie der rechte. Aus unbekannten Gründen ist der linke Türflügel durch eine in der Mitte stehende, schmälere, ebenfalls mit Figuren geschmückte Felderreihe erweitert. In diese wurde ergänzend auch die Erschaffung der ersten Menschen aufgenommen.

Der Typus der Tür, deren Aufgliederung in gerahmte Felder von der Konstruktion ausgeht, lehnt sich an Byzantinisches an. Die einzelnen Platten sind auf den Holzkern aufgesetzt und durch Rahmenleisten befestigt, deren Schnittpunkte nagelkopfartig durch kleine Köpfe betont werden. Es sind die ersten plastischen Maskenköpfe der abendländischen Kunst, wenn man von den Zierköpfen der Gernroder Kapitelle und von den Masken an dem elfenbeinernen Weihwasserbecher des Aachener Münsterschatzes absieht, ein Motiv, das von nun ab aus der abendländischen Kunst nicht mehr verschwinden wird. Die zeitliche Stellung der Augsburger Domtür ist durch keine Inschrift oder sonstige Quelle gesichert. Doch ist die Formensprache der zart und großflächig bewegten Figuren ottonisch. Wahrscheinlich ist die Tür mit Errichtung des Augsburger Doms zu Beginn des 11. Jahrhunderts entstanden.

Am Ausgang der ottonischen Stilepoche steht noch eine dritte mit

---

1 A. Goldschmidt, Bronzetüren a. a. O. Augsburger Domtür, 1926.

Bildfeldern geschmückte Kirchentür, die Holztür aus St. Maria im Kapitol in Köln (Abb. 37), ein in der abendländischen Kunst der Zeit schon wegen des Materials ganz einzigartiges Denkmal[1]. Es sind zwei schmale, fast fünf Meter hohe Türflügel, die entsprechend dem Formwillen der Zeit um die Mitte des 11. Jahrhunderts eine straffere Gliederung als die früheren Erztüren erkennen lassen. Jeder Flügel enthält 13 Felder, und zwar so, daß, abgesehen von den untersten Schmalfeldern, abwechselnd je ein liegendes und vier aufrecht stehende Felder aufeinander folgen. Sie sind von breiten, aus Flechtwerk bestehenden Bändern umrahmt, von denen sich wiederum kräftiggeformte Holzknöpfe in regelmäßiger Verteilung abheben. So entsteht ein zugleich sehr klares und rhythmisch reich wirkendes Ganzes. Der Grundsatz einer deutlichen Gegeneinandersetzung von Füllung und Rahmung ist auf das schönste durchgeführt. Spuren von Farben, die nach der letzten Reinigung hervortraten, zeigen, daß diese monumentale Holztür ursprünglich auch nach ihrer farbigen Fassung eine höchst bedeutsame Schmuckwirkung darbot.

Die einzelnen Felder sind im Vergleich mit den Erztüren dicht mit Figuren gefüllt, zugleich mit einem neuen Gefühl für Körperlichkeit geformt. Eine ganze holzgeschnitzte Leben-Christi-Folge entrollt sich hier vor unseren Augen. Die Figuren erscheinen durchweg als kurze, untersetzte Gestalten mit dicken Köpfen, in denen große glotzende Augen stehen. Aber es ist merkwürdig, welche Fülle des Ausdrucks der Künstler diesen dumpfen Gestalten abzugewinnen weiß und wieviel einfache, volkstümlich eindringliche Empfindung in diesen Darstellungen lebt. Kein Zweifel: Hier wird bäuerlich ‹plattdeutsch› erzählt. Der Künstler versteht es dabei, auf kleinstem Raum seine Figuren gut zu verteilen und ihnen in Haltung und Gebardung alles, was den Betrachter erzählungsmäßig rührt, mitzugeben. Auf dem linken Flügel liest man Szene für Szene die Jugendgeschichte Christi, während der rechte Flügel die Passionsgeschehnisse, beginnend mit dem Einzug Christi in Jerusalem, enthält. Es folgen die Wundertaten der Blindenheilung und der Auferweckung des Lazarus, und die Bildfolge wird schließlich noch über die Himmelfahrt Christi hinausgeführt bis zur Ausgießung des Hl. Geistes.

Während die Breitfelder des linken Türflügels stets zwei verschiedene Szenen nebeneinander enthalten, sind die des rechten Flügels einheitlich in einer mehr symmetrisch betonten Anordnung der Figuren komponiert. Als die reichste und bedeutendste Darstellung erscheint hier das ‹Abendmahl›, auf dem leider der Kopf Christi und der des am weitesten rechts sitzenden Jüngers zerstört sind. Aber man erkennt noch an der Nimbusscheibe, daß das Haupt Christi alle anderen überragte. Im übrigen herrscht in dieser Abendmahlskomposition eine überraschende Lebendigkeit vor allem dadurch, daß die Höhenlage der Köpfe beständig wechselt, daß ferner eine Reihe der Jünger zu Dreiergruppen zusammengeschlossen und einer der Jün-

1 Richard Hamann, Die Holztür von St. Maria im Kapitol. Marburg, 1926.

ger zu äußerst rechts an die Schmalseite des Tisches gesetzt ist, schließlich durch das sehr ausdrucksvolle Spiel der Hände!

Nach dieser Übersicht über die ottonischen Kirchentüren Deutschlands kehren wir noch einmal zur Hildesheimer Michaelskirche zurück. Zur ehrwürdigsten Ausstattung der Michaelskirche aus ottonischer Zeit gehört der Sarkophag BERNWARDS, den er, wie THANGMAR ausdrücklich berichtet, zu seinen Lebzeiten anfertigte oder anfertigen ließ [1]. Er stand bis zur letzten Beschädigung der Krypta durch den Krieg in offener Gruft, ein Steinkasten mit schwerem, dachförmig abgeschrägtem Steindeckel, der durch seinen figürlichen Schmuck auffällt. Denn auch die vornehmsten Gräber pflegen in ottonischer Zeit nichts Figürliches zu zeigen, oft nicht einmal etwas Inschriftliches zu tragen. Ihre Auszeichnung besteht in der Heiligkeit des Ortes, an dem sie untergebracht sind. Das Grab HEINRICHS I. in der Quedlinburger Gruft ist durch eine schlichte Marmorplatte geschlossen. Das ebenfalls schmucklose Grab OTTOS DES GROSSEN steht im Chor des Magdeburger Doms, ursprünglich in einer Grabkammer der ottonischen Krypta, wo auch die angelsächsische Gattin OTTOS beigesetzt war. OTTO II. liegt fern der Heimat in Rom [2]. Sein Grab, ein antiker Sarkophag, hat wechselvolle Schicksale durchlebt, ursprünglich stand er im Vorhof von St. Peter und gelangte dann in die vatikanischen Grotten. OTTO III. wurde in Aachen neben KARL DEM GROSSEN beigesetzt, HEINRICH II. in Bamberg.

Von dem Kölner ERZBISCHOF GERO (gest. 976) steht noch heute im Dom der schlichte Steinsarkophag mit Marmorinkrustation auf der Grabplatte. Der Sarkophag des Stifters von Walbeck, des GRAFEN LOTHAR II. (gest. 964), ist an den Seitenwänden ringsum mit einer stuckierten rundbogigen Arkadenreihe, auf der Oberseite mit einer als Rahmung umlaufenden wellenförmig gebildeten Ranke geschmückt [3]. Wie das Grabmal des Stifters von Gernrode aussah, wissen wir nicht. Zwar wird ein Tafelbild in der Kirche aus der Zeit von 1519 (als das jetzt bestehende Grab angefertigt wurde), auf das untergegangene Grabmal des 10. Jahrhunderts bezogen [4]. Allein im 10. Jahrhundert gibt es keine Bildnisplatten. Sie setzen erst am Aus-

---

1 Sarg aus rotem Sandstein. Länge: 2,175 m, Br. 0,62 m, H. 0,40 m. Dazu Deckel 0,22 m. Abb. bei JANTZEN, Ottonische Kunst, 1947, Taf. II. THANGMAR a. a. O., berichtet: ‹*Sepulchrum suum sibi praeparaverat et tale epytaphum superscripserat*›. HÜFFER (Geschichtsschreiber der deutschen Vorzeit) übersetzt: ‹Sein Grabmal hatte er sich im voraus hergerichtet und folgende Denkverse als Aufschrift gesetzt.› Ob *praeparaverat* eigenhändige Arbeit oder nur den Auftrag meint, läßt sich nicht sicher entscheiden. SIGFRIED H. STEINBERG und CHRISTINE STEINBERG-VON PAPE, Die Bildnisse geistlicher und weltlicher Fürsten und Herren, 1931, bemerken S. 17 von BERNWARD: ‹Die Nachricht, daß er sein Grabmal selbst gearbeitet habe, wird richtig sein›. — Die Engelhalbfiguren auf den Deckelschrägen des Sarkophages sind vergleichsweise grob gemeißelt, so daß sie als Dilettantenarbeit in Sandstein nicht unmöglich wären, während die Grabplatte eine geübte Hand erkennen läßt. Zu berücksichtigen ist, daß BERNWARD in der Goldschmiedekunst Handfertigkeit besaß, was sich nach dem Wortlaut bei THANGMAR nicht bezweifeln läßt. THANGMAR spricht von der *ars clusoria*, in der BERNWARD *mirifice excelluit*. (Mon. Germ. SS IV, 758, 760.)

2 CARL MARIA KAUFMANN, Das Kaisergrab in den vatikanischen Grotten. 1902.

3 HANS FELDTKELLER, Stiftskirche Walbeck a. a. O., S. 43 ff.

4 LUDWIG GROTE, Die Stiftskirche in Gernrode (Deutsche Bauten, hg. von H. Giesau, Bd. 19) 1932, S. 28. Zur Frage der Bildnisplatten vgl. jetzt

gang des 11. Jahrhunderts mit der Merseburger Bronzeplatte RUDOLFS VON SCHWABEN ein.

Auch für BERNWARD VON HILDESHEIM können wir noch keine figürliche Grabplatte erwarten. Doch hat er den Schmuck seines Sarkophagdeckels sowie der Grabplatte auf eine so persönliche Weise entworfen, daß sich darin zusammen mit den Inschriften ein bestimmter religiöser und geistiger Bereich offenbart. Auf den Deckelschrägen sind neun Engelhalbfiguren zwischen züngelnden Flammen eingemeißelt. Sie erinnern an die Verehrung der Engel in den Emporen der Kirche und walten nun als Wächter des Grabes. Auf dem breiten Randstreifen liest man das Bekenntnis zum Auferstehungsglauben, beginnend mit den Worten: ‹*Scio enim quod Redemptor meus vivit* . . .› Ich weiß, daß mein Erlöser lebt. Die steinerne Grabplatte, jetzt aufrecht an der Wand stehend, ist feiner durchgearbeitet als der Sargdeckel mit seinen wuchtigen Formen. Sie trägt in guten Proportionen eingemeißelt das aus einem Baumstumpf herauswachsende Kreuz mit dem Lamm und den Evangelistensymbolen, das Ganze von einem Flechtband umrahmt. Die Aufschrift in Versen: ‹*Pars hominis Bernwardus eram* . . .› wird von THANGMAR, seinem Lehrer und Biographen, ebenso wie die Sarkophaginschrift wörtlich wiedergegeben und wegen ihrer Demut im Geiste aufs höchste gepriesen. Die religiöse Haltung der Zeit spricht daraus ganz unmittelbar, nicht anders als aus der Namensnennung des Bestatteten am Kopfende des Sarkophages mit der alten bischöflichen Devotionsformel: *Bernwardus servus servorum dei.*

Kultbilder und sakrale Goldschmiedekunst

Kultbilder aus ottonischer Zeit sind nur wenige auf uns gekommen, doch erweist sich auch hier die schöpferische Kraft der Epoche. Es entsteht das monumentale Christus-Bild am Kreuze. Daß es solche großfigurigen Bildwerke gegeben hat, bezeugt uns die Nachricht von dem ‹Bennakreuz› des Mainzer Doms aus dem 10. Jahrhundert, das als überlebensgroße, goldstrahlende Christus-Figur – die Figur aus einzelnen Teilen zusammensetzbar – beschrieben wird[1].

Das in Verbindung mit dem ERZBISCHOF GERO (gest. 976) genannte Gero-Kreuz des Kölner Doms kann als das bedeutendste noch erhaltene Beispiel für eine derartige großfigurige Gestaltung des Kruzifixes im 10. Jahrhundert genannt werden[2]. Ein am Kreuz schwer herabhängender Körper, das tief geneigte Antlitz allem Lichte abgewendet, der vorgewölbte Leib in strömender Wölbung modelliert, das Lendentuch in breiter Schlingung an der Hüfte verknotet, die

---

HUBERT SCHRADE, Zur Frühgeschichte der mittelalterlichen Monumentalplastik. In der Zeitschr. ‹Westfalen› 1957, S. 33 ff.

1 Die Nachricht über die *crux quae Benna vocabatur* bei LEHMANN-BROCKHAUS, Schriftquellen zur Kunstgeschichte des 11. und 12. Jahrhunderts für Deutschland, Lothringen und Italien. 2 Bde., 1938, Nr. 2515, 2860. Vgl. STEPHAN BEISSEL, Der Hl. Bernward von Hildesheim als Künstler und Förderer der deutschen Kunst. 1899, S. 9.

2 GEROkreuz, Köln, Dom, H. 187 cm. R. HAMANN, Grundlage zu einer Geschichte der mittelalterlichen Plastik Deutschlands. Marburger Jahrb. I, 1924. DERS., Studien zur ottonischen Plastik. Städel-Jahrbuch 1930. – WERA VON BLANKENBURG, Das Holzkreuz der ehemaligen Sammlung Fuld

Beine schräg nebeneinander auf das Fußholz aufgestützt. Vielleicht war auch dieses Werk einmal mit Gold überzogen wie jenes Kreuz des Mainzer Doms? Doch berichtet THIETMAR ausdrücklich, das Gero-Kreuz sei *ex ligno* hergestellt.

Die Zugehörigkeit zur ottonischen Epoche ist erst von R. HAMANN erkannt und mit dem Hinweis auf die gravierte Zeichnung an der Rückseite des Aachener Lothar-Kreuzes bekräftigt. Die wichtigsten Züge beider Darstellungen stimmen überein. Die tiefe Neigung des Hauptes findet sich auch sonst in Beispielen aus der Buchmalerei und der Kleinkunst. Mit dem Gero-Kreuz setzt eine Reihe von Großkreuzen ein, die den Typus bis tief ins 11. Jahrhundert weiterführen bis zu jenem herrlichen Werdener Bronzekruzifix (Abb. 40), das, in der strafferen Bildung der Zeit HEINRICHS III. geformt, doch noch ottonischen Geist atmet[1].

Unmittelbar zur Goldschmiedekunst führt uns unter den erhaltenen Kultbildern die goldene Gottesmutter des Essener Münsterschatzes (Abb. 39). Sie steht hier als aller deutschen Marienbildwerke Anfang in der so naturfernen Sprache vom Ausgang des 10. Jahrhunderts, thronend, das Haupt leicht zur Seite geneigt, mit der linken Hand das quer auf dem Schoße ‹sitzende› göttliche Kind an der Schulter umfassend. Nirgends stärker als hier spürt man, wie wenig ottonische Kultbilder die künstlerischen Ergebnisse der antiken Plastik für ihren Ausdruckswillen verwenden konnten, wie von ganz anderen Voraussetzungen her das Bild der Gottheit entstand, und zugleich wird deutlich, wie unmöglich es ist, hier von ‹Plastik› im ursprünglichen Sinne dieses Begriffes zu sprechen. Der Ausdruckswille dieser Kunst zielt auf das Unsichtbare, Ungreifbare, nicht zu Umgrenzende. Die in Gold gehüllte Gestalt des Essener Münsterschatzes ist ihrer künstlerischen Wirkung nach kein körperhaftes Gebilde. ‹Obwohl sie als eine Thronende erscheint mit dem Christuskinde vor sich, so ist sie doch jeder plastischen oder anthropomorphen Auffassung entrückt, wie schon ein Blick auf Antlitz und Augen bezeugt. Das Christuskind läßt keine Kindauffassung zu, so wenig wie die Auffassung eines auf dem Mutterschoß sitzenden Knaben. Diese Maria lebt ausschließlich in der unnahbaren Region des goldenen Lichtglanzes, der von ihr ausstrahlt als von einer aus mystischer, kultischer Distanz zu verehrenden Gottheit.[2]› Und doch entbehrt sie in den zart fließenden Umrissen nicht Züge von überirdischer Lieblichkeit und Frömmigkeit.

Neben diesen Bildwerken stehen sodann die Schöpfungen kirchli-

---

in Berlin. Jahrb. d. Preuß. Kunstslg. Bd. 55, 1943, S. 139 ff. — Auch das Kupferkreuz des ERZBISCHOFS ARIBERT VON MAILAND (H. 1,32 cm) wäre heranzuziehen. MOLINIER, *Arts industriels* IV, 137. — Neuerdings ist der Kruzifixus der Stiftskirche in Gerresheim als ottonisch erkannt worden. Vgl. Karol. u. Otton. Kunst a. a. O. S. 298 ff.

1 FRANZ RADEMACHER, Der Werdener Bronzekruzifixus. Ztschr. d. Deutschen Vereins f. Kunstw. Bd. 8, 1941, S. 141 ff., mit der einleuchtenden Rekonstruktion der Arme.

2 H. JANTZEN, Ottonische Kunst. Festschrift Heinrich Wölfflin, 1935.

cher Kleinkunst in Gold und Elfenbein. Sie müssen in einer reichen Zahl vorhanden gewesen sein, von der wir uns kaum eine Vorstellung machen [1]. Vieler dieser Werke der Goldschmiedekunst gehören zu den bedeutendsten künstlerischen Äußerungen des Abendlandes innerhalb der ottonischen Epoche. Ottonische Goldschmiedekunst steht in einer langen Überlieferung germanischer Kunstübung. Sie führt auch karolingisches Erbgut weiter und nimmt byzantinische Elemente auf. Aber sie ist von einer neuen Gestaltungskraft erfüllt, die ein ganz eigenes Gepräge gewinnt [2]. Als Ausdrucksmittel verwendet die ottonische Goldschmiedekunst das edelste und kostbarste Material, das das Abendland kennt, Gold, Edelsteine, Perlen, und sie benutzt die feinsten technischen Fertigkeiten der Zeit, wie sie uns in dem umfassenden Lehrbuch des ottonischen Kunsthandwerks des THEOPHILUS niedergelegt sind [3].

Gold hat für jene Epoche wie allgemein für das frühe Mittelalter noch den geheimnisvollen Klang, von dem wir nur noch aus der Ferne der germanischen Frühzeit und aus alten Sagen von Königsschätzen vernehmen. Im Golde liegen Macht und Reichtum dinghaft ausgebreitet, sinnfällig verkörpert. So wird Gold in den Dienst der sakralen Aufgabe als des höchsten Anrufes an die Kunst gestellt. Aber nun ist es doch nicht das Materielle, das die Goldschmiedekunst der ottonischen Kaiserzeit auszeichnet, sondern es ist eine Art besonderer Vergeistigung des Materials. Keine Epoche der deutschen Kunst des Mittelalters und darüber hinaus bis zur Neuzeit hin hat wie die ottonische ein so ausgeprägtes Gefühl für die aus dem Edelmetall herauswirkende geheimnisvolle Macht besessen und es vermocht, dem liturgischen Gerät jenen mystischen Zauber zu verleihen, der von diesen Schöpfungen über fast ein Jahrtausend hinweg noch zu uns hinüberstrahlt.

Als Werkstätten kommen die Domschulen, die Stifte und die großen Benediktinerklöster in Betracht, zum Teil diejenigen, die auch in der Geschichte der Handschriftenausstattung eine bedeutende Rolle spielen, wie Trier, Echternach, Reichenau, Regensburg, Hildesheim. Doch bleibt die Frage der Lokalisierung der einzelnen Goldarbeiten

---

1 Vgl. etwa die Gaben KAISER HEINRICHS II. an den Dom von Merseburg. LEHMANN-BROCKHAUS, Schriftquellen, a. a. O., Nr. 2728—2731. Ferner ST. BEISSEL, Bernward von Hildesheim, a. a. O., S. 7 ff.

2 EMILE MOLINIER, *L'orfèvrerie religieuse et civile* (1902), sagt von Deutschland (S. 103 ff.): ‹*Ce n'est que dans le courant du X. siècle, à la fin surtout, qu'il manifeste des tendances qui lui sont propres, soit qu'il reçoive une nouvelle impulsion d'apports byzantins, soit que le génie national se manifeste d'une façon évidente par une interprétation nouvelle des données carolingiennes. C'est le moment où se constitue véritablement un art allemand dont certains types, trahissant parfois des tendances naturalistes toutes nouvelles, se continueront pendant plusieurs siècles. L'art allemand de l'époque romane a été définitivement formé plustôt que l'art français.*›

3 THEOPHILUS PRESBYTER, hg. von W. Theobald: Technik des Kunsthandwerks im X. Jahrhundert des THEOPHILUS PRESBYTER *Diversarum artium schedula.* Berlin, 1933.

eine der am schwersten zu behandelnden. Von den bischöflichen Werkstätten kennen wir insbesondere die EGBERTS in Trier und BERNWARDS in Hildesheim und müssen nach Kenntnis ihrer Werke wie nach den Quellen annehmen, daß solche kunstverständigen Bischöfe die Kunstwerkstätten persönlich überwachten.

Aller Schmuck kommt in erster Linie dem Altar und seiner Ausstattung zugute. Liturgische Bücher, Kreuze, Reliquiare, Leuchter, Kelche und anderes Gerät gehören hierher. Die kostbare Verkleidung der Vorderseite des Altares selbst durch ein Antependium (Altarvorsatz) – auch die anderen Seiten können entsprechend geschmückt sein – hat schon der karolingischen Goldschmiedekunst bedeutende Aufgaben gestellt, so daß gewisse typische Kompositionen sich herausbildeten, vor allem hinsichtlich der Darstellungsmotive.

Das wenige, was sich von den Altarantependien aus ottonischer Zeit zufällig erhalten hat, läßt immerhin auch für diese Zeit auf Verschiedenheit der Typen schließen. Das einzige, unversehrt auf uns gekommene Beispiel, zugleich von höchster künstlerischer Bedeutung, ist die goldene Tafel (Abb. 38), die HEINRICH II. an das Baseler Münster stiftete. Bis zum 19. Jahrhundert blieb sie dort erhalten[1]. JACOB BURCKHARDT sah sie im Baseler Privatbesitz. Später gelangte sie dann in das Cluny-Museum in Paris, wo sie sich heute befindet. Die Tafel besteht aus getriebenem Gold auf Zedernholz. In reich gestuftem Rahmen stehen unter Arkaden Christus, die Erzengel und der hl. Benedikt; Christus in der Mitte rein frontal unter einer breiteren Arkade, die Erzengel und Benedikt mit leichter Wendung zur Mitte. Der Glanz einer überirdischen, hoheitsvollen Stille liegt über diesen goldenen Gestalten. Die Majestät Christi wird weniger durch Typus und Haltung betont – er trägt die Unterarme erhoben, in der Linken die Weltkugel mit dem Monogramm – als eben durch die Begleitung der Erzengel, die großfigurig in einer Haltung der Unantastbarkeit von Ruhe, Hoheit und Machtvollkommenheit dastehen. Michael zur Rechten Christi, Gabriel und Raphael zur Linken. Sie erscheinen reich im Gewand, mit Flügeln, alle drei gleichartig im Typus mit ihrem unbewegten, jugendlich glattwangigen Antlitz, aber doch in mehreren Zügen unterschieden. Gabriel und Raphael tragen lange, knopfgekrönte Stäbe. Michael hält in der Linken eine Fahnenlanze, in der Rechten eine mit Kreuz geschmückte Weltkugel. Alle Gestalten stehen auf schollenartigen Hügeln und sind nimbiert. Das gleiche gilt für den hl. Benedikt, der als Abt dargestellt ist: Mönchsgewand, Tonsur, Krummstab, die Füße beschuht.

Der Abstand irdischer Kaisergewalt vom himmlischen Machtbereich wird durch das Kaiserpaar HEINRICH und KUNIGUNDE als Stifter des Antependiums sinnfällig erlebt. Sie reichen in ihrem Maß

---

1 WILHELM WACKERNAGEL, Die goldene Altartafel von Basel. Basel 1857. Maße: H. 100 cm, Br. 175 cm, Inschrift: *Quis sicut hel fortis medicus soter benedictus Prospice terrigenas clemens mediator usias.* Urkundliche Nachricht der Schenkung nicht vorhanden. Stiftung erst Mitte des 15. Jhs. erwähnt, geht jedoch auf laufende Überlieferung zurück.

nicht über die Füße Christi hinaus und knien gekrönten Hauptes in der Haltung natürlicher Demut vor dem Allerhöchsten mit ausgebreiteten Händen auf dem Schollenboden, von dem die Gestalt Christi aufragt.

Die Komposition eines Altarvorsatzes mit Einzelfiguren unter Arkaden gehört einem schon in karolingischer Zeit bestehenden Typus an, wie es das uns nur aus einer Abbildung bekannte Antependium KARLS DES KAHLEN in St. Denis zeigt. Aber das ottonische HEINRICHS-Antependium bringt eine ganz neue künstlerische Ordnung. Die Bogen stehen auf ungemein klar gegliederten, aus der Fläche vorspringenden Säulen mit attischen Basen, Schaftringen und Blattkapitellen. Die Arkaden gewähren den Figuren nicht nur eine Erhöhung der Erscheinung, sondern auch eine feste Rahmung, ohne sie zu beengen. Die Bogen selbst sind so geführt, daß sie konzentrisch um die juwelengeschmückten Nimben herumlaufen. Dabei hat der Künstler mit feiner Überlegung ein nur leise bemerkbares Ansteigen der Nimbenscheitel nach der Mitte zu verwendet, um durch eine leichte Unterordnung der Seitenarkaden unter die Mitte die Geschlossenheit der Ordnung zu betonen.

Es ist ein Grundgesetz der Goldschmiedekunst dieser Zeit, daß Gold nicht als nackte Platte erscheint, sondern ornamental verziert wird. Die Ornamentik der über den Bogen stehenden Fläche mit den Medaillons der vier Tugenden und die Zier der das Ganze rahmenden Leisten, die übrigens ohne jede Betonung im tektonischen Sinne bleiben, zeichnet sich durch zartgliederiges byzantinisierendes Rankenwerk aus. Die umlaufende Rahmenranke ist in ihren Windungen abwechselnd mit Palmetten und Tieren in feinster Zeichnung gefüllt. Wie stark hier byzantinische Vorbilder einwirken, lehrt ein Blick auf die Halberstädter Silberschale, die ebenfalls in das Rankenwerk eingelassene Medaillons aufweist.

Die Frage nach dem Entstehungsort der Baseler goldenen Tafel läßt sich nur hypothetisch beantworten. Einzelne stilistische Züge weisen auf die alemannischen Klöster [1]. Daß hier die Goldschmiedekunst blühte, läßt sich der kunstgeographischen Verteilung der in den Quellen erwähnten Antependien entnehmen. Von den für das 10. Jahrhundert nachweisbaren acht Antependien gehören allein sechs den alemannischen Klöstern mit der Reichenau als Mittelpunkt an [2]. Es wäre schwer zu erklären, wenn sie alle von auswärts geliefert sein sollten. So wird wahrscheinlich auch das Baseler Werk auf der Reichenau entstanden sein [3].

Einem völlig anderen Typus begegnen wir im Aachener Antependium, von dem uns die in Gold getriebenen Reliefdarstellungen

---

1 Zur Lokalisierung auf die Reichenau vgl. A. HASELOFF in: SAUERLAND und HASELOFF, Der Psalter Erzbischof Egberts von Trier Codex Gertrudianus in Cividale. 1901, S. 171.

2 JOS. BRAUN, Der christliche Altar. II, S. 93 ff.

3 Eingehende Untersuchung mit Würdigung der neueren Forschung und mit dem Versuch, die Basler Altartafel nach Fulda zu lokalisieren, bei TILMANN BUDDENSIEG, Die Basler Altartafel Heinrichs II. Wallraf-Richartz-Jahrb. XIX, 1957, S. 133—192. Vgl. dagegen WALTER OTTO, Reichenauer Goldtreibarbeiten. In Ztschr. f. Kunstgeschichte 1950, S. 57 ff. DERS., Zur Lokalisierung ottonischer Goldarbeiten. In: Kunstchronik 1956, S. 354 ff.

erhalten sind. (Der heutige Rahmen ist neu.) Die Gliederung in gerahmte Felder mit szenischen Darstellungen kennen wir bereits aus karolingischer Zeit (Ambrosius-Altar in Mailand). Auf der Aachener Vorsatztafel nimmt der thronende Christus die Mitte ein, links und rechts Maria und der Erzengel Michael, an deren Felder sich die Evangelistensymbole in Kreisrahmen anschließen. Die Folge der zehn szenischen Darstellungen bringt thematisch insofern eine Überraschung, als hier die Passion Christi erzählt wird. Zwar sind die einzelnen Szenen auch der ottonischen Buchmalerei wie den Elfenbeinen bekannt, wenn auch beispielsweise ‹Abendmahl› und ‹Dornenkrönung› sehr selten erscheinen. Aber als geschlossener Passionszyklus steht die Aachener Tafel einzig da, denn die Zeit verlangt nicht, das Dulden und Leiden des Herrn, sondern die öffentliche Wirksamkeit Christi und seine Wundertaten zu sehen.

Die Quellen für diese Darstellungen kennen wir nicht[1]. Die Ikonographie mancher Szenen gibt Züge, die in dem Bildervorrat der ottonischen Zeit sonst selten sind. Das Abendmahl wird nach byzantinischer Art, die Fußwaschung mit der Anrede Christi an die Jünger gegeben. Petrus erscheint bei der ‹Gefangennahme› bartlos; Geißelung und Dornenkrönung stehen in dieser Anordnung fast ohne Vergleich. Die Kreuzigung nur mit Longinus und Stephaton kommt zwar beim Echternacher Schnitzer und auf dem goldenen Buchdeckel des Aachener Münsterschatzes vor, hat aber sonst nichts mit ihnen zu tun. Es ist ein Bilderkreis, der sich von dem umfangreichsten und uns am besten bekannten jener Zeit, dem der Reichenauer Schulen, weit entfernt, dagegen eher Analogien im Lothringischen aufweist. Im übrigen zeigt sich in der bildmäßig geschlossenen Gestaltung wie in der Figurenbehandlung vielfach eine antikisierende Haltung. Abendmahl und Fußwaschung spielen in geschlossenen Innenräumen. Die an den Ecken oben angebrachten kassettenartigen Felder sind wohl noch Erinnerungen an eine ehemalige Kassettendecke des räumlichen Urbildes. Als antike Gewandfigur erscheint die Maria vor dem Grabesengel. Sie trägt in der Hand ein schönes Gefäß von spätantiker Form. Den Christus an der Martersäule erblickt der Beschauer als Rückenfigur in einer Schreitbewegung, und auch die dreinschlagenden Knechte sind in starker Körperbewegung gegeben, alles Motive, die über das Karolingische hinweg auf spätantike Vorbilder zurückgehen. (Für die Rückenfigur Christi vgl. die karolingische Elfenbeinschnitzerei, Goldschmidt I, 80.) Gleichwohl bleibt die Formensprache der Aachener Reliefs mit ihren großflächig getriebenen und modellierten Figuren ottonisch, etwa auf der Stilstufe des Baseler Antependiums. Künstlerisch bleibt das Aachener Antependium ohne rechte Wirkung. Das mag daran liegen, daß die noch auf

1 Für die kunstgeschichtliche Herleitung des Aachener Antependiums (unnötigerweise oft italienisch als *pala d'oro* bezeichnet) aus Fulda, wobei der Begriff ‹Fulda› freilich sehr weit gefaßt wird, vgl. jetzt Hermann Schnitzler, Fulda oder Reichenau. In: Wallraf-Richartz-Jahrbuch 1957, S. 39—132.

illusionistische Darstellung ausgehende Art der Vorbilder zu wenig umgeformt erscheint, so daß beispielsweise in der Geißelung der Gegensatz von lebendiger Bewegtheit der Figuren und völliger Unbewegtheit der Gesichter den Eindruck eines erstarrten Vorgangs erweckt, als ob dem Leben plötzlich alles Blut entzogen sei und nur die leere Hülle blieb. Doch mag hier viel auf Rechnung glättender Restaurierung zu setzen sein. Ein konventioneller Zug steckt zudem in diesen Darstellungen. Wie anders wirkt der Meister der Hildesheimer Bernwardstür!

Daß nicht nur Gold, sondern auch Elfenbein – ein seltener Fall – als Material für ein Altarantependium in Frage kam, lehrt eine Folge weit verstreuter, kleiner, quadratisch geformter Tafeln zumeist mit Wundertaten Christi vor gemusterten Gründen[1]. Sie bilden Bruchstücke eines Werkes, das vermutlich OTTO DER GROSSE für die Ausstattung seines Magdeburger Domes bestimmt hatte. Allen diesen Darstellungen eignet im Gehalt ein tiefer Ernst der Empfindung, eine schlichte Größe in der einfachen und ruhigen Zeichnung der Figuren und ein klares Gefühl für Abgewogenheit der Komposition. Auf einer der Tafeln (Seitenstetten in Niederösterreich) sehen wir den Kaiser selbst, der mit der Bügelkrone auf dem Haupte das Kirchenmodell dem thronenden Christus überreicht.

Als einzigartiges Werk ottonischer Goldschmiedekunst hat sich sodann der Ambo erhalten, den KAISER HEINRICH II. in die Aachener Pfalzkapelle stiftete[2]. Schon daß eine Kanzel ganz aus dem Geiste der Goldschmiedekunst geformt wird, bleibt für die Epoche kennzeichnend. Das Ganze erscheint als prunkvoll strahlende Einkleidung des gesprochenen Wortes, wie die goldenen Bucheinbände der Zeit im gleichen Sinne dem geschriebenen Wort die edelste Einfassung gaben. Die Evangelistenbilder allein (von denen sich nur der Matthäus im Original erhalten hat) weisen einen sinnvollen Bezug zum Ambo als kirchlichem Ausstattungsstück auf. Im übrigen scheint hier aller Reichtum einer kaiserlichen Schatzkammer in einer etwas seltsam prunkenden Art ausgebreitet. Die Schauseiten des Ambo sind in viereckige Felder aufgeteilt, durch edelsteinbesetzte Rahmenleisten getrennt, deren Kreuzungspunkte durch halbkugelförmige Vertiefungen mit Ölbrandmuster betont werden. Die Felder des Mittelteils sind mit antiken Schalen aus Glas und Achat und mit Tassen aus Bergkristall geschmückt. In den Ecken der vier im Kreuz stehenden Felder sind Schachfiguren aus Achat und Chalzedon angebracht. Den Seitenteilen sind schmale koptisch-alexandrinische Elfenbeinreliefs mit figürlichen Darstellungen eingefügt. Das alte Buchpult des Ambo ist nicht mehr erhalten, sondern 1815/17 erneuert.

---

1 A. GOLDSCHMIDT, Elfenbeinskulpturen II, Nr. 4–16.

2 JOSEPH BUCHKREMER, Der Ambo Heinrichs II. im Dom zu Aachen. Ztschr.: ‹Deutsche Kunst und Denkmalpflege› 1937, S. 98 ff. – Ausführliche Untersuchung und Rekonstruktion des ursprünglichen Standorts bei ERIKA DOBERER, Studien zu dem Ambo Heinrichs II. im Dom zu Aachen. In ‹Karolingische und Ottonische Kunst› 1957, S. 308–359.

Zu ihm gehörte als Verkleidung des Pultschaftes, wie JOSEPH BUCHKREMER es wahrscheinlich macht, das elfenbeinerne Weihwasserbekken des Münsterschatzes, das in acht Seiten eine zweistöckige, reiche und zierliche Gliederung zeigt[3]. Unten sieht man ringsherum Krieger als Wächter vor Portalen stehen. Oben zwischen Säulen mit geöffneten Vorhängen einen thronenden Kaiser, vielleicht OTTO III., zwei weitere Thronende in kirchlicher Tracht und stehende Kleriker mit den Abzeichen ihrer Würde.

Die Elfenbeintafeln und die Ausstattung der liturgischen Bücher

Zum Altar gehört als wichtigstes liturgisches Gerät das *Evangelienbuch*. Es ist in ottonischer Zeit wie bereits in der karolingischen Kunst auch in seiner äußeren Erscheinung Gegenstand kostbarster Ausstattung, so daß die Bucheinbände zu den wertvollsten Schätzen ottonischen Kunsthandwerks rechnen. Hier tritt nun auch die Elfenbeinschnitzerei wiederum mit bedeutenden Ansprüchen hervor. Die karolingische Kunst hatte bereits verschiedene Typen des Einbandschmuckes geschaffen, die durch lange Zeit der folgenden Jahrhunderte festgehalten wurden. Überwiegend nimmt sie als Hauptschmuck des Buchdeckels eine geschnitzte Elfenbeinplatte, entweder in solcher Größe, daß sie die ganze Deckelseite füllt, oder zumeist so, daß sie als Mittelstück in einen juwelenbesetzten Goldrahmen eingelassen wird. Es fehlt auch nicht der Typus, der Reliefs in getriebener Goldarbeit in prunkvolle Edelsteinrahmungen faßt, wie es das berühmteste Beispiel aus spätkarolingischer Zeit, der Deckel des *Codex aureus* von St. Emmeram, zeigt. (München, Staatsbibliothek.) Einen weiteren Typus wiederum vertritt die rein ornamentale Gestaltung des Buchdeckels aus Lindau.

Die ottonische Kunst folgt diesen verschiedenen Schmucktypen, entfernt sich aber von der schweren und bewegten Pracht der karolingischen Zeit und erstrebt neue Wirkungen in feinerer Abstufung der Werte. Sie gelangt im letzten Viertel des 10. Jahrhunderts zu äußerster Verfeinerung der Kunstübung und gewinnt zum ersten Male im Abendland einen bei allem Reichtum doch in sich geschlossenen deutschen Stil. Das reiche Zusammenspiel der verschiedenen Schmuckmotive und Techniken zu bewundern, ist uns freilich nur in einer begrenzten Anzahl gut erhaltener Werke möglich. Wir besitzen mehr Elfenbeinplatten als die dazu gehörigen Rahmungen aus Gold und Edelstein, die vielfach in Notzeiten im Laufe der Jahrhunderte nach ihrem materiellen Wert veräußert wurden.

Die Elfenbeinschnitzereien enthalten das Thema des Deckelschmucks und stehen in typischer Beziehung zum Inhalt der Handschrift. Der Bilderkreis ist umfangreich und entspricht im allgemeinen dem der Handschriften, ohne sich mit ihm zu decken, denn die

3 Abb. bei JANTZEN, Ottonische Kunst. 1947, Abb. 137.

Schnitzer verfügen über eigene Quellen entweder aus altchristlicher oder karolingischer Zeit. Auf keinem Kunstgebiete zeigt sich die nachhaltige Wirkung der karolingischen Überlieferung so stark wie in den Elfenbeinarbeiten, die im 10. Jahrhundert eine Brücke zwischen den Epochen bilden und nur ganz allmählich Themen und Darstellungsart wandeln. Das erklärt sich großenteils daraus, daß sich kunstgeographisch auf dem Gebiete der Elfenbeinschnitzerei wenig ändert. Lotharingen bleibt das Land der Elfenbein-Kleinkunst, wie im Karolingischen so auch in ottonischer Zeit. Nach dem grundlegenden Werk von Adolph Goldschmidt über die Elfenbeinskulpturen dieser Zeit sind es in Oberlothringen im 10. Jahrhundert Metz, Trier, Echternach, in Niederlothringen um 1000 Köln und das Maasgebiet mit Lüttich als Zentrum, wo die wichtigsten Künstlerwerkstätten zu suchen sind. In den sächsischen Gebieten hat diese Kunst nichts Nachhaltiges zu sagen. So schöpferisch die Werkstatt Bernwards auf dem Gebiete der Erzplastik auftritt, so scheint sie zum Elfenbein wenig Beziehung gehabt zu haben. Die Reichenau kommt als Entstehungsort einer kleinen, frühen Gruppe in Betracht. Im 11. Jahrhundert tritt schließlich Minden unter Sigebert hinzu. Unter dem erhaltenen Gesamtmaterial der Elfenbeinarbeiten ist freilich der künstlerische Wert sehr ungleich[1].

In Metz findet sich im 10. Jahrhundert ein bestimmter Typus der Kreuzigung geprägt, der mehrfach als Schmuck auf den Einbänden erscheint, so auf den aus Metz stammenden Handschriften der Pariser Nationalbibliothek lat. 9383 (G I, 83) und 9453 (G I, 86). Auf kleinem Raum ist das Hauptthema der heilsgeschichtlichen Vorstellungswelt mit großer Klarheit zusammengefaßt. Der Gekreuzigte mit Ekklesia und Synagoge, Maria und Johannes, Longinus und Stephaton, ferner die Auferstehenden und die Szene der Frauen am Grabe. Ganz oben die Engel sowie *Sol* und *Luna*. Auch der karolingischen Elfenbeinkunst ist der Gedanke, die weltanschaulich-christliche Gewißheit von der Überwindung des Todes anschaulich auf kleinstem Felde als Deckelschmuck der heiligen Schriften zu gestalten, bekannt. Daß die ottonische Zeit solche karolingische Arbeiten zu schätzen wußte, zeigt die Tatsache, daß eine der künstlerisch lebendigsten Elfenbeinplatten des 9. Jahrhunderts auf dem Deckel des Perikopenbuchs Kaiser Heinrichs II. eingelassen ist (Clm. 4452). Das Stück wirkt durch seine malerisch aufwühlende Sprache, die das Thema in dramatisch-illusionistischer Schilderung der einzelnen Szenen gestaltet. Das 10. Jahrhundert gibt diese Art auf, kann sich nun zwar mit der bunten Lebendigkeit erzählerischer Pracht auf dem karolingischen Elfenbein nicht messen, sucht dafür aber nach einer neuen, strafferen Ordnung jener Bildgedanken. Sie kommt auf den Metzer Platten in einer sehr überlegten, flach ausbreitenden und symmetrisch ordnenden Verteilung der Figuren bei Heraushebung des Kruzifixus zum Ausdruck, ebenso in der übersichtlichen Abstufung aller Größenwerte der Gestaltengruppen. Nichts ist bezeichnender, als daß Longinus und Stephaton nach unten ins Blickfeld rücken müssen, um jeder Überschneidung mit Ekklesia und Synagoge auszuweichen. Der Schmuckwert

1 Adolph Goldschmidt, Die Elfenbeinskulpturen aus der Zeit der karolingischen und sächsischen Kaisers. Bd. I und II, Berlin 1914 ff. (Im Text zitiert als G I oder G II.)

dieser übersichtlichen flächigen Ordnung wird auf dem Deckel Paris lat. 9453 noch dadurch erhöht, daß die Wundmale Christi, die Nimben, die Fenster des Grabgebäudes und die Sarkophage mit Gold ausgelegt sind[1].

Ende des 10. Jahrhunderts wird in Lothringen dieses Thema durch ein neues Körpergefühl belebt, wie es scheint durch Zustrom neuer frühchristlicher Vorbilder. Der Vorgang läßt sich wohl am besten der ‹mittellateinischen› Stilbildung des Codex Egberti vergleichen. Auf einer kleinen Metzer Kreuzigungstafel (G I, 78), die am unteren Rande die Halbfigur eines Erzbischofs Adalbero zeigt (wahrscheinlich des Metzer Erzbischofs Adalbero II. 984—1005), verspürt man eine ganz neue und überraschende Figurenbildung. Unmittelbar unter dem Kreuz, auf antiker Säule, die reich und ausdrucksvoll bewegten nackten Figürchen von Adam und Eva. Dann in einer Schicht nebeneinander sitzend die Evangelisten, die statt ihrer menschlichen Köpfe den Kopf ihrer Tiersymbole tragen. Die antikisierenden Züge, die der Stilbildung dieser Elfenbeinschnitzerei innewohnen, treten noch stärker in einer thematisch entsprechenden Kreuzigungstafel in Tournai (G II, Abb. 2) und in einem Buchdeckel der Pariser Nationalbibliothek mit Kreuzigung und der das Kind stillenden Maria hervor (G I, 79).

Diese lebendige Figurensprache erscheint dann weiter in der Lüttticher Gegend, wo die erzählungsreichsten Schnitzereien dieser Zeit zu Hause sind. Die Museen in Brüssel und Berlin wie die Lütticher Kathedrale besitzen solche Elfenbeine, die durch ihre dichte Füllung mit Darstellungen aus dem Leben Christi auffallen (G II, 55, 52/53, 56). Auf der Lütticher Platte begegnen uns ausnahmsweise drei Wundertaten Christi (Darstellung von Wundertaten Christi ist im Bilderkreis der Elfenbeine selten). Von der gleichen Hand die Kreuzigungsplatte des Brüsseler Museums, die die Komposition von Geburt, Kreuzigung und Himmelfahrt mit Betonung der Symmetrie beider Bildhälften aufbaut. Die Ecken sind durch die auf den Rahmen übergreifenden Evangelisten gefüllt. Dieser Lütticher Schnitzer besitzt eine kräftige reliefplastische Art wie im Adalbero-Relief. Er scheut sich nicht, zwei Figurenreihen hintereinander zu geben, so daß beispielsweise unter dem Kreuz, unterstützt durch die Profilstellung von Maria und Johannes, eine betonte Tiefenschichtung des Reliefraumes entsteht. Der Überschneidung der Ekklesia und Synagoge durch Longinus und Stephaton geht er nicht aus dem Wege, doch bleibt das Ganze straff wie eine geschichtete Wand gefügt. Die Wiederholung auf dem Theophanu-Deckel des Essener Münsters zeigt dann ein paar Jahrzehnte später die wie eingetrockneten Figuren wieder stärker auf Fläche und Linie umgezeichnet, in diesem Falle eine künstlerisch geringere Leistung und zugleich ein Hinweis auf einen allgemein stilistischen Wandel nach der Jahrhundertmitte zu.

Die eigenwilligste künstlerische Persönlichkeit unter den ottonischen Bildschnitzern besitzen wir in jenem Echternacher Meister, dessen Werk Wilhelm Vöge bereits vor langer Zeit zusammenstellte[2]. Daß dieser Echternacher als bedeutender Meister Ende des 10. Jahrhunderts galt, geht daraus hervor, daß er für eine von der Kaiserin Theophanu gestiftete Handschrift in Verbindung mit der Trierer Goldschmiedewerkstatt die kost-

1 Eine Wiederholung im Bonner Landesmuseum. Vgl. Franz Rademacher, Unbekannte karolingische Elfenbeine. ‹Pantheon› (mir nur in einem Sonderdruck ohne Jahresangabe bekannt).

2 Wilhelm Vöge, Ein deutscher Schnitzer des 10. Jahrhunderts. Jahrb. d. Kgl. Preuß. Kunstslg. XX, 1899, S. 119 ff.

bare Einfassung herstellte [1]. Der Künstler gehört also jener frühen ottonischen Blütezeit der Trier-Echternacher Dom- und Klosterschulen an, die uns schon von der Buchmalerei her bekannt ist. Er ist unter den Schnitzern der erste deutsche Künstler, der nicht ‹mittellateinisch›, sondern ‹deutsch› spricht, und zwar ein sehr klares, ausdrucksgesättigtes Deutsch, und der durch seine kräftige, volkstümliche Art eine ganz eigene Stellung einnimmt, in dieser Hinsicht nur dem (späteren) Hauptmeister der Hildesheimer Domtür vergleichbar.

Nur wenige eigenhändige Arbeiten besitzen wir von ihm, aber sie alle vermitteln unverkennbar den Ausdruck der gleichen Persönlichkeit (G II, 23—26). Es gibt keinen Künstler jener Zeit, der im Geiste sich seines Gegenstandes so unmittelbar bemächtigt und der in seiner Gestaltung so bar jeder Konvention bleibt. Mit einem Hinweis auf seinen ‹Naturalismus› ist nicht viel gewonnen. Gewiß: Die derb-groben Hände und Füße wie die Köpfe seiner Figuren befestigen die Vorstellung eines bäuerlichen Menschenschlages, dessen kräftig-derber Leiber sich dieser Echternacher für seine künstlerischen Aussagen bedient. Er füllt und verwandelt das Überkommene tatsächlich mit eigenen Beobachtungen in einer so persönlichen Art, wie es im Abendland des 10. Jahrhunderts sonst nirgends festzustellen ist. Wichtiger: Alle seine Gestalten sind mit einer Art leidenschaftlicher Hingabe bei ihrem Tun, ob Longinus und Stephaton mit Lanze und Schwamm oder der ungläubige Thomas, der sich an der Gestalt Christi hinaufschraubt und die Wunde betastet, oder die in sich zusammengekauerten Evangelisten, deren Drehungen und Wendungen die äußerste körperlich empfundene ‹Eindringlichkeit› der inspirierenden Macht verkörpert. Ihm gehören die Kreuzigung auf dem Buchdeckel des *codex aureus* in Nürnberg (Abb. 42), die schmalen Tafeln der ehemaligen Sammlung FIGDOR mit den langgestreckten Figuren, die man als ottonische *figura serpentinata* bezeichnen könnte, sodann die *majestas*-Tafel der Berliner Museen und der Paulus des Cluny Museums (Paris), der mit seinem dicken Finger auf die Schriftrolle weist, auf der man liest: *Gratia Dei sum id quod sum,* ein Vers, den dieser merkwürdige deutsche Bildnisschnitzer des 10. Jahrhunderts auch für sich selbst verwenden könnte.

Die *Majestas Domini,* in der karolingischen Kleinskulptur selten, wird in ottonischer Zeit häufiger als Deckelschmuck der Evangelienbücher verwendet und erfährt ebenfalls eine Umwandlung ins Großgesehene, wie die in Mailand aufbewahrte, wahrscheinlich auf der Reichenau gearbeitete Platte mit dem kaiserlichen Stifter OTTO und seiner Familie (wahrscheinlich OTTO II. um 983) oder, großräumiger, der Lütticher Buchdeckel mit BISCHOF NOTKER als Stifter (G II, 46) und andere verwandte Elfenbeine zeigen.

Einer antikisierenden Phase des 10. Jahrhunderts gehören wohl einige Elfenbeinplatten an mit Darstellungen, die sonst nur in zyklischer Folge vorzukommen pflegen. Am auffallendsten ist die Taufe Christi (G I, 129) auf dem Einband einer dem Bamberger Domschatz entstammenden Evangelienhandschrift (Clm. 4451). Die Szene, deren sonst raumillusionistische Formung schon durch Motive wie den im Wasser stehenden Täufling nahegelegt ist, erhält hier eine im Sinne des ottonischen Reliefschnitzers klas-

---

1 Diese Handschrift war, wie BOECKLER (Evangelienbuch Heinrichs III. a. a. O. S. 72) nachwies, nicht das jetzt dem Einband zugehörige Nürnberger Evangeliar, sondern eine andere, früher entstandene Handschrift, vielleicht das um 983 geschriebene Evangeliar der Ste. Chapelle (Paris lat. 8851).

sische Gestaltung mit starker Betonung des Flächigen, der Symmetrieachse und einer bei aller Bewegung im einzelnen ruhigen Gesamthaltung. Der Jordan ist zu ornamental geschichteten Wellenbergen geformt und fügt sich der flächigen Geschlossenheit des Ganzen ebenso glücklich ein wie die bildeinwärts gerichteten Figuren, die bis dicht an den oberen Bildrand aufsteigen. Christus allein steht frontal, die Arme angelegt und sinnfällig mit der Taube und der Hand Gottvaters verbunden. Auf der Rückseite des Einbandes (G I, 128) sind Verkündigung und Geburt Christi in großen, ruhigen Kompositionen dem Akanthusblattrahmen eingefügt.

Daß bestimmte altchristliche Elfenbeine dem frühottonischen Stilgefühl des 10. Jahrhunderts entgegenkommen und daß hier die ‹Wahl› eines Vorbildes auch eine Entscheidung über die eigenen künstlerischen Bestrebungen bedeutet, zeigen eben solche Figuren wie die der genannten Verkündigung. Nicht minder die Kreuzigung auf dem Sakramentar Heinrichs II. (Clm. 4456) und die dieser Kreuzigung entsprechende Himmelfahrtstafel (G I, 131). In der Himmelfahrt begegnen wir sicherlich einem spätantiken Gedanken, der übrigens in Renaissancephasen der abendländischen Kunst bis zu Tizian hin wiederkehrt. Hier im 10. Jahrhundert erhält er zum erstenmal im Norden in der Kleinkunst eine künstlerisch glückliche Prägung.

Nach den allgemeinen Zügen ihrer Stilbildung können schließlich für die ottonische Epoche die beiden schönen Tafeln in Frankfurt a. M. und Cambridge in Anspruch genommen werden, die ursprünglich den Deckel eines Sakramentars bildeten (G I, 121, 120). Auch thematisch heben sie sich bedeutsam heraus, indem sie die liturgische Handlung der Messe selbst darstellen, und zwar im Sinne einer strengen, feierlichen, dem Grundgehalt der Darstellung entsprechenden Verbildlichung. Die Gleichung, die hier zwischen räumlicher Auffassung, Verteilung der Reliefwerte, Komposition im steilen Format und Ausdruck der Feierlichkeit gewonnen ist, bedeutet eine hohe künstlerische Leistung.

Die Elfenbeine bilden indessen zumeist nur Teil und Mittelstück eines Ganzen. Die reichsten Wirkungen im Einbandschmuck der liturgischen Bücher werden durch das Zusammenspiel verschiedener Techniken in jenen goldenen Buchdeckeln gewonnen, in deren zufällig uns erhaltenen Zeugnissen die frühmittelalterliche (karolingisch-ottonische) Goldschmiedekunst von Werk zu Werk eine bedeutende und sehr verschiedenartig gestaltende Phantasie erweist. In der Gesamthaltung entfalten diese Handschrifteneinbände eine vom Goldrahmen her gesteigerte Pracht. Über einer filigrangeschmückten Goldplatte erhebt sich eine koloristisch betonte Schmuckschicht verschiedener und verschieden geordneter Werte, deren Träger Edelsteine, Gemmen, Kameen, Perlen, Schmelzplättchen, Goldkugeln, Filigrankegel, Zellenverglasung und andere Elemente bilden. Dazu tritt der Gegensatz rein ornamental behandelter Rahmenteile zu figürlichen Reliefs in getriebener Goldarbeit oder in Elfenbein. Indessen sind hiermit nur gewisse materielle Mittel als unerläßliche Voraussetzung genannt. Der geheimnisvolle Zauber dieser frühmittelalterlichen Arbeiten bleibt in einem eigentümlichen Verhältnis der Teile zum Gesamtorganismus des Kunstwerks verborgen. Dieses Verhältnis liegt darin begründet, daß dem Einzelelement eine starke ‹individuelle› Freiheit gelassen wird, daß aber dann diese ‹freien› Einzelelemente durch Komposition und Fassung als übergeordnete Formung in das Ganze des Gebildes eingehen. Am sinnfälligsten ergibt sich dieses Gesetz bei der Behandlung der Edelsteine. Sie erscheinen nicht in dem der neueren Zeit vertrauten Facetten- und Tafelschliff der Juwelen, sondern sie werden mugelig verarbeitet, in gewölbter Gestalt gebildet und bewahren nach Größe und Umriß ein gut Teil ihrer natürlichen Unregelmäßigkeit. Erst die einem bestimmteren Formgesetz gehorchenden Fassungen überführen die Steine in eine höhere stilbildende Ordnung, der sie gemeinsam mit anderen Schmuckelementen dienen. Da die Fassungen den Ausgleich zwischen dem individuellen Leben der Steine und dem Ordnungsgesetz des Ganzen vermitteln, so entsteht hier dem Auge und Gefühl eine fortdauernde Spannung, als ob jeden Augenblick das Ganze im Werden sich befindet. Auge und Sinn können beim Einzelnen verweilen, sich an Farbe, Licht, Symbolkraft des einzelnen Steines ersättigen und von dort stets wieder zum Ganzen aufsteigen. Alles hält sich weit entfernt von der Erstarrung und konturierenden Regelmäßigkeit in der eingrenzenden Form des 12. Jahrhunderts.

Vom Karolingischen wiederum hebt sich die ottonische Goldschmiedekunst in eigener Weise ab, denn die ottonische Stilbildung schafft auch hier neue Werte. Den Unterschied empfindet man besonders deutlich beim Vergleich des Golddeckels vom *Codex aureus* aus St. Emmeram[1] mit dem Deckel des Echternacher Evangeliars zu Nürnberg (Abb. 42), der erste eine westfränkische Arbeit um 870, der zweite ein Erzeugnis der Trierer Werkstatt um 990, leider in schlechter Erhaltung der goldgetriebenen Reliefs. Der Unterschied des Stils springt um so mehr in die Augen, als die Gliederung des Ganzen, die Einstellung eines inneren Rahmenrechtecks in einen äußeren, kreuzförmig durch Stege miteinander verbunden, die gleiche bleibt. Aber der gehäuften Pracht mehrfach geschichteter koloristischer Ebenen in den dichtgedrängten Edelsteintürmen des karolingischen Werkes steht ein flächig zart geformtes Gebilde ottonischen Geistes gegenüber. Der Nürnberger Buchdeckel erscheint wie auf eine einzige farbige Schicht eingeebnet. Die Rahmen sind schmal geworden, der äußere Rahmen nicht breiter als der innere oder als die Kreuzstege. Neue künstlerische Mittel treten hinzu. Denn nicht die Edelsteinkörper sind hier in erster Linie Träger der Wirkung, sondern die Goldzellenschmelzplättchen, die mit ihren unstofflich schimmernden Farben von Blau, Grün, Weiß, Rot und Gelb wechselnd mit den von Steinen und Glasarbeit besetzten Plättchen den Rahmen bilden. Statt der bewegten szenischen Darstellungen in den goldgetriebenen Reliefs des *Codex aureus* bringt der Nürnberger Deckel Einzelfiguren, die an den Langseiten vertikal entsprechend dem Hochformat des Rahmens übereinanderstehen. Unten die Figuren der Kaiserin Theophanu (THEOPHANU IMPERATRIX) und Ottos III. (OTTO REX) als Stifter, über ihnen die Heiligen Willibrord und Petrus als Patrone von Echternach, ferner die Heiligen Bonifaz, Liuthger, Benedikt, Maria. Die Felder der Schmalseiten zeigen die Evange-

1 Abt. Jantzen, Ottonische Kunst. 1947, Taf. IV.

listensymbole und die Paradiesesflüsse. Während in dem karolingischen Werk das schwere Gewicht des äußeren Rahmens die Mitte fast erdrückt, das Rahmende in erster Linie spricht, bleibt im Nürnberger Einband dem Gerahmten mit der Echternacher Kreuzigung nach ihrer Bedeutung die übergeordnete Stellung gesichert. In der Tat hat in diesem Nürnberger Einband im Vergleich mit Karolingischem eine neue Vergeistigung der Goldschmiedekunst, verbunden mit einer neuen Klarheit und ausgewogenen Ordnung aller Elemente, ihren Ausdruck gefunden.

Nicht immer treten die Stilgegensätze so kräftig zutage wie in den genannten Beispielen, doch bleibt im Grundsätzlichen der Übergang von der einen Auffassung zur anderen bestehen. Eine gewisse Entwicklung läßt sich an einigen lotharingischen Bucheinbänden des 10. Jahrhunderts erkennen.

Der Deckel des heiligen GAUZELIN, BISCHOFS VON TOUL (922–962), in der Kathedrale von Nanzig (Nancy) aus der Mitte des 10. Jahrhunderts mag an erster Stelle genannt werden, da er noch an die schwerere Pracht der karolingischen Kunstübung gemahnt[1]. Die Aufgliederung der Vorderseite durch ein Bandkreuz, dessen Mitte durch ein breitgerahmtes Kreisbild betont ist, folgt einem Gliederungsprinzip, das ursprünglich wohl in der Buchmalerei zu Hause ist. Doch findet es sich bereits auf dem Deckel des Theodolinde-Evangeliars zu Monza aus dem Beginn des 7. Jahrhunderts[2]. Auch im Laufe der folgenden Jahrhunderte kehrt es häufiger wieder. Der äußere Rahmen des Gauzelin-Deckels setzt sich aus dominoartig aneinandergelegten, mit Edelstein und Filigran geschmückten Platten zusammen, entsprechend ist das Bandkreuz gelegt. Das kleine in der Mitte stehende Kreisbild bringt auf Goldgrund die Halbfigur der Maria in Zellenschmelz, prunkvoll umsäumt von den im Kreise gelegten Steinen und Schmelzplättchen, die sich im kräftigen Relief ebenso abheben wie die Steine des äußeren Rahmens. In den durch das Kreuz gebildeten vier Feldern sieht man die Evangelisten in Graviertechnik.

Ob die lothringische Werkstatt, die diesen Einband für BISCHOF GAUZELIN schuf, in Toul ihren Sitz hatte, wissen wir nicht. Als künstlerisches Zentrum Oberlothringens kommt im 10. Jahrhundert in erster Linie Metz in Betracht. Einige Buchdeckel von Handschriften, die aus Metz stammen und in die Pariser Nationalbibliothek gelangt sind, müssen hierher gerechnet werden. Es sind Deckel, deren Mittelstücke die bereits erwähnten Elfenbeinschnitzereien bilden. Die Kreuzigungstafel Paris B.N. lat. 9453 steht in einem Goldrahmen (Abb. 41), der mit einer einfachen Folge von Edelsteinen und begleitenden Perlen in Blattkranzfassungen geschmückt ist. Die Zwischenräume sind mit Filigran gefüllt. Reicher und breiter ist der Rahmen des Evangeliars lat. 9383 der gleichen Biblio-

1 Abb. bei P. METZ, Das Kunstgewerbe von der Karolingerzeit bis zum Beginn der Gotik. 1933, S. 217.

2 MOLINIER, *Arts industriels*, a. a. O. IV, S. 9.

thek. Zwei Reihen von Edelsteinen und Perlen in einer Fassung mit übergreifenden Zungen und von kräftiger koloristischer Bewegung. Zwischen den Steinreihen dann an den Längsstreifen ein flaches Band von länglichen Emailplättchen, die durch Goldrosetten getrennt sind. Oben wie unten ein Inschriftband als Mittelstreifen. Die Technik des Goldzellenschmelzes wird von der ottonischen Kunst im Laufe des 10. Jahrhunderts immer stärker aufgegriffen — zunächst im westlichen Reichsgebiet — und ihrem Willen zu bestimmter Stilbildung mit feinstem künstlerischen Verständnis dienstbar gemacht. Sie gibt die Möglichkeit, die zartesten, körperlosen Farben zu bringen. Ihren Höhepunkt erreicht die künstlerische Verwendung dieser Technik indessen erst in Trier unter ERZBISCHOF EGBERT (977—993).

Der Goldeinband Paris lat. 9388 (G I, 73), ebenfalls aus Metz, bringt das Motiv der in gleichmäßiger Schicht umlaufenden, mit Filigran gefüllten, Steine und Perlen tragenden großen und kleinen Kreisscheiben. Die Verbindung mit dem Karolingischen ist durch den Vergleich mit entsprechenden Motiven im Einband des *Codex aureus* von St. Emmeram gegeben. Doch zeigt sowohl diese Gegenüberstellung als auch die mit dem ebenfalls karolingischen Deckel des Psalters KARLS DES KAHLEN, daß der Metzer Goldrahmen lat. 9388 eine ganz neue Beruhigung und Klarheit erstrebt. Vermittels der Filigranböden der umlaufenden Scheiben werden Steine und Perlen in die gleiche Ebene geschichtet.

Indessen bleibt für eine zureichende Beurteilung der Stilbildung des 10. Jahrhunderts der Bestand an erhaltenen Goldarbeiten zu klein. Mit wie mannigfachen Formen wir gerade für das 10. Jahrhundert rechnen müssen, zeigt der Bucheinband von Clm. 4451 aus dem Bamberger Domschatz, der als Mittelstück das oben schon erwähnte Elfenbein mit der Taufe CHRISTI enthält[1]. Der Goldrahmen fällt im Vergleich mit Karolingischem dadurch auf, daß die dichtmaschigen Filigranflächen das Übergewicht erhalten. Sie erwirken den Eindruck einer durchlaufenden Schicht, in der die Edelsteine ohne besonders betonte Ordnung eingebettet liegen. Die Steine erheben sich über dem Filigranwerk in gleichmäßigen Abständen, zu zweien oder dreien nebeneinandergestellt, oder durch Dreiergruppen von Perlen mit begleitenden Goldmuscheln getrennt. Die Ecklösung erfolgt durch quadratische Felder, in denen die großen Steine diagonal stehen. Oben und unten an den Schmalseiten des Elfenbeins wird das Restfeld durch Stege nicht sehr glücklich aufgeteilt. Die dichtmaschige Überspinnung des Goldgrundes in Verbindung mit der sehr einfachen Ordnung der Steine bestimmt die stilistische Haltung, die etwa der des Metzer Bucheinbandes im Cluny-Museum (G I, 115) entspricht. Besondere Anhaltspunkte für die Zuordnung des Münchner Einbandes Clm. 4451 zu einer bestimmten Werkstatt bestehen nicht.

Nach dem Westen wiederum führt uns der goldene Buchdeckel im Aachener Münsterschatz (Abb. 43). Er folgt in den Felderteilun-

1 MESSERER, Bamberger Domschatz, Nr. 11 mit Abb.

gen noch der spätkarolingischen Gliederung des *Codex aureus* von St. Emmeram, verändert jedoch Ordnung und Relief der Steine zu einfacherer Schichtung hin. Zudem steht in der Mitte eine byzantinische Gottesmutter in Halbfigur als Elfenbeinbild. Es ist das erstemal im abendländischen Mittelalter, daß die Halbfigur der Maria mit dem Kinde bildhaft erscheint, jenes Motiv, das dann aus der Kunst Europas nicht wieder verschwindet und in RAFFAELS Gestaltung den weitstrahlendsten Ruhm der nachmittelalterlichen Zeit erhalten soll. In ottonischer Zeit zuerst wird diese Bildvorstellung von Byzanz her eingeführt. Byzantinische Elfenbeine mit der Halbfigur der Maria kommen häufiger vor. Für den Goldschmiedekünstler des Aachener Buchdeckels wird es ein besonderes Problem, das quadratische Format des Elfenbeins, das völlig neuartig wirkt, in Einklang mit dem Rechteck der Codexform zu bringen. Und man spürt auch, daß die Verhältnisse nicht ganz gemeistert sind. Die Seitenfelder mit den Evangelistensymbolen werden zusammengepreßt und die Rahmenlinien der Reliefs treffen ungünstig auf die erzählenden Felder, die die Breite betonen. Breitformat und Hochformat zur Harmonie zu bringen, verhilft die kunstvolle Bildung der Rahmungen. Den äußeren Rahmen, schmäler als in karolingischer Zeit, durchläuft eine ziemlich gleichmäßige Folge farbiger Steine in meist ovaler Kastenfassung. Die Steine sind durch je drei Filigrankegel getrennt, deren mittelster den Schnittpunkt von kreuzweise gelegten Silberschleifen betont. In den Verbindungsstegen des Rahmens mit dem Elfenbeinrelief abwechselnd Steine und Schmelzplättchen, die durch gemeinsame Arkadenfassung verbunden sind und sich als ‹Kreuz› herausheben. Die getriebenen Goldreliefs – Evangelistensymbole, Geburt Christi, Kreuzigung, Frauen am Grabe und Himmelfahrt – lassen in den weich modellierten und bewegten Figuren den Stil vom Ausgang des 10. Jahrhunderts und eine Werkstattverwandtschaft mit dem Aachener Antependium erkennen.

Eine byzantinische Hodegetria[1] in Elfenbein bildet auch das Mittelstück des Codexeinbandes von Poussay (Paris, Nationalbibl. lat. 10514), einer Reichenauer Handschrift aus der Zeit um 980, und des Einbandes eines Bamberger Sakramentars aus dem 1. Viertel des 11. Jahrhunderts.

Die sonst noch erhaltenen Prunkeinbände der von ottonischen Kaisern gestifteten Handschriften entstammen dem Bamberger Domschatz, wohin sie HEINRICH II. geschenkt hatte. Drei dieser Handschriften sind auf der Reichenau entstanden, und die Vermutung liegt nahe, daß auch ihre Einbände dort gearbeitet sind. Jedoch ist es nicht möglich, einen bestimmten Reichenauer Typus der Prachteinbände zu erkennen. Sie alle sind von Werk zu Werk als einzigartige künstlerische Schöpfungen entstanden und folgen sehr verschiedenartigen Gestaltungsmöglichkeiten der Zeit. Dabei werden auch kostbare Materialien älterer Herkunft, wie karolingische

---

1 Hodegetria = byzantinischer Madonnentypus.

und byzantinische Elfenbeine, byzantinisches Email, antike geschnittene Steine, verwendet[1].

Das Evangeliar OTTOS III. (Clm. 4453) trägt inmitten der Vorderseite des Deckels ein byzantinisches Elfenbein mit der Darstellung des Marientodes, eben jenes Stück, das vielleicht zum ersten Male den Reichenauer Künstlern die Bildvorstellung des ‹Marientodes› vermittelte. Rund herum, in einer breiten verschwenderischen Pracht über die Goldplatte verstreut, farbige Steine, Perlen, Filigrankegel, kleine Kugelpyramiden und einige antike, geschnittene Steine. Da auffallenderweise auf der Goldfläche das Filigranwerk fehlt, andrerseits Ansätze zu einer festen Ordnung der Edelsteine, beispielsweise in den Ecken, ebenso in der Verteilung der Perlen zu spüren sind, ist es möglich, daß der Einband nicht in seinem ursprünglichen Zustand erhalten blieb. Allerdings verwendet auch der Aachener Deckel kein Filigranwerk, zeigt dafür aber andere, die Zwischenräume der Steine füllende Motive.

Der Deckel des von KAISER HEINRICH II. an den Bamberger Dom geschenkten Perikopenbuchs (Clm. 4452, Cim. 57) setzt eine der prunkvollsten großen karolingischen Elfenbeintafeln des 9. Jahrhunderts in die Mitte und als Rahmen eine Folge von 12 byzantinischen Emails mit den Halbfiguren Christi und der Apostel, die durch kleine Gruppen von Edelsteinen und Perlen getrennt werden. Die Ecken sind durch Kreisbilder mit den Evangelistensymbolen in Zellenschmelz besetzt. Es ist das Gesetz des Kontrastreichtums, das diesen überaus reichen Einband KAISER HEINRICHS beherrscht. Man kann sich keinen größeren Gegensatz denken als den zwischen dem malerisch flutenden Stil des Elfenbeins und der großen feierlichen Art der darunter liegenden Handschrift, ebenso wie auf dem Deckel selbst die reiche Schnitzerei sich von der in gleichmäßigem Rhythmus laufenden Folge der 12 flachen Apostelemails absetzt und den Eindruck einer im ganzen eklektizistischen Arbeit unterstützt.

Ganz im Gegensatz zu diesem aus bereits geformten Einzelteilen komponierten Einbande gibt sich der Münchner Deckel der Cim. 59 (Clm. 4454) als eine in sich geschlossene Arbeit und als eines der künstlerisch bedeutendsten Werke, die die Reichenauer Goldschmiedekunst geschaffen hat (Abb. 44). Eine reine Goldschmiedearbeit, ohne figürliche Erzählungen, ohne Verwendung von Zellenschmelz, ausschließlich durch die überaus feine ornamentale Phantasie in ihrer Wirkung bestimmt. Der Deckel ist durch ein Bandkreuz in vier Felder geteilt. Die Ordnung der auf den Rahmungen weitmaschig verteilten Edelsteine, die den Blick auf den mit Perlen und Filigrankegeln geschmückten Goldgrund freilassen, kulminiert in der mit aller Pracht betonten zentralen Onyx-Komposition. Die rahmenden Bandstreifen sind ganz zart durch gekerbten Draht eingegrenzt. Die durch das bandförmige Kreuz entstehenden vier Felder werden ihrerseits von diagonal sich kreuzenden schmalen Strei-

---

1 Für die beiden folgende Einbände vgl. E. BASSERMANN-JORDAN u. W. SCHMIDT, Der Bamberger Domschatz. 1914, und MESSERER a. a. O.

fen geteilt. Wie der Onyx die Mitte des Bandkreuzes betont und auf die Gesamtfläche bezogen wird, so stehen auf den Diagonalschnittpunkten der Teilfelder rechteckige Schilder als Nebenzentren, die ihrerseits wiederum eine zentralisierende Ordnung aufweisen. Um einen größeren Edelstein in der Mitte stehen in den Achsen der Schilder je eine Perle, in den Ecken je ein runder Stein, in den Zwischenräumen Filigrankegel. Lebendig wird aber das Ganze vor allem dadurch, daß die in den vier Teilfeldern verbleibenden Trapeze durch in Gold getriebene Tierornamentik gefüllt sind, und zwar durch paarweis gruppierte Löwen und Adler in Ranken. In dieser Tierornamentik zeigt sich deutlich der künstlerische Geist der Reichenau, wie ein Vergleich mit dem Egbert-Psalter oder mit einer Initialseite aus Cim. 58 (z. B. LEIDINGER I, 44) erkennen läßt. Als Felderfüllung auf dem Golddeckel ordnen sie sich auf vollkommene Weise dem Gesamtcharakter ein. Sie bewahren gerade so viel an Gestalt, daß sie als heraldische Tiere aufgefaßt werden können, und besitzen wiederum so wenig Greifbares, daß sie als ein Spiel der bewegten Goldfläche erscheinen. Inmitten dieses über die Flächen spielenden Goldlichtes erheben sich die festen Inseln farbiger Steine, wie auch auf dem äußeren Rahmen und im Bandkreuz die Edelsteine das feste Gerüst in den mit großer Zartheit gezeichneten Filigranfiguren[1].

Daß in der vielseitigen Hildesheimer Werkstatt BERNWARDS auch Einbände für liturgische Handschriften angefertigt wurden, dürfen wir von vornherein annehmen. Der Deckel des Bernward-Evangeliars mit einem byzantinischen Elfenbein in der Mitte und den Evangelistensymbolen als Goldmedaillons in den Ecken kann sich freilich weder in der Gesamtkomposition noch in der gröberen Zeichnung des Filigranwerks mit den Erzeugnissen anderer Schulen messen.

Auf Regensburg als Entstehungsort weist der Deckel des Uta-Codex (München, lat. 13601) hin. Er fällt weniger durch seine Kunstmittel, die diejenigen der Zeit sind, auf, als durch die Tatsache, daß er fast seiner ganzen Höhe nach von der in Gold getriebenen Figur des thronenden Christus beherrscht wird, der nach Anordnung und Form die künstlerischen Grenzen eines Bucheinbandes zu sprengen droht. In der Tat läßt sich hier in Regenburg vom Kasten des Uta-Codex aus der Weg der deutschen Skulptur von der Kleinkunst in den ‹monumentalen› Bereich besonders aufschlußreich verfolgen. Denn der am Portal von St. Emmeram zur Zeit des ABTES REGINWARD (1049—1064) angebrachte Thronende Christus ist in der Art, wie er in der Vertiefung des kastenförmigen Rahmens — noch ohne feste Beziehung zur Portalarchitektur — sitzt, nichts anderes als eine ins ‹Plastische› gesteigerte Übertragung des Christus vom Uta-Codex. Es fehlt nicht einmal an engerer stilistischer Verwandtschaft

---

1 Eine sehr viel einfachere Form dieses Einbandtypus besitzen wir in einem sächsischen Buchdeckel zu Wolfenbüttel, den ADOLPH GOLDSCHMIDT in der ‹Festschrift für Paul Clemen› veröffentlichte.

in der Zeichnung der Mantelfalten, wenn man die Profilansicht des Portal-Christus mit dem Bucheinband vergleicht.

Je mehr wir uns den Goldschmiedearbeiten der Jahrhundertmitte nähern, um so deutlicher wird der stilistische Wandel, der auch in diesem Bereich sich seit frühottonischer Zeit vollzog. Ein aufschlußreiches Beispiel dafür bietet der goldene Bucheinband, den die Äbtissin Theophanu (1039—1056) des Essener Stiftes anfertigen ließ, jene Theophanu, die den von der Äbtissin Mathilde begonnenen Bau des Münsters zu Essen mit der Errichtung der Ostkrypta (Weihe 1051) beendete. Der Buchdeckel im Münsterschatz ist durch Inschrift an den Seiten als Stiftung Theophanus gesichert. Sie selbst sieht man kleinfigurig unten auf den goldgetriebenen Reliefs in Proskynese vor der thronenden Maria, empfohlen von der hl. Pinnosa und der hl. Walburgis. Die Mitte des Deckels nimmt die bereits erwähnte Elfenbeintafel, die eine Lütticher Komposition wiederholt, ein. Zu den Seiten stehen Peter und Paul, Kosmas und Damian, und oben erscheint der thronende Christus auf der Weltscheibe in einer Kreisglorie, die von zwei Engeln mit ausgebreiteten Flügeln gehalten wird. Als spätottonisch erweist sich die Gesamterscheinung dieses goldenen Einbandes vor allem im Vergleich mit dem Nürnberger Deckel der Kaiserin Theophanu um 990, mit dem er sich künstlerisch freilich nicht messen kann. Doch liegt der Vergleich um so näher, als das Gliederungsgerüst, mit dem Elfenbein in der Mitte, eine gewisse Verwandtschaft besitzt und sowohl in Nürnberg als auch in Essen einzelne Heiligenfiguren an den Langseiten übereinanderstehen. Während jedoch auf dem Nürnberger Deckel alles zart, frei und flächig geformt bleibt, wird der Eindruck beim Essener Einband durch die Neigung zur Verfestigung aller Formen bei dichter Füllung der Felder bestimmt. Die Heiligen stehen jetzt eng unter Arkaden und bekommen dadurch einen festen Halt, während in Nürnberg die Figuren auf dem freien Goldgrund wie schwebend angebracht sind. In Essen werden selbst die Rahmenzwickel über und unter den Heiligen mit kräftigen Ranken gefüllt. Die Rahmung im ganzen setzt sich stärker gegen die Füllung ab, vor allem dadurch, daß die Felder gegen die abgeschrägte Rahmenleiste vertieft liegen. Diese im Vergleich mit dem Nürnberger Deckel im Essener Theophanu-Einband so ausgeprägte Verfestigung der Formenwelt ist stilistisch im gleichen Sinne zu bewerten wie die auch in den übrigen Kunstgattungen, in der Buchmalerei, den Bildwerken und nicht minder in der Architektur, zu bemerkende Straffung und Festigung des Formengefüges um die Mitte des 11. Jahrhunderts. Ein Vergleich etwa des Werdener Kruzifixus mit dem Gero-Kreuz, der Mainzer Elfenbein-Maria oder Paderborner Imad-Madonna mit der Essener goldenen Figur, der Holztür von St. Maria im Kapitol mit der Hildesheimer Bernwardstür, der Echternacher Malerei mit der Reichenauer lassen die entsprechenden stilistischen Wandlungen vom Frühottonischen zum Spätottonischen deutlich erkennen, jedoch in dem Sinne, daß die neue Festigung des Formgefüges noch keine ‹Tektonik› aus dem Geiste des 12. Jahrhunderts bedeutet. Die Relieffiguren ebenso wie der Werdener Kruzifixus bleiben noch vorgewölbte Fläche, runden sich nicht plastisch von der Körperachse her. So erscheint die Festigung der Formensprache um 1050/60 noch nicht als neue ‹epochale› Stilbildung, sondern bewahrt die ottonische Grundhaltung und ist daher als stilistische Spätphase des Ottonischen zu verstehen.

Die Rückseiten der Bucheinbände weisen, da sie flach aufliegen mußten, eine ganz andere Technik auf als die Schauseiten. Gravierung und *Opus interrasile* (Ausschnittarbeit im Sinne von Theophilus Presbyter, *Schedula diversarum artium cap.* 71) werden hier verwendet, eine Kunstfertigkeit, die übrigens schon im 9. Jahrhundert auf der Reichenau geübt wurde. Die Gravierung ist der ottonischen Goldschmiedekunst allgemein bekannt. In ihr liegen bereits die Keime für die Ausbildung des graphischen Elements in der deutschen Kunst des späten Mittelalters. In ottonischer Goldschmiedekunst erscheint sie meist an solchen Stellen, die für das Auge weniger ins Gewicht fallen. Doch kommt sie auch auf den Vorderseiten der Bucheinbände vor wie im Gauzelindeckel oder in der Rahmung eines Lütticher Elfenbeins in Oxford oder auf dem Bamberger Sakramentar Lit. 1. Die Rückseite des Evangeliars von Poussay ist mit einer gravierten Metallplatte geschmückt, die in einem von Ranken umsäumten Feld den auf Aspis und Basilisk stehenden Christus zeigt, in der Haltung dem Christus des Baseler Antependiums verwandt. Für die Ausschnittarbeit bietet das Sakramentar HEINRICHS II. (Clm. 4456) das bemerkenswerteste Beispiel. Auf der Rückseite ist der hl. Gregor als Autor so dargestellt, daß man von Übertragung einer Miniatur in die Metalltechnik sprechen kann (Abb. 47). Aus dem Silberblech ist der Grund herausgeschnitten und die verbleibenden ‹Silhouetten› sind mit gravierter Binnenzeichnung behandelt. Ein älteres Beispiel bietet die Rückseite des Deckels der Handschrift Paris lat. 9453 mit dem thronenden Christus und Evangelistensymbolen. Die Rückseite des Deckels von Clm. 4452 zeigt ebenfalls *Opus interrasile,* in der Mitte das Lamm Gottes, in den Eckkreisen die Kardinaltugenden. Schließlich mag noch der Rückendeckel des Hildesheimer Guntbald-Evangeliars von 1011 genannt werden, den die stehende Gottesmutter, in Silberblech ausgeschnitten und mit gravierter Binnenzeichnung schmückt. Auf dem breiten Rahmen läuft die Inschrift: *Hoc Opus Eximium Bernwardi Psulis Arte Factum Cerne Deus Mater et Alma Tua*[1].

Schreine und Reliquiare

Unter den ottonischen Goldschmiedewerkstätten trägt die EGBERTS in Trier durch künstlerische Rangstufe ihrer Schöpfungen wie durch Eigenart der Schmuckmittel und der Technik am ehesten einen für uns deutlichen Schulcharakter. Ihre Zeugnisse allein würden hinreichen, die hohe Bedeutung der deutschen Goldschmiedekunst am Ausgang des 10. Jahrhunderts zu ermessen. Das Hauptwerk dieser Werkstatt ist der *Egbert-Schrein* des Trierer Domschatzes, ein Tragaltar in Form eines kastenförmigen Reliquiars (Abb. 45) zur Bewahrung der Sandale des Apostels Andreas, die in einer Nachbildung oben auf dem Deckel steht, und anderer Reliquien[2]. Dieser Andreasschrein ist inschriftlich als Stiftung des ERZBISCHOFS EGBERT bezeugt und damit seiner Entstehung nach auf die Zeit 977–993 bestimmt. Langseiten und Schmalseiten des Schreins, die sich paarwei-

---

1 ‹Mit diesem erlesenen Kunstwerk empfiehlt sich Bischof Bernward der Gnade des Herrn und der Gottesmutter.›

2 O. v. FALKE und H. FRAUBERGER, Deutsche Schmelzarbeiten des Mittelalters. 1914. — N. IRSCH, Der Dom zu Trier. Kunstdenkmäler der Rheinprovinz, 1931. — FRANZ RADEMACHER, Der Trierer Egbertschrein. Seine Beziehungen zur fränkisch-karolingischen Goldschmiedekunst. Trierer Zeitschrift, 11. Jahrg. 1936, S. 144 ff. Maße des Egbertschreins: H. mit Füßen 31 cm, Br. 44,7 cm; Tiefe 22 cm. Schiebedeckel.

se nach ihrem künstlerischen Charakter entsprechen, stehen in stärkstem Gegensatz zueinander. Was die künstlerische Gesamtwirkung anlangt, so trägt die Egbert-Werkstatt ihren eigenen Charakter darin, daß sie die Schönheit nicht in erster Linie durch kunstvolle Fügung von Edelsteinen erstrebt, sondern durch die geheimnisvollen Reize des Goldzellenschmelzes und durch eine überaus feine Verwendung der Glastechnik. So geht sie von vornherein im Gegensatz zu dem kräftigen karolingischen Relief auf flachere Gebilde und auf koloristische Zartheit aus. In den rahmenden Bändern des Egbertschreins wechseln rechteckig gestreckte Schmelzplättchen mit kleinen Plättchen, die auf den Langseiten des Schreins abwechselnd einen Edelstein oder eine Perle tragen, wobei die Perlen regelmäßig von einem Vierblatt aus herzförmig gefaßten roten Glasstücken begleitet werden. Die ruhige Wirkung der in den zartesten Schmelzfarben schimmernden Langseiten-Rahmen wird noch dadurch erhöht, daß die durch die Unterteilung sich ergebenden Felder des Kastens aus glatten Elfenbeinflächen bestehen. Die äußeren dieser Felder tragen in ihrer Mitte große Schmelzplatten mit den Evangelistensymbolen. In den Ecken sitzen nagelkopfartig angebrachte zierliche kreisrunde Schmelzscheiben. Ebenso auf dem mittleren Feld, auf das ein goldenes Löwenrelief aufgesetzt ist.

Zu der Ruhe der Langseiten kontrastiert überraschend die üppige Fülle dichtgedrängter Schmuckmotive auf den Schmalseiten des Schreins. Sogar die Ornamente der Schmelzplatten im Rahmen erscheinen hier reicher bewegt. Beide Schmalseiten sind verschiedenartig geformt, doch werden beide durch ein zentrales Motiv beherrscht. Die Stirnseite ist durch diagonal sich kreuzende Perlenreihen in große Dreiecksfelder aufgeteilt, die noch einmal durch Golddraht eine Unterteilung erfahren, so daß sich kleine, verschieden begrenzte Felder ergeben, die sämtlich mit in Goldblech ausgeschnittenen Tieren und Pflanzen gegen roten Glasgrund gefüllt sind. Die Schnittpunkte der Teilungslinien sind durch Edelsteine und kreisrunde Almandinscheiben besetzt.

Die andere Schmalseite ist durch übereinandergesetzte Bogenstellungen aus Perlen ebenfalls in kleine Felder aufgeteilt, deren Füllung wiederum durchbrochenen Arbeit – goldene Silhouetten gegen roten Grund – zeigt. Die große Zierscheibe der Mitte birgt im Zentrum eine Goldmünze Justinians I., die von Zonen verschiedener Schmuckelemente umrahmt wird (Niello, Granulierung, Zelleneinlage mit rotem und grünem Glas, Almandine auf Goldgrund).

Der besondere künstlerische Rang des Egbertschreins innerhalb des Ottonischen liegt darin, daß er zu ganz neuen Wirkungen durch die Verfeinerung der Zellenschmelztechnik gelangt und zugleich tief aus der germanischen Überlieferung schöpft – Franz Rademacher hat die Beziehung zur karolingischen und fränkischen Überlieferung einleuchtend nachgewiesen –, schließlich in der höchst gesteigerten Empfindung für die künstlerischen Möglichkeiten im Zusammenspiel solcher Schmuckmotive, die dem Eindruck eines eigentümlich Immateriellen dienen. Ein Heiliges als kostbarstes geistiges Gut im höchsten Sinne der Zeit sinnfällig durch Rahmung herauszuheben, ist hier Aufgabe und ist hier Gestalt geworden.

Von den übrigen erhaltenen Werken der Trierer Egbert-Werkstatt ist der Einband des Echternacher Evangeliars in Nürnberg bereits genannt worden (Abb. 42). Hinzu kommen zwei Reliquiare im Domschatz von Limburg a. d. Lahn und Trier (die Hülle des Petrusstabes und die Nagelkapsel), ferner im Charlottenburger Beuth-Schinkel-Museum ein goldener, wahrscheinlich für einen Tragaltar bestimmter Rahmen[1], alles Werke, die durch ihre erlesene künstlerische Arbeit, Bevorzugung des Zellenschmelzes und Verwendung von Glasstücken zu einer Gruppe von bestimmtem stilistischen Gepräge sich zusammenfinden.

Wie sich auf dem Gebiete der Buchmalerei und der Sakralbaukunst für die Zeit von etwa 980 bis zum zweiten Jahrzehnt des 11. Jahrhunderts vielfach eine Wandlung des ottonischen Stils beobachten läßt in der Weise, daß die Form der Kunstwerke dem Großen und Feierlichen zustrebt und damit das Vielteilige und Zierliche einem neuen Gesamtzusammenhang einordnet, so lassen sich auch manche Züge in den Werken der Goldschmiedekunst in dem gemeinten Sinne auffassen. Der Tragaltar Kaiser Heinrichs II. in der Schatzkammer der Münchner Residenz mag neben dem Baseler Antependium als eine der eindrucksvollsten Goldschmiedearbeiten für die Gestaltungskraft der Heinrichs-Zeit genannt werden[2]. Nach der Inschrift handelt es sich um eine Stiftung Kaiser Heinrichs an den Bamberger Dom, so daß die Entstehung in die Zeit zwischen 1014 und 1024 fällt. Der Tragaltar (Abb. 46), zugleich Kreuzreliquiar (43 × 36 cm), ist zum Aufklappen eingerichtet. In der Mitte befindet sich die Altarplatte aus Bergkristall, unter der die Kreuzarmvertiefungen für die Kreuzpartikel liegen, begleitet von den Bildern der vier Evangelisten in Niellotechnik. Von der Altarplatte als der Mitte aus entfaltet sich die Ordnung der Rahmungen, die sich ständig in ihrer Wirkung steigern. Die dicht gereihten Kreisformen in den Fassungen der Steine des äußeren Rahmens dominieren und finden ein Echo in den kleineren Kreisfassungen des inneren Rahmens, in dem Edelsteine (Amethyste, Saphire, Malachite) mit Perlrosetten wechseln. Der Stil dieser Ordnung wird dadurch bestimmt, daß der dichteste Reichtum der Teileinheiten sich mit der lautersten Klarheit in der Schaubarkeit des Ganzen vereinigt. Die nach Größe, Form und Farbe verschiedenen Edelsteine werden dadurch, daß sie als Mittelstück auf den gleichmäßig umlaufenden zylindrischen, seitlich in Golddrahtarkaden durchbrochenen Scheiben

---

1 Abb. bei P. O. Rave, Die Kunstsammlung Beuths. Zeitschr. d. Dtsch. Vereins f. Kunstw. 1935, S. 484.

2 H. 43 cm, Br. 36 cm, aus dem Bamberger Dom. Vgl. Bassermann-Jordan, Bamberger Domschatz, a. a. O. Nr. 36. — J. Braun, Der christliche Altar (1924) I, 447 Anm. 16. — Amtl. Führer der ‹Schatzkammer der Reichen Kapelle in der Münchener Residenz›, 1939. — Messerer, Bamberger Domschatz (1952) Nr. 56.

liegen, in die höhere Ordnung eingebettet. Der freibleibende Grund der einzelnen Scheiben ist mit Filigranwerk und Filigrankegeln geschmückt. So wird jeder Edelstein zu leuchtender Kraft emporgehoben. In den Zwischenräumen der Scheiben stehen Perltürme als größere Motive und kleine Kugelpyramiden. Die Rahmenmitte ist oben durch eine Kristallkugel, unten durch eine Petruskamee ausgezeichnet.

Die Rückseite mit Gravierung und Ausschnittarbeit gibt in Bildsymbolen den Hinweis auf den Opfertod Christi: das *Agnus Dei* im Kreis, von Engeln gehalten, die Ekklesia, die im Kelch das Blut des Lammes auffängt, links und rechts die Priesterfiguren von Aaron und Melchisedek, unten die Opferung Isaaks. Als Randschmuck in einfachen Metallreifen 24 teilvergoldete weibliche Brustbilder mit Kronen als Darstellungen von Tugenden und Heiligen [1].

Kruzifixe, Leuchter

In dem so reichen Bestande der ottonischen Goldschmiedekunst steht nach ihrer künstlerischen und kunstgeschichtlichen Bedeutung an hervorragender Stelle eine Reihe von Kruzifixen und Gemmenkreuzen, die als thematisch zusammengehörig hier ihren Platz finden sollen. Anders als bei den Großkreuzen wird der Kruzifix der Kleinkunst im allgemeinen so behandelt, daß das Kreuz selbst den kostbar ausgeschmückten Grund und Rahmen für die Gestalt des Heilands bildet. In der Tat ist der Leib Christi niemals in einen so strahlenden Schimmer eingebettet worden wie in ottonischer Zeit.

Der Typus erscheint zunächst voll ausgebildet in drei Kreuzen, die sich im Essener Münsterschatz befinden [2]. Das früheste ist zeitlich bestimmt durch die zu Füßen des Gekreuzigten in den milden Farben der Schmelztechnik angebrachten Stifterfiguren der Äbtissin Mathilde und ihres Bruders Otto, Herzogs von Schwaben (MAHTHILD ABBAtissa. OTTO DUX). Als Enkelkinder Ottos des Grossen sind sie dem Kaiserhause aufs engste verbunden. Unter Äbtissin Mathilde (971—1011) erlebte das Essener Stift eine hohe Blütezeit, wie schon der Bau des Westchors erweist. Da Herzog Otto bereits 982 starb, ist dieses erste Mathildenkreuz zwischen 971 und 982 entstanden.

Das Kreuz, ein lateinisches Kreuz mit kapitellartigen Enden, zeigt in getriebenem Golde den Leib Christi auf glatter Fläche ausgebreitet, eingefaßt von einem reichen Rahmen aus Edelsteinen und Perlen über filigrangeschmücktem Goldgrund. Als Randlinie des Rahmens

1 Über die Schwierigkeit, den Entstehungsort für den Tragaltar Kaiser Heinrichs sowie der mit seinen Gravierungen verwandten Arbeiten, hauptsächlich mit dem Tragaltar aus Wattenbach (München, Bayer. Nationalmuseum), ausfindig zu machen, vgl. Messerer, Bamberger Domschatz, S. 63, und Buddensieg im Wallraf-Richartz-Jahrb. 1957, S. 164 ff. Wahrscheinlich muß Bamberg als Sitz der Werkstatt angenommen werden.

2 G. Humann, Die Kunstwerke der Münsterkirche zu Essen. Düsseldorf, 1904. — Kurt Wilhelm-Kästner, Das Münster zu Essen, 1929.

eine feine Perlschnur. Wie der goldene Leib Christi nichts Körperliches erstrebt, sondern als etwas zart Verschwebendes erscheint, eingebettet in die farbige Lichtkraft der Steine, so wandelt sich das Motiv des Gekreuzigten zum strahlenden Symbol einer Überwindung des Todes. Bei der verletzlichen Art solcher Treibarbeit in Gold haben sich die Züge des Antlitzes Christi im Laufe der Zeit leicht verwischt, doch wird das zur Seite geneigte Haupt durch die erlesene Gestaltung des Nimbus – aus Perlschnüren, Filigran und farbigen Steinen – gehoben.

Das zweite Mathildenkreuz (Abb. 48) trägt einen Bronze-Kruzifixus, der in seiner kräftigeren und gröberen Körperlichkeit spätere Entstehung erkennen läßt. Am Rahmenschmuck mit den reicher ausgestatteten Endigungen der Kreuzarme tritt jetzt Zellenschmelz auf, der auf dem ersten Kreuze an dieser Stelle noch fehlt. Es wechseln ringsherum Steine und Schmelzplättchen, und beiderseits im Querarm erscheinen die dem frühen Mittelalter im Zusammenhang mit der Kreuzigungsdarstellung so vertrauten Personifikationen von *Sol* und *Luna* ebenfalls in Emailbildern.

In der Aufnahme des Goldzellenschmelzes in die Goldschmiedewerkstatt wetteifert MATHILDE als Auftraggeberin mit den vornehmsten Kunstzentren des Reiches. Es scheint, daß sich in Essen eine selbständige Schule entwickelt hat, und zwar gleichzeitig mit Trier, das in der Pflege des Goldzellenschmelzes die Führung innehatte. Leider haben sich unter den Trierer Arbeiten keine Kruzifixe (die im Domschatz, Inventar von 1238, erwähnt werden) zum Vergleich erhalten[1]. Die Ornamentik der Essener Schmelzplättchen ist im übrigen nicht so fein und reich bewegt wie die Trierer, sondern bevorzugt mehr geometrisierende Motive. Auch die Evangelistensymbole zeigen in Trier reichere und bestimmtere Durchzeichnung als etwa die Symbole in dem gleich zu erwähnenden Essener Kreuz mit dem Medusenhaupt. Doch bleibt der Sinn, die Entrückung der Bildvorstellung, die alles Figürliche durch die Schmelzfarben erfährt, der gleiche. Ähnlich ist die Verwendung antiker Gemmen und geschnittener Steine zu verstehen. Das Schattenhafte und Geheimnisvolle einer in Kristall geschnittenen Figur (wie auf dem linken Kreuzarm des zweiten Mathildenkreuzes) fügt sich vollkommen dem märchenhaften Glanz der Gesamtwirkung ein.

Zu Füßen des Gekreuzigten sieht man auf diesem Mathildenkreuz einen geschnittenen Stein mit einem liegenden Löwen. Nicht immer können wir hinter dem Schmuckwert figurierter Steine noch einen gedanklichen Zusammenhang vermuten. Hier jedoch ist er gegeben. Der Löwe bietet sich hier als Symbol der Auferstehung, da nach der mittelalterlichen Vorstellung der Löwe seine totgeborenen Jungen am dritten Tage durch Brüllen zum Leben erweckt. – Unter dem Löwenstein ist in Goldzellenschmelz die vor der frontal thronenden Gottesmutter kniende ÄBTISSIN MATHILDE ange-

---

1 Das Maastrichter Kreuz (GOLDSCHMIDT, Elfenbeinsk. II, 172), das zumeist dem Schulbereich der Trierer Werkstatt angegliedert wird, zeigt im Kruzifix noch einen Nachklang der Kunst des Echternacher Schnitzers. Das Kreuz selbst, mit den geradlinig schließenden Armen, verwendet ein einziges Vierblatt als Emailornament und kann, falls es einen Trierer Typus widerspiegeln sollte, nur als stark vereinfachende und vergröbernde Formung gelten.

bracht, deren deutscher Name MAHTHILD in großen Buchstaben über die Restfläche des Plättchens verteilt ist.

Wie stark auch weiterhin in Essen die Technik des Zellenschmelzes für die Gestaltung des Kultgerätes herangezogen wird, zeigt ein weiteres Kreuz des Münsterschatzes, ein Vortragekreuz, das keinen Stifternamen nennt. Statt des *Corpus Christi* ist hier in der Mitte die Kreuzigungsszene als Schmelzarbeit eingelassen, und diesem Mittelstück entsprechen an den Kreuzenden die Evangelistensymbole in der gleichen farbig-flächigen Erscheinung. Die Umrandung, abwechselnd Steine (mit begleitenden Perlen) und Schmelzplättchen, bildet an den Kreuzenden gröbere Umrißlinien. Die Binnenflächen des Kreuzes sind, da der Leib Christi fehlt, mit Steinen und Perlen, zusammen mit Filigran, weitmaschig besetzt, wobei der längere Arm unten durch einen geschnittenen Stein mit Medusenhaupt eine Betonung erfährt.

Die Rückseiten der Essener Kreuze sind, wie fast alle ottonischen Kreuze, mit Gravierungen geschmückt.

Für Süddeutschland mag das Gisela-Kreuz der Schatzkammer, der Münchner Residenz als Vertreter des Typus gelten[1]. Wie aus den Inschriften hervorgeht (u. a. *hanc crucem Gisela devota regina ad tumulum matris Gisile donare curavit*) handelt es sich um eine Stiftung der KÖNIGIN GISELA VON UNGARN, Schwester HEINRICHS II. für das Grab ihrer Mutter GISELA VON BURGUND, HERZOGIN VON BAYERN, die im Kloster Niedermünster in Regensburg begraben ist. Ihr Todesjahr 1006 weist zugleich auf die Entstehungszeit des Goldkreuzes hin.

Im Vergleich mit den Essener Mathilden-Kreuzen fällt das soviel spätere Gisela-Kreuz sofort durch die Veränderung der Proportion und der Kreuzform auf. Der breite, flächig sich ausdehnende Querbalken zeigt in der geradlinigen Umrandung eine Vereinfachung des Umrisses, so daß die Kreuzform gewissermaßen das Motiv der kerzengrade und rein frontal gebildeten Gestalt des Gekreuzigten übersteigert. Die um das Kreuz umlaufende Rahmung besteht aus einem breiten Streifen Schmelzplättchen in rautenförmiger Ordnung von perlenumsäumten Feldern, der äußere Rand ist durch einen schmalen Streifen dicht gereihter kleiner Edelsteine in Kasten- und Blattkranzfassungen gebildet. Nur die Kreuzenden sind mit größeren Steinen besetzt. Der goldene Leib des Gekreuzigten — in vollrundem Goldguß — mit den wie gewalzten Gliedern zeigt eine kunstvoll ornamentalisierte Binnenzeichnung. Die Eleganz in der geglätteten Formenführung zusammen mit dem Feierlichen des Ausdrucks läßt byzantinischen Einschlag erkennen. Man mag den Kruzifixus der Halberstädter Silberschale vergleichen. Kostbar geformt ist auch die Rückseite mit der schattenhaft aus dem Goldgrunde zwischen prachtvoll bewegten Ranken ausgesparten Kruzifix-Silhouette. Der Umrahmung dient hier ein der Schauseite ähnliches, aber einfacheres Band von Schmelzplättchen. Die Arbeit ist nach Stifterin und Bestimmung offenbar aus einer Regensburger Werkstatt hervorgegangen und lehrt, daß um 1006 die Schmelztechnik auch in Regensburg geübt wurde.

---

1 H. 44,5 cm, Br. 32 cm. Schatzkammer der Reichen Kapelle in der Münchener Residenz. Amtlicher Führer bearbeitet von FRITZ HAEBERLEIN, 1939. — BOECKLER, Ars Sacra Nr. 166.

Von solchen prunkvoll gefaßten Kruzifixen unterscheidet sich aufs stärkste der kleine silberne, ergreifend schlichte Kruzifix BERNWARDS in Hildesheim. Hier spricht allein die Figur des Erlösers ohne Schmuckrahmen. Das volkstümlich Einfache, dabei ungemein ausdrucksvoll Erzählende der Figur verbindet sie mit der in der Hildesheimer Gießhütte vorherrschenden Sprache, besonders mit der Bernwardstür. Die Rückseite trägt die eingravierte Inschrift *Bernwardus Presul fecit hoc*, so daß man versucht ist, BERNWARD hier auch als Künstler zu nehmen. Jedenfalls bietet die Arbeit ein gewichtiges Zeugnis für die eigene Gestaltungskraft der Hildesheimer Kleinkunst unter Förderung des Bischofs, wenn auch für das Motiv der Figur selbst das Adalbero-Relief als Vorbild herangezogen werden kann [1].

Daß die Hildesheimer Werkstatt grade in der figürlichen Kleinplastik eine eigene Stellung unter den ottonischen Goldschmiedewerkstätten einnimmt, bezeugen auch die aus dem Grabe BERNWARDS stammenden beiden ‹silbernen› Leuchter, die in diesem Zusammenhange als höchst reizvolle Gebilde ottonischer Kleinkunst genannt seien (Abb. 35). Kunstgeschichtlich kommt ihnen ein hoher Rang zu, denn sie stehen am Anfang aller deutschen Kirchenleuchter, enthalten alle wesentlichen Gliederungsmotive solcher mittelalterlichen Kerzenträger und sind reich an phantasievollem Formenspiel [2]. Den Leuchterfuß bilden über Klauen je drei geflügelte Drachen, auf denen nackte, emporschauende Männer hocken. Die durch Rankenknoten gegliederten Schäfte werden vom Stamm eines Rebstocks spiralig umwunden, zwischen dessen Ästen und Trauben sich Winzer und Vögel bewegen. Unten am Beginn des Rebstockes Löwen, am oberen Knauf kleine Köpfe. Die Tropfschalen werden von Panthern gehalten.

Umrankte Leuchterschäfte gab es in der Spätantike, worauf O. v. FALKE hinwies. Doch liegt in der ornamentalen Verflechtung von Ranken, Tieren und menschlichen Figuren etwas eigentümlich Nordisches, das in den Bernwardsleuchtern gleich sehr bestimmt geprägt erscheint und als ottonische

---

1 Der Hinweis auf das Adalbero-Elfenbein bei E. PANOFSKY, Deutsche Plastik vom 11. bis 13. Jahrhundert. — Vgl., auch zum folgenden, WESENBERG, Bernwardinische Plastik. 1955.

2 Zwei silberne Leuchter BERNWARDS, Hildesheim, Magdalenenkirche. Höhe 40 cm. — Aus der gleichen Werkstatt die Krümme eines Bischofsstabes mit Adam und Eva. Hildesheim, Domschatz. Höhe 11 cm. — Zu den Leuchtern vgl. OTTO V. FALKE und ERICH MEYER, Bronzegeräte des Mittelalters. Bd. I, Berlin 1935, wo sie die Reihe der mittelalterlichen Leuchter eröffnen.
Zeitlich voran geht der siebenarmige Leuchter des Essener Münsters, durch die Inschrift ‹*Mahthild Abbatissa me fieri iussit et Christo consecravit*› als Stiftung der ÄBTISSIN MATHILDE (973—1011) gesichert. Nach O. v. FALKE, a. a. O. S. 24 zwar in Deutschland ausgeführt, aber von byzantinischem Gepräge. Der Ruhm der Enkelin OTTOS DES GROSSEN als Auftraggeberin erlesener Kunstwerke wird durch die formvollendete Arbeit dieses großen Bronzeleuchters weiter erhöht.

Vorform die innere Verwandschaft selbst mit einem so reichen Gebilde wie dem Gloucester-Leuchter um 1110 in London noch erkennen läßt. Das Motiv des spiralig gewundenen Rebstocks könnte aus älterer Quelle auch durch Miniaturen vermittelt sein. Es erscheint mit Winzern und Vögeln gelegentlich an den Säulen von Kanontafeln, so auf der Reichenau im Clm. 4454 (LEIDINGER VI, Taf. 9 und 10), aber auch schon zu karolingischer Zeit in Miniaturen der Adagruppe.

Verglichen mit den schweren, ja, ‹barocken› Leuchterformen des 12. Jahrhunderts fällt das zierlich Lockere, anmutig Gefügte der Bernwardsleuchter als etwas ihnen Eigentümliches ins Auge. Bemerkenswert wegen der Versuche auf technischem Gebiet in der Goldschmiedewerkstatt BERNWARDS ist schließlich die Inschrift auf den Leuchtern. Sie lautet: *Bernwardus presul candelabrum hoc Puerum suum primo huius artis flore non auro non argento et tamen ut cernis conflare iubebat.* ‹Bernward ließ diesen Leuchter durch seinen Gehilfen in der ersten Blüte dieser Kunst weder aus Gold noch aus Silber, sondern so wie du siehst, gießen.›

Kreuze

Zu nicht geringerer sakraler Wirkung als die juwelengeschmückten Goldkreuze, die dem Kruzifixus als verzaubernde Hintergründe dienen, gelangen diejenigen, die ausschließlich das Kreuzsymbol – ohne den Gekreuzigten – gestalten. Im frühen Mittelalter wird die Macht des Kreuzes als eines Siegeszeichens aufs stärkste betont. In der germanischen Frühzeit tritt die Vorstellung von der Erlösungstat durch die Erniedrigung des Gottes am Kreuz sogar noch zurück, da sie der heldischen Auffassung Christi widerspricht. Dagegen spielt die Kreuzverehrung eine bedeutende Rolle. Für die ottonische Zeit erfahren wir auch aus den Quellen von der magischen Gewalt des Kreuzes, so bei THANGMAR, dem Biographen BERNWARDS, wenn er von der alles Böse abwehrenden Kraft des ‹Siegeszeichens› spricht. So läßt sich von vornherein erwarten, daß auch die Kunst dieser Epoche alles daran setzt, um mit ihren Mitteln die Zauberkraft des Kreuzes zu veranschaulichen. Der Typus des Siegeskreuzes ist alt und geht offenbar auf konstantinische Zeit zurück. Ein großes, mit Edelsteinen geschmücktes Votivkreuz KONSTANTINS befand sich in Jerusalem. Aus den folgenden Jahrhunderten haben sich verschiedene reich geschmückte Kreuze erhalten, so das byzantinische Kreuz KAISER JUSTINS II. (Vatikan) aus dem 6. Jahrhundert, ein gleicharmiges Kreuz von 878 in Oviedo, das Gemmenkreuz der Capella Sancta Sanctorum in Rom, das oberitalienische Berengarkreuz, ferner ein gleicharmiges Kreuz im Nürnberger Germanischen Museum u. a. Aus karolingischer Zeit stammte auch das künstlerisch offenbar hervorragende Kreuz vom Hochaltar von St. Denis, das uns nur noch aus einer Abbildung bekannt ist. (SIR MARTIN CONWAY, *Burlington Magazine 1914*, S. 236).

Auch für diesen Typus setzt gleich das 10. Jahrhundert in Deutschland mit einer hervorragenden Arbeit ein und bezeugt damit den hohen Rang der ottonischen Goldschmiedekunst. Es ist das Lotharkreuz (Abb. 49) im Aachener Münsterschatz, das am Beginn der

Reihe steht (H. 50 cm, Br. 38,5 cm). Im Vergleich mit den uns bekannten karolingischen Kreuzen liegt die veränderte künstlerische und stilistische Wirkung des ottonischen Kreuzes in dem stärkeren Kontrastreichtum der Gesamterscheinung. Das gilt nicht nur für das Lotharkreuz, sondern auch für spätere Beispiele, aber im Lotharkreuz erscheint dieses Merkmal gleich auf das vollkommenste ausgebildet. Beim lateinischen Kreuz spielt schon das Verhältnis der Kreuzarme zueinander nach Länge und Breite eine wichtige Rolle. Die schöne Ausgewogenheit, die das Lotharkreuz in dieser Hinsicht zeigt — der untere Arm hat die doppelte Länge wie die kürzen Arme —, würde indessen noch nicht genügen, um den Adel der Maßverhältnisse zur Anschauung zu bringen, wenn nicht jeder Kreuzbalken seine reiche kapitellartige Bekrönung erhielte, entsprechend der Formung der Essener Mathildenkreuze. Aber diese Betonung der Kreuzesenden käme wiederum nicht zu solcher Geltung, wenn nicht die Kreuzesmitte nun durch einen höchst bedeutungsvollen Akzent ausgezeichnet wäre. Der Schnittpunkt der Kreuzarme ist durch eine große antike Kamee, einen herrlich geschnittenen indischen Sardonyx mit dem Kaiserbilde des AUGUSTUS geschmückt. Sie steht hier sicherlich nicht nur als Schmuckwert. Nach den überzeugenden Forschungen von J. DEÉR ist indessen die Kamee nicht, wie ich früher annahm, als Zeichen für die Christus-König-Auffassung zu deuten, sondern kann ‹nur den Sinn eines durch einen gleichzeitigen deutschen Herrscher, am wahrscheinlichsten wohl durch OTTO III., angeeigneten Bildnisses gehabt haben›, letzten Endes, wie DEÉR nachweist, aus der byzantinischen Ikonographie zu erklären, wobei die persönlichen Beziehungen der Ottonen durch die Verbindung OTTOS II. mit der byzantinischen PRINZESSIN THEOPHANU gewiß eine Rolle spielten. ‹Wahrscheinlich OTTO III. ließ in die Vierung des Aachener Kreuzes als eigenes Bildnis die römische Kaiserkamee setzen, wie eine solche Auszeichnung des Kaiserbildes im Heimatland und in der Familie seiner Mutter üblich war.[1]›

Etwas von dem strahlenden Glanz der antiken Kamee im Lotharkreuz liegt nun auch in der wunderbar überlegten Ordnung der über die Kreuzarme verstreuten Smaragde, Amethyste, Rubinen, Perlen und Filigrankegel. Die gemugelten Steine, große und kleine, hohe und niedrige, sind durch weite Abstände untereinander und von den Perlen getrennt, verteilen ihr farbiges Licht über den mit Filigranranken lebendig bewegten Goldgrund, die Steine in durchbrochenen Fassungen. An den durch einen ungeschliffenen Saphir ausgezeichneten Kreuzarmen wirkt am mittleren Profil neben der Filigranarbeit ein Zellenschmelzmuster mit. Für die Gesamtkomposition nicht unwichtig, daß am unteren längeren Arm der Siegelstempel LOTHARS II. VON LOTHRINGEN (855—869), ein Bergkristall mit eingeschnittenem Kaiserkopf, in formaler Entsprechung zu dem Oval

1 J. DEÉR, Das Kaiserbild im Kreuz. (Schweizer Beiträge zur Allgemeinen Geschichte, Bd. 13, 1955 S. 48 ff.)

der Augustuskamee eingelassen ist. Nach diesem Stempel hat das Kreuz, das um 1000 entstand (nach SCHNITZLER in einer Kölner Werkstatt) und das als Vortragekreuz bei Prozessionen und bei den großen politischen Feierlichkeiten der deutschen Kaiser in der Aachener Pfalzkapelle diente, seinen Namen erhalten.

Die Rückseite trägt in höchst ausdrucksvoller Gravierzeichnung die Gestalt des Gekreuzigten, dem die Hand Gottes den Siegeskranz verleiht, eine der besten ‹graphischen› Figurendarstellungen in ottonischer Zeit.

Mit dem großen Reichskreuz der Wiener Schatzkammer (Abb. 50) betreten wir die Welt der vornehmsten Reichssymbole[1]. Eine starke, zauberhafte Kraft der Erscheinung wohnt dem Reichskreuz inne. Es wirkt durch nichts als durch seine geistdurchstrahlte, bezwingend klare und große Form, die aus dem Gleichgewicht im Verhältnis der vier nach außen ragenden Quadrate zu dem ein wenig größeren Mittelfeld entspringt. Kreuzarme und Enden sind mit einem wahren Kosmos lichthaltiger Steine und Perlen bedeckt. Auf den Endquadraten bewegen sich die wie Trabanten um die rot funkelnde Mitte kreisenden blauen Steine in vollendeter Harmonie. Die Wegbahnen der Kreuzarme selbst werden von vierfachen dichten Perlenreihen, begleitet von blauen Edelsteinen und größeren Perlen, in ununterbrochenem Zuge durchlaufen. Das Gestaltungsgesetz ottonischer Goldschmiedekunst gelangt hier zur herrlichsten Entfaltung. Die Spannung zwischen lauterster Klarheit der Gesamterscheinung und prunkvollstem Reichtum der Teile kann nicht weitergetrieben werden. Das Geheimnis der künstlerischen Qualität ruht eben in dieser zur Einheit gelösten Spannung. Jeder Edelstein, jede Perle, jeder aus Golddraht gesponnene Kegel bedeutet einen Kosmos für sich. Jedem Edelstein wird sein eigenes Leben gegönnt, und die Fassung unterstützt das Lebendige der Wirkung. Steine und Perlen in den Feldern und Rahmungen sind über den filigrangeschmückten Goldgrund emporgehoben, die Steine von lichtdurchlässigen Arkaden, so daß sie wie kleine Kuppelbauten erscheinen (Abb. 52). Die Kreisform herrscht in allen Teilen vor, wie denn das zentralisierende Prinzip im einzelnen wie im ganzen eine wohltätige Herrschaft ausübt, jedoch ohne beengenden Zwang, ohne jede Gewalt. Man betrachte nur das große im Schnittpunkt der Kreuzarme stehende Feld. In der Mitte ein großer ovaler Stein, umsäumt von Perlen, diese wiederum umkränzt von einer im Kreise laufenden Folge von Juwelen und Perlen auf runder Scheibe als Herzstück des

---

1 Reichskreuz, zu den Reichskleinodien gehörend, Wien. H. 78 cm, Br. 71 cm, T. 5 cm. Den vergoldeten Silbersockel ließ KARL IV. anfertigen. Literatur: ARPAD WEIXLGÄRTNER, Die Weltliche Schatzkammer in Wien (Neue Funde und Forschungen I, II), Jahrb. d. kunsthistor. Slg. in Wien N. F. Bd. I (1926), S. 15–84. — DERS., Führer durch die Weltliche Schatzkammer. 8. Aufl. Wien 1937. — DERS., Geschichte im Widerschein der Reichskleinodien, o. J. (1938). — HERMANN FILLITZ, Die Insignien und Kleinodien des Heiligen Römischen Reiches. Wien o. J. (1954).

quadratischen Feldes. Den Übergang zum Quadrat vermitteln große, glanzvoll gefaßte Steine, wobei die tellerförmigen Träger für den Ausgleich zwischen den verschiedenen Größenwerten der Steine sorgen. Aber damit nicht genug. Die Zwischenräume sind wiederum durch bogenförmig im Viertelkreise geordnete Perlen und Filigrankegel gefüllt und in den kleinsten verbleibenden Lücken erheben sich zierliche Pyramiden von Goldkugeln. An den Seiten des Kreuzes entlang läuft die Inschrift: ECCE CRUCEM DOMINI FUGIAT PARS HOSTIS INIQUI + HINC CHUONRADE TIBI CEDANT OMNES INIMICI [1]. Diese Inschrift vermittelt uns die tiefere Bedeutung des Standkreuzes. Es ist ein Siegeskreuz, bestimmt, dem KAISER KONRAD II. gegen alle Widersacher zu helfen. Dem entspricht, daß das Kreuz die ehrwürdigen Reliquien des Reiches in sich birgt, die Heilige Lanze (im Querarm) und ein Stück vom Kreuze Christi (im unteren Stamm). Die Behälter dafür sind von der Rückseite des Kreuzes her aus dem Holz herausgearbeitet. Mit der Lanze hat sich ein Symbol der Reichsgewalt erhalten, das im 10. Jahrhundert die höchste Bedeutung besaß. Es ist die Lanze, die 926 aus Burgund an HEINRICH I. kam. Unter Vorantragung dieser Lanze hatten die deutschen Kaiser ihre Schlachten geschlagen. 955 sah sie den Sieg OTTOS DES GROSSEN über die Ungarn auf dem Lechfelde. Es ist die gleiche Lanze, mit der HEINRICH II. 1002 zu Mainz die Herrschaft übernahm und die auch im Sakramentar HEINRICHS auf dem Belehnungsbilde erscheint, wo sie von Engelsboten dem Kaiser in die Hand gereicht wird. Später wurde sie als Rechtssymbol von der Kaiserkrone verdrängt und als Reliquie im Reichskreuz verwahrt. Niemals ist eine politische Reliquie kostbarer gefaßt worden als die Reichslanze in diesem strahlenden Zeichen [2].

Weltlicher Schmuck, Kaiserkronen

Den für die Kirche bestimmten Goldschmiedearbeiten hat der weltliche Schmuck der ottonischen Epoche in keiner Weise nachgestanden, aber naturgemäß sind Beispiele für den weltlichen Schmuck in sehr viel geringerer Zahl auf uns gekommen als die Werke aus dem sakralen Bereich. Glücklicherweise kennen wir in dem zu Mainz gefundenen Goldschmuck der KAISERIN GISELA ein einzigartiges Zeugnis für das hohe Können deutscher Goldschmiedekunst zu Be-

---

1 ‹Vor diesem Kreuz des Herrn da möge der Anhang des bösen Feindes die Flucht ergreifen. Daher mögen (auch) Dir, Konrad, alle Widersacher weichen› (Übersetzung nach WEIXLGÄRTNER).

2 Der Entstehungsort des Reichskreuzes, das wahrscheinlich schon von HEINRICH II. in Auftrag gegeben wurde, bleibt strittig und ist nur durch Formvergleiche zu ermitteln. In Betracht kommen die Reichenau und Bamberg. Neuerdings wird der Versuch gemacht, Fulda als ‹führende kaiserliche Goldschmiedeschule der Zeit HEINRICHS II.› zu erschließen. Vgl. BUDDENSIEG a. a. O. S. 184.

ginn des 11. Jahrhunderts auch auf diesem Gebiete [1]. Dieser Schmuck, dessen dem Berliner Schloßmuseum gehöriger Bestand im Kriege vernichtet wurde — einzelne Stücke in Mainz — umfaßte sehr verschiedenartige Teile, so daß er uns zugleich ein Bild von der Mannigfaltigkeit des am Leibe getragenen Geschmeides gewährt. Erhalten hatten sich teils solche Stücke, die offenbar zum Krönungsornat einer kaiserlichen Frau gehörten, dann aber auch solche, die allgemein bei festlichen Anlässen die fürstliche Bedeutung der Trägerin hervorhoben: Halsschmuck, Brustschmuck, zwei Adlerfibeln, mehrere große goldene Ohrgehänge, 9 goldene Fingerringe, ein großer und ein kleiner Fürspan, ein Paar große Tasseln, ein Goldbuckel und Stecknadeln aus Silber mit goldenem Kugelknauf. Außer Zusammenhang mit diesem kaiserlichen Schmuck haben sich zwei kreuzförmige Tasseln gleichen Stils (im Mainzer Domschatz) erhalten und kleine Fibeln in Nürnberg und Rom.

Ausdrucksmittel und Technik sind die gleichen wie beim sakralen Schmuck. Die Verbindung von Gold, Filigran, farbigen Edelsteinen, Perlen und Email treffen wir auch hier wiederum an. Zu den kunstvollsten Arbeiten rechnet der große runde Fürspan (Durchmesser 8,5 cm; H. 4,5 cm), aus dessen zierlichen, zentralistisch geordneten Filigrannetzen sich Edelsteine und Perlen wie kleine Kuppelkrönungen erheben. Auch das altgermanische Motiv der Adlerfibel taucht in dieser Schmuckgruppe in neuer großartiger Form auf: ein Adler mit Goldzellenschmelz in Kopf, Flügeln und Schwanz, eingerahmt von einem durchbrochenen Filigrankranz, in der großen Fibel des Mainzer Museums und eine ähnlich gestaltete Fibel mit festem Rahmenkranz unter den ehemals im Berliner Museum verwahrten Stücken. Merkmale für eine bestimmte Werkstätte, in der dieser vielteilige fürstliche Schmuck angefertigt wurde, sind nicht vorhanden, doch ist es möglich, daß Mainz selbst eine solche Werkstätte besaß.

Unter den Hoheitssymbolen, denen die ottonische Goldschmiedekunst Gestalt gegeben hat, erscheinen schließlich die Königskronen als die vornehmsten Bedeutungsträger für die geschichtliche Größe jener Epoche, und wiederum überstrahlt die deutsche Kaiserkrone alles andere, was uns an Herrschaftssymbolen des Reiches aus dem Mittelalter überkommen ist. Die Krone war der für die Allgemeinheit sichtbare Ausdruck der Herrscherwürde und wurde nicht nur bei der Königs- und Kaiserkrönung getragen, sondern auch bei den sich wiederholenden Festkrönungen der deutschen Könige, die an den hohen kirchlichen Festen stattfanden. An solchen Festen gingen die Könige in feierlicher Prozession vom Palatium zur Messe und wieder zurück unter der Krone [2]. Eine kleine Reihe noch erhaltener ottonischer Königskronen hilft uns eine lebendige Vorstellung von

---

1 Otto v. Falke, Der Mainzer Goldschmuck der Kaiserin Gisela. Berlin 1913. — Franz Rademacher, Zwei ottonische Goldfibeln. Festschrift für August Oxé, 1938, S. 273 ff.

2 Hans-Walter Klewitz, Die Festkrönungen der deutschen Könige. Ztschr. der Savigny-Stiftung für Rechtsgeschichte, Bd. 59, Kan. Abt. 28, 1939, S. 48 ff.

diesem höchsten weltlichen Schmuck gewinnen, der im Sinne der Zeit zugleich in den sakralen Bereich hinüberreicht. Das noch Vorhandene wird in glücklicher Weise ergänzt durch den Nachweis FRANZ RADEMACHERS, daß uns eine Krone KAISER OTTOS II. in einer getreuen farbigen Abbildung von 1526/27 nach einem Stück aus dem Reliquienschatz des KARDINALS ALBRECHT VON BRANDENBURG überliefert ist[1]. Es handelt sich um einen mit Edelsteinen und Perlen reich besetzten Kronreif, dessen oberer Rand mit verschiedenen aufgesetzten Zierstücken geschmückt ist, eine sehr bewegte, jedoch unserer Vorstellung von ottonischer Frühzeit entsprechende Form, die wohl anläßlich der Krönung des jugendlichen Kaisers 967 entstand. Im gleichen Formenbereich hält sich die Krone, die die goldene Muttergottes des Essener Münsterschatzes, wahrscheinlich als Votivkrone, trägt[2]. Ohne aufgesetzte Zierstücke dagegen erscheint die um 1010 gearbeitete Krone der KAISERIN KUNIGUNDE, die 1803 aus dem Bamberger Domschatz in die Schatzkammer der Münchner Residenz gelangte: ein goldener Stirnreif aus fünf rechteckigen gebogenen Platten, verziert mit Filigran und verschieden gruppierten Edelsteinen, Glasflüssen und Perlen[3].

Die deutsche Kaiserkrone[4] unterscheidet sich von allen anderen, die wir kennen, nicht nur nach ihrem unermeßlichen geschichtlichen Gewicht und der Tiefe ihres Ideengehaltes, sondern auch nach ihrer Form (Abb. 51). Der Kronenkörper besteht aus acht oben abgerundeten Goldplatten, von denen die vier größeren dicht mit gemugelten Edelsteinen, mit Perlen und Filigran bedeckt sind, während die vier niedrigeren in ihrer Mitte figürliche Darstellungen in Goldzellenschmelz enthalten. Über der vordersten Platte erhebt sich ein ebenfalls mit Edelsteinen und Perlen besetztes Kreuz. Hinter ihm wölbt sich über dem Kronenkörper ein Bügel aus acht perlenbesetzten Bögen, die in Perlenschrift die Worte tragen: *Chuonradus*

---

1 FRANZ RADEMACHER, Eine Krone Kaiser Ottos II. Zeitschr. d. Deutschen Vereins für Kunstwissenschaft. 1934.

2 G. HUMANN, Kunstwerke der Münsterkirche in Essen. — O. v. FALKE, Mainzer Goldschmuck, a. a. O. S. 31. — H. SCHNITZLER, Rheinische Schatzkammer Nr. 40.

3 Durchmesser: 19 cm, Höhe 5 cm. Schatzkammer der Residenz München. Amtlicher Führer (1937), S. 131. — BASSERMANN-JORDAN, Bamberger Domschatz, a. a. O. Nr. 16. — MESSERER a. a. O. Nr. 55.

Abweichend von den bisher genannten Kronen verwendet die Goldkrone auf dem Oswald-Reliquiar im Hildesheimer Domschatz (BRAUN, Meisterwerke der deutschen Goldschmiedekunst der vorgotischen Zeit. 1922, Abb. 40, 41) Ornamentplättchen in Zellenschmelz. Der hohe Kronreif zeigt 8 große Felder, von denen die vier in den Achsen stehenden mit Steinen, die übrigen mit je vier der Zellenschmelzplättchen in regelmäßiger Anordnung gefüllt sind. Die Zackenaufsätze spätere Zutat. Das Ganze nach der strengen und unbeweglichen Form wohl Mitte des 11. Jahrhunderts.

4 ARPAD WEIXLGÄRTNER, Die Weltliche Schatzkammer in Wien, a. a. O. und die dort angeführte Literatur. — Vgl. ferner EDUARD EICHMANN, Zur Symbolik der Herrscherkrone im Mittelalter. *Notter Antal Emlékkönyvböl.* 194 (2), S. 180 ff. — H. FILLITZ a. a. O. S. 15 ff.

dei gratia Imp. Rom. Augustus. Mit dem hier genannten Kaiser kann nur der erste Salier gemeint sein, derselbe KONRAD, dessen Name mit dem Reichskreuz verbunden ist. Indessen bestehen Zweifel, ob sich die Inschrift auch auf den Kronenkörper selbst beziehen läßt, und so birgt die Kaiserkrone noch manche ungelösten Rätsel über ihre geschichtliche und kunstgeschichtliche Herkunft. Nach ARPAD WEIXLGÄRTNER hat KONRAD II. Bügel und Kreuz dem schon vorhandenen Kronenkörper hinzufügen lassen. Der Kronenkörper selbst sei vermutlich die burgundische Königskrone aus dem Ende des 10. Jahrhunderts, die mit der Erwerbung Burgunds an das Reich gekommen und durch Hinzufügung von Bügel und Kreuz zur Kaiserkrone umgestaltet sei. Nach H. FILLITZ (a. a. O. 1954, S. 51) ist der Plattenkörper der Krone noch vor 980 entstanden. ‹Sie ist höchstwahrscheinlich noch die Krone, die OTTO DER GROSSE für seine Kaiserkrönung in Rom im Jahre 962 anfertigen ließ. Ihre Werkstatt ist wahrscheinlich auf der Reichenau zu suchen, wo damals auch die Reichskanzlei ihren Sitz hatte.›

Die *‹ars clusoria›* [1] der Krone, insofern sie ein Kunstwerk darstellt, ist ottonisch. Die Steine werden von übereinanderliegenden geperlten Drähten gefaßt, die durch Goldkügelchen in regelmäßigen Abständen getrennt sind. Vom obersten Perldraht greifen Klauen auf die Steine über, so daß diese ins Licht gehoben werden. Da die Goldplatten hinter den Steinen durchbrochen sind, sammelt sich alles Licht zu farbigem Schimmer in den Edelsteinen. Neben den Perlen erheben sich kleine goldene Röhren, die durch Pyramiden von Goldkörnern gekrönt sind. Einer der Edelsteine gewann besonderen Ruhm. Er soll unmittelbar unter dem Kreuz an Stelle des heute dort angebrachten indischen Saphirs gesessen haben und wurde wegen seiner Einzigartigkeit ‹der Waise› *(orphanus)* genannt. Kein Geringerer als WALTHER VON DER VOGELWEIDE pries ihn: ‹Der stein ist aller fürsten leitestern.›

Die der Kaiserkrone innewohnende politische Mystik kommt nicht nur in der Art, wie die Krone durch die *ars clusoria* als ein strahlender Leib geformt wird, zum Ausdruck, sondern auch durch die in den figürlichen Darstellungen der Zellenschmelzplatten vermittelten Gedanken. Auf das Gottesgnadentum ebenso wie auf das Vorbild des himmlischen Friedensfürsten weist die *majestas domini* hin mit der Überschrift: PER ME REGES REGNANT. Auf den übrigen Platten stehen die drei alttestamentlichen Könige David, Salomon und Hiskias mit Spruchbändern, deren Inschriften auf die Könige als Bedeutungsträger für bestimmte dem Kaiser zukommende Herrschereigenschaften hindeuten. Sie finden sich auch in den bei der deutschen Königskrönung und der römischen Kaiserkrönung vom 10. bis 12. Jahrhundert verwendeten Formeln. Es sind vor allem Gerechtigkeit und Weisheit, *justitia* und *sapientia* in dem gleichen Sinne, wie wir sie unter den Kardinaltugenden zu Häupten des Kaisers schon in einer karolingischen Kaiserdarstellung KARLS DES

1 *ars clusoria* = Zweig der Goldschmiedekunst.

Dicken oder im Kaiserbild Heinrichs II. (Vatikan cod. Ottob. lat. 74) finden. In dem Bild mit dem König Hiskias und dem Propheten Jesaias gelangt schließlich der Wunsch für ein langes Leben des Herrschers zum Ausdruck.

Die Kaiserkrone ist das ehrwürdigste politische Symbol, das uns aus der ottonischen Epoche überkommen ist, das durch fast ein Jahrtausend von Geschlecht zu Geschlecht die deutsche Geschichte über soviel geschichtliche Größe wie geschichtliche Not hinwegbegleitet hat und heute noch uns inmitten der Reichskleinodien geblieben ist. Ihr Glanz bezeugt nicht nur die Erhabenheit der auf Gott bezogenen Idee vom mittelalterlichen Herrschertum des deutschen Kaisers und seiner Stellung im Abendlande, sondern sie bleibt auch ein Symbol für das Alte Reich selbst, über dem die vornehmsten Leitsterne leuchteten, nach denen die Völker des Abendlandes, die in die Ideenwelt des christlichen Imperiums hineinwuchsen, von jeher sehnsüchtig ausschauten:

PAX ET IUSTITIA

Bemerkungen zum »Nationalstil« in der Kunstgeschichte

I

Der Text zur vorliegenden Ausgabe der Ottonischen Kunst fußt auf der noch von Hans Jantzen revidierten 2. Auflage von 1958.[1] Gegenüber der 1947 erschienenen Erstfassung[2] war dieser von ihm nur leicht überarbeitet, um einige Passagen gekürzt, dafür aber mit damals neuer Literatur versehen worden. Das Vorhaben zur *Ottonischen Kunst* läßt sich jedoch bis in die dreißiger Jahre zurückverfolgen, als Jantzen sich erstmals, anläßlich des 70. Geburtstags von Heinrich Wölfflin, zu diesem Thema in einem Festschriftbeitrag äußerte. Vieles davon ist zum Teil wörtlich in das Buch von 1947 eingegangen.[3] So ist der hier veröffentlichte Band in seiner Konzeption inzwischen ein halbes Jahrhundert alt, was anstelle der üblichen Fragen nach dem aktuellen Wert einer solchen Darstellung, die heute vielfach als *Klassiker* gilt, die Frage nach seinem wissenschaftsgeschichtlichen Standort erhebt. Auf die Erörterung dieses Problems werden sich die folgenden Ausführungen weitgehend beschränken. Um dafür aber angemessene Antworten zu finden, muß man sich zunächst ins Gedächtnis rufen, von welchem Gegenstand das Buch handelt.

Als gattungsübergreifender Stilbegriff war dem Publikum von 1947 *Ottonische Kunst* kaum geläufig, aber auch in der Fachwissenschaft hatte er sich noch keineswegs durchgesetzt. Gerade in Hinblick auf die Architektur der ottonischen Zeit war und blieb er bis heute umstritten.[4] Entscheidend für die Hinwendung zur Kunst um 1000 war die Beschäftigung mit der Buchmalerei, die gegen Ende des 19. Jahrhunderts eine intensive Aufarbeitung erfuhr.[5] Zwar kam durch diese Forschungen, denen mit der Entdeckung der Fresken in St. Georg in Oberzell ein wichtiges Ereignis vorausging,[6] nicht der Begriff, wohl aber zuerst ein Bewußtsein für die Eigenständigkeit der Epoche auf.[7] Geprägt wurde er meines Wissens erst in den zwanziger Jahren für die Plastik des 10. und 11. Jahrhunderts, die durch Richard Hamanns Datierung des Kölner Dom-Kruzifixus in ottonische Zeit auch erst ihr kapitalstes Werk zurückgewann.[8] So kann man sagen, daß eigentlich erst nach dem Ersten Weltkrieg die notwendigen Grundlagen vorhanden gewesen sind, man denke da auch an den Elfenbeincorpus von Adolf Goldschmidt,[9] um stilgeschichtlich eine ottonische Kunstepoche zu konstruieren. Auf die Ursachen dafür werden wir noch ausführlich zu sprechen kommen. *Ottonische Kunst* taucht als enzyklopädisches Stichwort, soweit ich sehe, überhaupt erst 1933 auf,[10] während es eine eigenständige Publikation zu diesem Thema vor Jantzen nicht gab. Sein Werk darf also in dieser Hinsicht das Erstgeburtsrecht in Anspruch nehmen. Berücksichtigt man zudem, daß die Ausgabe von 1947 ein mit 174 Abbildungen und 31 Strichzeichnungen ungewöhnlich opulent ausgestattetes Buch war, gleichsam einen Kosmos *ottonischer* Denkmäler versammelte, und mit einer hohen Auflage in den Handel ging, so gibt das Anlaß genug, sich mit Jantzens Auffassung von *Ottonischer Kunst* etwas näher zu beschäftigen.

II

Gleich in seiner Einleitung hebt Jantzen unter historischer Perspektive die Bedeutung seines Unternehmens hervor. Er schreibt (S. 157):

Die Anfänge der deutschen Kunst sind untrennbar mit der Entstehung des »Reiches« verknüpft <...> *Dieser umfassende, Jahrhunderte währende geschichtliche Vorgang erstreckte sich über verschiedene Phasen, von denen die durch Karl den Großen bestimmte sich als die für die Geschichte des Abendlandes wichtigste erwies. Im karolingisch-fränkischen Imperium lagen noch ungeschieden die Möglichkeiten für die später »deutschen« und »französischen« Nationalkulturen. Sie trennten sich beim Verfall der karolingischen Macht, und nun bildete sich, von germanischen Völkern getragen, eine europäische Mitte heraus, das deutsche »Reich«, das in mannigfachen Kämpfen zu politisch geschlossener Form gelangte. So wurde denn das 10. Jahrhundert ein deutsches Jahrhundert.*

Ohne Umschweife wird hier die Kunst um 1000 als eine *deutsche* eingeführt, als ein kulturelles Produkt eines politischen Vorgangs, der die germanischen von den romanischen Völkern trennte und erstere unter sächsischer Herrschaft vereinte. Somit ist *Ottonische Kunst* von Anfang an als der Ausdruck einer neu in die Geschichte eingetretenen Nation definiert, kunsthistorisch gesprochen gleichsam zum *Geburtsstil* des deutschen Volkes erhoben. In der schöpferischen Kraft ihrer Stilbildung, so Jantzen bereits 1935, entspricht sie *durchaus der politischen Machtfülle Deutschlands unter den sächsischen Herrschern sowie der Vormachtstellung Deutschlands zu jener Zeit in Europa.*[11] In diesem unmittelbar gesehenen Zusammenhang von nationaler und künstlerischer Entwicklung unterlag die Kunst in Jantzens Worten einem *Verdeutschungsprozeß*, der ein *in sich geschlossenes (wenn auch keineswegs in sich einheitliches) Gebilde* schuf.[12]

Diese Denkfigur, die die Kunstentwicklung im Zeitraum ab 970 unter den Gesichtspunkt der Entstehung der deutschen Nation stellt und dabei von einer kunstproduktiven Einheit von Volk und Staat ausgeht, findet sich schon in Dehios *Geschichte der deutschen*

Kunst.[13] Als erste umfassende Darstellung ihrer Art versucht sie, Einsicht in das Wesen der Deutschen zu vermitteln. So schreibt ihr Verfasser im Vorwort des ersten Bandes, der während des Weltkrieges vollendet war, aber erst 1919 publiziert werden konnte, *mein wahrer Held ist das deutsche Volk. Ich gebe deutsche Geschichte im Spiegel der Kunst, in diesem Selbstbekenntnis des deutschen Innenlebens, die über bestimmte Seiten desselben mehr und deutlicher auszusagen hat als irgendeine andere »Quelle«.*[14] Schon hier wird die alte Vorstellung einer karolingisch-ottonischen Einheitsepoche aufgegeben und karolingische Kunst in die Vorgeschichte deutscher Kunst verwiesen. Wohl behält sie ihren Wert darin, Christlich-Antikes und Germanisches gemischt und damit Grundlegendes für die abendländische Kunst geleistet zu haben, doch, so Dehio, *hätte sich das Universalreich als solches behauptet, so wäre die künstlerische Entwicklung Deutschlands wahrscheinlich schneller vor sich gegangen, aber das deutsche Element in ihr wäre durch das Übergewicht der romanischen Reichsteile und ihrer älteren Kultur schwer gedrückt, vielleicht erdrückt worden.* Und weiter: *wäre am anderen Ende der Möglichkeiten, das deutsche Volk wieder in Stammesstaaten auseinandergefallen, so hätte ebenfalls keine deutsche Kunst entstehen können.* So lautet sein, auch für Jantzen noch maßgebliches Diktum: *eine nationale Kunst aber, die erst werden soll, ist ohne die tragende Kraft volklicher und staatlicher Einheit unmöglich.*[15] Trotz der Behauptung, die Kunstentwicklung stünde in enger Beziehung zur Staatsnation sowie der damit verbundenen Setzung einer entscheidenden Zäsur zwischen abendländischer und deutscher Kunst, eine Auffassung, die auch Jantzen bestimmt, teilt Dehio die Kunstentwicklung noch rein stilgeschichtlich in eine früh-, mittel- und spätromanische Phase, ohne sie an die einzelnen Herrscherhäuser und ihre Namen zu binden. Er spricht von frühromanischer Baukunst zur Zeit der Ottonen und Salier, wohingegen Jantzen auf der Existenz einer *Ottonischen Kunst* beharrt. Diese, so resümiert er seinen Ansatz schon 1935, *rechtfertigt ihren Namen also nicht allein durch die Tatsache, daß sie im ottonischen Imperium lebt, sondern, daß sie ein eigenes Gesicht trägt. Zum ersten Male erleben wir diese Kunst in einem besonderen Sinne als eine deutsche Kunst, die in der wählenden Aufnahme und Verarbeitung fremder, ihr gemäßer Anregungen sich eine neue Welt bildhafter Vorstellungen schafft.*[16]

Mit der Betonung eines wählenden Verhaltens im Künstlerischen geht Jantzen über Dehio hinaus, der den romanischen Stil der Deutschen aus einem einfachen Umbildungsprozeß ursprünglichen Anknüpfens an die *antike Weltkultur* hervorgehen sieht.[17] An die Stelle dieser gleichsam naturhaft verlaufenden Metamorphose setzt Jantzen die von Alois Riegl geprägte Vorstellung vom Kunstwollen, das nur das ihm *Gemäße* vollzieht. Das der ottonischen Zeit Angemessene sieht Jantzen in einem spezifischen Frömmigkeitsverhalten der damaligen Menschen gegeben. Für die Kunstproduktion ist es von grundlegender Bedeutung. Jantzen schreibt (S. 164): *Es geht ein ausgeprägter schlichter gottgläubiger Zug christlicher Frömmigkeit durch die Zeit. Alles Tun wird – mindestens der Idee nach – auf das Ewige bezogen. Und so wird auch für die Kunst nur dasjenige darstellungswürdig, was an den Ewigkeitsbezug gemahnt.* Demonstriert wird diese religiöse Haltung, die das Vergangene filternd verarbeitet, immer wieder in den Gestaltungen der einzelnen Kunstgattungen als eine spezifisch deutsche Sicht. In der Baukunst beispielhaft an der Michaelskirche in Hildesheim, mit der (S. 16) *eine Freiheit und Unabhängigkeit vom Antikischen, Altchristlichen und Karolingischen erreicht ist, die sich gleichbedeutend mit der Schaffung eines deutschen Kultraumes erweist.* Ebenso in der Malerei, die auf eine Visualisierung des allgemein Gültigen und Ewigen zielt (S. 66): *Die Darstellung der Umwelt, das Abbildliche und alles was wir in der nachmittelalterlichen Malerei für richtig und darstellungswürdig halten, hat für die Zeit um 1000 keinen Wert. Es gibt keine Natur, keine Landschaft, keinen »Menschen«, kein Bildnis in unserem Sinne, keine individuellen Dinge. Es gibt überhaupt keine materiell greifbare Wirklichkeit. Aber es gibt eine geistige Wirklichkeit.* In diesem Verständnishorizont sieht Jantzen die Einführung des Goldgrundes als eine absichtsvolle Überwindung antiker Raumauffassung zugunsten der Darstellung eines, wie er sagt, *Un-Raums,* der die Möglichkeit birgt, *Zeitlosigkeit des Geschehens zur Anschauung zu bringen* (S. 72). In ihm wird der Mensch zum Träger bloßer Gebärden, genauer: zur *Gebärdefigur,* wie Jantzen den wohl wichtigsten stilkritischen Terminus seiner Abhandlung zur Kennzeichnung der Epoche nennt. *Die Identität der ottonischen Figur liegt wesentlich beschlossen in ihrer Funktion, durch nichts als durch »Gebärde« etwas aussagen zu sollen.* <....> *Indem sie eine einzige Möglichkeit der menschlichen Figur, sich auszudrücken, heraushebt und übersteigert, wird sie nicht etwa arm, sondern vermag das Pathos der »Gebärde« zur höchstmöglichen geistigen Wirkung zu läutern.* <...> *Das ist das Neue und Einzigartige in der ottonischen Entwicklung am Ausgang des 10. Jahrhunderts* (S. 73f.). Auch in der Plastik und Goldschmiedekunst wird etwa am Beispiel der Bernwardstür in Hildesheim auf das *Gebärdenreiche, Zeichenhafte und Mimische in der Erscheinung der menschlichen Figur* hingewiesen, Darstellung und Erzählweise der Szenen als *in einem besonderen Sinne »deutsch«* (S. 117) empfunden.

Die Einführung eines christlich geprägten Kunstwollens ermöglicht es H. Jantzen, die denkbar unterschiedlichsten Werke um 1000 als Teile einer in sich geschlossenen Kunstepoche und als Ausdruck einer ethnisch bestimmten Trägerschaft, der deutschen Nation, aufzufassen und darzustellen. Erzielt wird diese erratische Geschlossenheit der Epoche durch eine kaum mehr zu überbietende Spiritualisierung ihres künstlerischen Gehaltes, der sie der Realgeschichte fast völlig enthebt und zu einem Denkmal ihrer selbst stilisiert. Jantzens zusammenfassende Charakterisierung der ottonischen Malerei spricht in dieser Hinsicht eine deutliche Sprache (S. 113): *Sie ist die erste große Epoche der Gesamtgeschichte der deutschen Malerei, getragen vom Reich. Drei Grundzüge sind es, die ihr das Gepräge geben: 1. die Gottnähe, 2. die gültige Wirklichkeit des Allgemeinen und Ewigen, 3. das Schaffen rein aus dem Geiste. Es sind zugleich diejenigen Züge, die der ottonischen Kunst allgemein zukommen und die den Geist, aus dem das abendländische Mittelalter von den Ursprüngen her lebt, am reinsten wiedergeben.* Jantzens Buch ist darum nicht nur die erste Gesamtdarstellung der Kunst um 1000, sondern zugleich und in noch höherem Maße der Versuch, eine bis dahin dem Publikum kaum bekannte Kunstepoche in ihrem geistigen Kern zu erfassen.

Besonders deutlich wird sein Ansatz im Vergleich zu Wilhelm Pinder, der als einer der wenigen in seiner *Kunst der deutschen Kaiserzeit* von 1935 der *Ottonik* ein Kapitel gewidmet hat.[18] Auch für ihn ist sie das *erste künstlerische Zeugnis einer nunmehr verwirklichten rein deutschen Volkseinheit* <und> *zugleich die unbedingt größte Kunst die jene ganze Zeit ringsum gesehen hat: die ersten Schritte des jungen Volkes bezeugten auf der Stelle das Genie.*[19] Und doch kann Pinder ihr letztlich keinen geschlossenen Charakter zubilligen. Das liegt einerseits an seinem Glauben an einen faustisch-expressiv geprägten deutschen Volkscharakter, der sich unveränderbar durch die Geschichte zieht und den er mit der Kunst um 1000 kaum in Einklang zu bringen vermag, andererseits an seiner Auffassung vom Plastischen, dem die Bildwerke in Pinders orakelnder Sprache *noch nicht* genügen. *Ottonische Kunst* ist ihm letztlich nur ein Vorspiel zum *Salischen*, wo sich seine völkische Anschauung erst erfüllt und um dessen Stilbestimmung er sich in seinen Untersuchungen vorrangig bemüht.[20] Damit tritt er aber in Gegensatz zu Jantzen, der der Vorstellung von einer salischen Kunstepoche, vor allem in Hinblick auf die Architektur, nicht folgen kann (vgl. S. 56): *Aber es ist nun nicht so, daß mit dem Jahre 1025 auf den »ottonischen« Stil gleich ein neuer beginnt, der salische. Das Ottonische lebt noch lange nach und es fragt sich, unter welchen Gesichtspunkten sich ein Wandel der Baukunst unter den Saliern erkennen läßt.*

Trotz gemeinsamer Grundlage in der Frage nach dem Nationalen in der Kunst, stehen Jantzen und Pinder sich in Vorgehensweise und

Erkenntnisziel ziemlich fern. Wo Pinder den Ausdruck rassischer Eigenart sucht, sieht Jantzen einen Vergeistigungsprozeß am Werke. Darin folgt er A. E. Brinckmann, der in seinem Buch *Geist der Nationen*[21] als Haupteigenschaften des Künstlerischen den Italienern die Sinnlichkeit, den Franzosen die Vernünftigkeit und den Deutschen die Vergeistigung unterstellt, ohne aber dessen nationalsozialistisch geprägte Auffassung von deutscher Kunst als einer streitbaren, kämpferischen Macht zu übernehmen.[22]

III

Daß die Rückführung vergangener Kunst auf verklärende Prinzipien mit der Entwicklung der Kunstgeschichte im 19. Jahrhundert zu einer Wissenschaftsdisziplin zusammenhängt, ist inzwischen wohl allgemein bekannt. Hervorgegangen aus einem kulturhistorischen Diskurs, der in der künstlerischen Überlieferung ein anschauliches Reservoir von Geschichte erkannt hatte, wurden die visuellen Zeugen der Vergangenheit schon bald nach dem Scheitern der 48er Revolution zu einem Rückzugsfeld kunsthistorischen Denkens. Auf ihm konnte die Gegenwart, wie der Historiker Jörn Rüsen einmal treffend sagte, kulturkritisch übersprungen werden.[23] Den Verlust von Zeitgenossenschaft kompensierte die Kunstgeschichte mit retrospektiven Epochengemälden, in denen *das Bleibende* an den Kunstwerken hervorgehoben wurde, das, wie Heinz Schlaffer an Jacob Burckhardt bereits gezeigt hat, *in der Krise der Gegenwart als Rest, als Trost und als Versprechen* gegenwärtig sein konnte.[24] Bei Jantzen fällt das Bleibende mit dem Transzendenten zusammen, auf das sich das Kunstwollen um 1000 angeblich richtete. Neu ist, daß er dies konsequent als Ausweis nationalen Wesens denkt. In dieser Hinsicht ist Jantzen der Vater der *Ottonischen Kunst* als Nationalstil der Deutschen.

Fragt man nach den Ursachen für das Erscheinen der *Ottonischen Kunst* als nationale Kunstepoche, reicht der Hinweis auf die nationalsozialistische Zeit nicht aus. Zwar hatte damals in Deutschland, wie auch international,[25] die Beschäftigung mit der Entstehung nationaler Stile Hochkonjunktur, doch reicht das Nachdenken über die *Ottonik* weiter zurück.

Leider ist die Geschichte der Verwandlung von vergangener Kunst in Nationalstile ein noch ungeschriebenes Kapitel unserer Disziplin. Wann, wie und unter welchen Umständen sich eine nationalorientierte Kunstgeschichte entwickelt hat, welche Etappen sie durchlief und auf welche Gegenstandsbereiche sie sich im einzelnen bezog, kann im folgenden nur kurz skizziert werden. Nach wie vor überwiegt die polemische Kritik, wobei diese meist dieselben Argumente gegen den Begriff eines Nationalstils vorbringt, welche die klügeren Verfechter einer nationalen Kunstgeschichte längst als kritische Problemfelder ihres Arbeitsgebietes erkannt haben.[26] Dagegen sind Untersuchungen, die den Nationalstilgedanken als ein kunsthistorisches Deutungsmuster auffassen, das lange Zeit herrschend war, nicht zu finden.[27] Solche Arbeiten hätten dabei nicht nur zu klären, wann und wie Stil und Nation zusammengekommen sind, sondern auch, welche Denkfiguren und -schemata es möglich gemacht haben, der künstlerischen Form ihre nationale Zugehörigkeit anzusehen. Darüber hinaus wäre zu zeigen, auf welchem Nationenbegriff solche Epochenbilder beruhen und was für Funktionen sie innerhalb und außerhalb der Kunstgeschichte erfüllt haben.

Auf welche Situation Jantzens deutsch-ottonische Kunst reagiert hat oder anders gesagt, welche Wirklichkeit sie *überspringend* kompensierte, hat ihr Autor selber einmal 1942 in einem Forschungsbericht zur Kunstgeschichtsschreibung sehr genau bezeichnet:

Die Basis der deutschen Kunsthistorie ist stets sehr breit gewesen und umfaßt die gesamte Kunst des Abendlandes. Indessen ergab sich für die deutsche Kunstgeschichtsforschung nach dem Weltkriege eine bedeutsame Wende vom Schicksal der Nation her. Aus äußeren und inneren erlebnismäßigen Umständen zeigte sich eine verstärkte Hinwendung zur Kunst der nationalen Vergangenheit, ein Sichbewußtwerden dessen, was der Deutsche an schöpferischen Leistungen auf dem Gebiete der Kunst für sich in Anspruch nehmen konnte. Denn deutsches Wesen und deutsche Kunst waren während des Weltkrieges und nach dem Weltkriege aufs heftigste angegriffen.[28]

An was er hier erinnert, war eine Aufsatzserie von Emile Mâle, die der international renommierte und bis zum verheerenden Beschuß der Kathedrale von Reims durch deutsche Artillerie im Kriegswinter 1914 mit vielen deutschen Kunsthistorikern befreundete Gelehrte mit der Absicht geschrieben hatte, *nur die Tatsachen* <zu> *sammeln, welche beweisen, daß Deutschland auf dem Gebiete der Kunst nichts erfunden hat.*[29] In drei Studien zur germanischen, romanischen und gotischen Kunst versuchte er, gerade auf dem Gebiete der Architektur, die Deutschen als ein Volk von Nachahmern bloßzustellen. Dieser kriegsbedingte Angriff war ein Schlag gegen eine Wissenschaft, die ihre kunsthistorischen Bilder der Vergangenheit seit der Reichsgründung, wie wir noch sehen werden, als genuin nationale Leistungen darzustellen versucht hat. Wie sehr sich die Disziplin getroffen fühlte, läßt sich noch an den Repliken der Kunsthistoriker ablesen, die zusammen mit der Übersetzung der Mâleschen Artikel bereits 1917 in einem Sonderdruck veröffentlicht wurden. Sie enthalten zugleich auch die Motive, die für die verstärkte Hinwendung zur mittelalterlichen Kunst in der Folgezeit maßgeblich wurden. So sah sich der aus dem Felde antwortende Kurt Gerstenberg durch Mâle darin bestätigt, daß die Vorstellung von einer abendländischen Kulturgemeinschaft zu lange schon über die *tiefe, innere Wesensverschiedenheit der Völker* hinweggetäuscht habe. Und im Bild der schrecklichen Grabenkriege kündigt er der *Verzerrung* der deutschen Kunst den Kampf an: *Die innere Wesensfremdheit zwischen der deutschen Stimmungskunst und der Affektkunst romanischer Rassen hat Mâle verborgen bleiben müssen, weil er nur von fernher mit seinem Scheinwerfer herüberblendete, so daß die deutsche Kunst, durch grelle Schatten zerrissen, jedesmal zur Fratze entstellt wurde. Bei ruhiger Beleuchtung aber sehen wir auf diesem Antlitz keine Flecken.*[30] Anders Paul Clemen, der gegen die Kriegspsychose auftretend den Vorwurf eines übersteigerten Nationalstolzes der Deutschen zurückwies. Nicht die Suche nach der Genese der Motive entscheide über die Schöpferkraft eines Volkes, sondern die Kraft zur Synthese, ein Ganzes zu schaffen, auch und gerade in der Verarbeitung fremder Einflüsse zu *nationalen Idiomen.* Aber auch er hielt den Angriffen Mâles abgrenzend entgegen:

Viel zu sehr beharrt Mâle zumal in seiner Würdigung der romanischen Kunst auf der Architektur. Sollte man die Gegenfrage stellen? Was hat denn Frankreich der wunderbaren Blüte und dem beispiellosen Reichtum der ottonisch-sächsischen Buchmalerei an die Seite zu setzen? Offenbart sich nicht in diesen Denkmälern schon am frühesten die deutsche Kunst in der Form als Ausdruckskunst, die jede Gestalt mit dem höchsten inneren Leben zu erfüllen, jede Geste fast schmerzhaft gewaltig zu steigern sucht?[31]

In dieser Äußerung liegt bereits eine *Ottonische Kunst* beschlossen, wie sie Jantzen dann ausarbeiten sollte. Vielleicht war es auch nicht zufällig eine Schülerin von Paul Clemen, die der Öffentlichkeit ihre Dissertation 1922 erstmals unter dem Titel *Ottonische Plastik* vorlegte.[32]

Aus der Niederlage des Kaiserreiches und ihren Folgen sowie den Angriffen auf die, wie man heute sagen würde, nationale *Identität* seitens der französischen Wissenschaft während des Krieges resultierten die Anstrengungen der Kunstgeschichte, deutsche Kunst von ihren Anfängen im Mittelalter her als nationale Tat zu begreifen, als ein Produkt von *volklicher und staatlicher Einheit,* um noch einmal die Worte von Dehio zu wiederholen. Sinnangebote wie ottonischer, salischer und staufischer Stil waren das geradezu zwangsläufige Ergebnis davon.

Diese späte Verwandlung mittelalterlicher Kunst in deutsch-nationale Stile mag mit Blick auf ihre frühe Wiederentdeckung durch die Romantik verwundern, doch setzte sie sich als Gegenstand nationaler Bestrebungen im 19. Jahrhundert nicht durch. Zwar avancierte damals die Gotik infolge der Befreiungskriege kurzfristig zum Symbol zukünftiger nationaler Einheit, vor allem, weil man in ihr seit Goethes Hymnus an das Straßburger Münster einen genuin deutschen Baustil sah,[33] doch schon 1843, kurz nach der Grundsteinlegung zum Weiterbau des Kölner Doms als Nationaldenkmal, mußte die Wissenschaft erkennen, daß ihre Genese nicht in Deutschland, sondern in Frankreich lag.[34] Blieb die Gotik auch für den Bereich des Kirchenbaus aus religiösen und kirchlichen Gründen vorbildhaft, prägte im allgemeinen doch der Klassizismus und nach der Mitte der sechziger Jahre die Neorenaissance das Gesicht der repräsentativen Gebäude und Staatsarchitekturen.[35] So spielte nach der Reichsgründung zunächst weder die Romanik noch die Gotik eine identitätsstiftende Rolle, sondern die Nation erkannte sich in der deutschen Renaissance wieder, woran sich Wölfflin noch 1914 lebhaft erinnerte: *Als der Krieg 1870 geschlagen war und das deutsche Volk im neuen Reiche sich einzurichten begann, entdeckte man in der deutschen Architektur des 16. Jahrhunderts eine Kunst, die, voll Kraft und Keckheit, gerade das zu enthalten schien, was die Zeit verlangte. Deutsche Art war gleichbedeutend mit deutscher Renaissance.*[36] Reichhaltiges Anschauungsmaterial hierzu legte bereits 1873 Wilhelm Lübke vor in seiner *Geschichte der deutschen Renaissance.* Er, der noch kurz vor dem deutsch-französischen Krieg ein Buch zur französischen Renaissance veröffentlicht hatte, entließ sein auf die Zeit zugeschnittenes Werk mit den Worten: *Die deutsche Nation, die neuerdings so hohe Ehren errungen und sich die lange entbehrte Einheit und geschlossene Macht nach Außen endlich erkämpft hat, möge dieses künstlerische Spiegelbild aus einer Zeit, die ebenfalls durch große Kämpfe um Erneuerung des gesammten Lebens bewegt ward, freundlich hinnehmen.*[37]

Die deutsche Renaissance war in der Tat der erste Nationalstil, in dem man die Gegensätze von Gotik und Antike in einer nationalen deutschen Synthese versöhnt sah und Anregungen erwartete für eine eigene Kunstweise im neuen Nationalstaat.[38] Dagegen war die in den neunziger Jahren einsetzende Neoromanik, die in der zeitgenössischen Kirchenbaukunst auch eine erste Rezeption von St. Michael in Hildesheim brachte,[39] eine von *oben* verordnete Stilrezeption, die, wie Kurt Milde sagt, *den Glanz hohenstaufischer Kaiserzeit für den deutschen Kaiserstaat des 19. Jahrhunderts heraufzubeschwören* <hatte>.[40]

Im Gegensatz zur Gotik lagen die Ursprünge der deutschen Renaissance auf der Hand, was unweigerlich die Frage aufwarf, wie nationale Eigenart in der Rezeption fremder Formen zur Geltung kommen konnte, oder wie Wölfflin das Problem faßte: *Merkwürdig bleibt es immerhin, daß man den Ausdruck nationalen Wesens besonders stark ausgeprägt in einer Architektur findet, die notorisch auf ausländische und zwar italienische Formen gegriffen hat.*[41] Zur Lösung dieses Widerspruchs bedurfte es eines, wie ich es nennen möchte, *Anverwandlungsverfahrens*, dem wir bei Jantzen in Form des auswählend aufnehmenden und verarbeitenden Kunstwollens begegnet sind, als entscheidende Erklärungsgrundlage für das Deutsche der ottonischen Kunst. Die Annahme eines frei schöpferischen Kunsttriebs, den Alois Riegl als Ursache und Motor der Kunstentwicklung erstmals in seiner Grundlegung zu einer Geschichte der antiken Ornamentik eingeführt hatte,[42] setzte gerade dafür um die Jahrhundertwende eine neue stil- und entwicklungsgeschichtliche Sichtweise in Gang, die die Formanalyse für einfühlungspsychologische Deutungen frei machte. Wahrnehmungen am Objekt konnten nun unmittelbar auf ein Letztes, ein stetig produktives Wollen im Innern von Völkern bezogen werden. Damit war eine *Kunstgeschichte ohne Namen* geboren,[43] die individueller, gesellschaftlicher oder technischer Erklärungsversuche nicht mehr bedurfte und der auch die Frage nach der Genesis der Formen zweitrangig erschien.

Ob es im Mittelalter eine deutsche Nation im modernen Sinne gegeben hat, in welcher Form man überhaupt von Nation vor dem 16. Jahrhundert sprechen kann, was die Geschichtswissenschaft bis heute noch beschäftigt,[44] konnte im Konzept des Kunstwollens unreflektiert bleiben, da sich das Problem ganz einfach von der Formbetrachtung her löste, die das durchgängig Erscheinende als Nationales empfand. So konnte Brinckmann ohne weiteres schreiben: *Der Nationenbeginn, bescheidener die Kristallisation eines Nationenkerns liegt dort, wo der Kunsthistoriker das Aufbrechen jener nun konstant bleibenden Kraft der Formung zum Italienischen, zum Französischen, zum Deutschen festzustellen vermag, die in gleicher Art erneut bis in die Gegenwart wirkt.*[45] Dahinter zurückzugehen war weder nötig noch möglich, denn es handelt sich hier nach Brinckmann um *Grundhaltungen*, die *immer wieder aus geheimen und von der Wissenschaft nicht mehr durchleuchtbaren Urgründen der Nation aufsteigen, die somit stetig bestehende, geistige, national bestimmte Kräfte sind.*[46]

Auch Wölfflins *Kunstgeschichtliche Grundbegriffe*, die aus der unmittelbaren Anschauung gewonnen die Kunstepochen auf formale Gegensätze bringen, waren für die Verwandlung vergangener Kunst in Nationalstile überaus bedeutsam.[47] Und das, obwohl sein Denkmodell gerade übernational gedacht war, Stil nicht mehr als Ausdruck einer Person, Schule oder eines Landes begreifen wollte, sondern als eine Form des Darstellens oder besser noch Sehens.[48] Doch er selber setzte seine am Gegenüber von Renaissance und Barock demonstrierten Begriffspaare vom Linearen und Malerischen, Flächigen und Tiefen, Geschlossenen und Offenen usw. schon früh ein, um deutsches von italienischem Formgefühl zu scheiden. So ansatzweise in dem schon zitierten Vortrag über die deutsche Renaissance von 1914, dann in einem Aufsatz von 1922, der 1932 unter dem Titel *Italien und das deutsche Formgefühl* als Buch erschien.[49] Denn, so Wölfflin: *Gerade durch das Aufeinanderstoßen polarer Gegensätze kommt das Nationale* <...> *mit großer Deutlichkeit zum Vorschein*.[50] Dem Süden wird die klar umgrenzte Formenwelt attestiert, dem Norden hingegen das malerisch Bewegte, ja Ruhelose in der Erscheinung. Aus formbestimmenden Charakteristika epochaler Stile sind hier Grundtypen nationalen Empfindens geworden. Voraussetzungen, die sich auch da deutlich zeigen, wo die fremde Formenwelt rezipiert und übernommen wird. So kann Wölfflin die deutsche Renaissance als eine eigenständige nationale Leistung auffassen, weil *sich die Übernahme des Italienischen auf Dinge* <beschränkt>, *die mit dem Wesen der italienischen Kunst nur wenig zu tun haben*.[51] In Anlehnung an diese Vorstellung konnte noch vor dem Ersten Weltkrieg ein Schüler Wölfflins, Kurt Gerstenberg, der deutschen Kunstgeschichte die spätgotische Kirchenbaukunst als *Deutsche Sondergotik*[52] zurückgewinnen, ja in ihr die Vollendung aller Gotik beschreiben. Ein durchschlagender Erfolg, der als Entdeckungstat den Verlust der Gotik als eine deutsche Schöpfung im nationalen Bewußtsein mehr als aufwog.

IV

Blicken wir zurück, so setzte mit der Reichsgründung der *Verdeutschungsprozeß* der Kunstepochen gleichsam von rückwärts ein: Ausgehend von der deutschen Renaissance, über die deutsche Sondergotik, gelangte man in den zwanziger und dreißiger Jahren zur Bestimmung deutsch-mittelalterlicher Stilepochen wie der staufischen, salischen und zuletzt mit Jantzen der *ottonischen Kunst*. Vermittelt über die einfühlungspsychologische Methode der Formanalyse der neunziger Jahre war es möglich geworden, Nation und Stil im Kunstwerk zusammenzubringen, oder anders formuliert, Stile als schöpferische Syntheseleistungen eines ethnisch bestimmten Kunstwollens zu begreifen. Daß die Träger dieser Prozesse Nationen sein mußten, war ein der Zeit geschuldetes Erkenntnisinteresse, oder wie Wölfflin einmal lapidar bemerkte: *Das Thema war bedingt durch die Zeitumstände, die etwas Deutsches verlangten*.[53] Hinter dieser Äußerung verbirgt sich aber eine spezifisch deutsch-französische Auseinandersetzung, die als Antrieb des Bemühens um eine nationale Kunstgeschichte nicht übergangen werden darf. Es ist kein Zufall, daß die hier aufgezeigten Etappen der Nationalisierung von Kunst mit den Daten 1870/71 und 1914–18 in engem Zusammenhang stehen. Sie lösten in den hiesigen Geisteswissenschaften eine *französische Krise des deutschen Denkens* aus, wie Wolf Lepenies vor kurzem in Hinblick auf das Verhältnis der Deutschen zu Frankreich im gegenwärtigen Vereinigungsprozeß anmerkte. *In ihrer gemeinsamen Geschichte,* so Lepenies weiter, *verband Frankreich und Deutschland eine Kette von Kompensationen, in denen Kulturleistungen die Schmach verlorener Kriege tilgen sollten – so militant, daß in beiden Ländern der neue Krieg oft genug auf dem Felde der Kultur vorausgeahnt und vorbereitet wurde.*[54] Diese Feststellung schließt die Ausrichtung der deutschen Kunstgeschichte, soweit sie sich dem Problem des Nationalstils widmete, mit ein, auch wenn die Unterschiede in den Ansätzen, wie etwa die zwischen Pinder und Jantzen beschriebenen gravierende waren und nationalsozialistische von deutschnationalen Tendenzen unbedingt auseinandergehalten werden müssen. Die Bestimmung des Wesens der Deutschen in der Kunst, was Jantzen mit dem Hölderlinzitat *Wann erscheinst du ganz, Seele des Vaterlandes?* als Motto über sein Büchlein *Geist und Schicksal deutscher Nation* setzte,[55] war ein gemeinsamer Angelpunkt der Suche. Auch die häufige Widmung der Bücher an die im Krieg gefallenen oder in Gefangenschaft geratenen Söhne offenbart die Krisis, unter der diese Kunsthistoriker standen.[56]

Die hier wieder vorliegende *Ottonische Kunst* von Hans Jantzen hätte 1947 also einen achtzig Jahre bestehenden *Diskurs* kunsthistorischen Nachdenkens über das nationale Wesen deutscher Kunst gleichsam abgeschlossen und sich als Anfangsglied an die Kette bereits vorhandener deutsch-nationaler Stile gereiht. Doch kam es zu diesem Zeitpunkt zu einer paradoxen Konstellation: Das Buch traf mit dem Bild einer vitalen, politisch und künstlerisch sich machtvoll in Mitteleuropa entfaltenden deutschen Nation des 10. Jahrhunderts auf eine in den Trümmern des Dritten Reiches hausende Leserschaft; eine in Besatzungszonen aufgeteilte, demoralisierte Nation, die ihr Wirken im gegenwärtigen Jahrhundert gerade als verhängnisvoll erfahren hatte. So war seine Wirkung 1947 eher die eines Umkehrspiegels, der der trüben, sinnentleerten Gegenwart ein im Ästhetischen gegründetes, ruhmvoll anzuschauendes *Es war einmal* entgegenhalten konnte. Heute, wo es in einer Zeit des nationalen Einigungsprozesses der Deutschen wiederveröffentlicht wird, bleibt über den wissenschaftsgeschichtlichen Stellenwert hinaus die Frage offen, was das Buch der Forschung noch bedeuten kann.

Eine Wiederaufnahme nationaler Deutung der frühmittelalterlichen Kunstwerke ist (hoffentlich) nicht zu erwarten. Dagegen hat der Diskurs über das Nationale das Auge für gleichbleibende und wiederkehrende Motive und Typen im Formenwandel geschärft, lange bevor Günter Bandmann in seinem bahnbrechenden Buch über die *mittelalterliche Architektur als Bedeutungsträger* klagte, die Kunstgeschichte hätte sich zu ausschließlich für die metamorphotischen Vorgänge in der Kunst interessiert.[57] Die formanalytische Herausarbeitung von *Eigenem* und *Fremdem* an den Kunstwerken unter dem Gesichtspunkt der Bestimmung des Nationalen als einer schöpferischen Synthese hat durchaus zur Verfeinerung der Formbetrachtung geführt, die, ihres ideologischen Kerns entkleidet, der Realgeschichte der Objekte wieder Einlaß in ein Verstehen ihrer Gestalt gewähren kann. So wird ein Kirchenbau wie St. Michael in Hildesheim in Kenntnis seiner ursprünglichen Funktion als Grabeskirche eines hochgestellten bischöflichen Auftraggebers bei einer genauen Unterscheidung der traditionellen und innovativen Momente sich als eine außergewöhnliche Synthese aus altchristlicher (Rom, Jerusalem) und zeitgemäßer Kirchenbaukunst (Memleben, Mainz und Tours) erweisen, die den Anspruch des Bauherrn begreifbar macht und der diffusen Interpretation als gleichsam ersten *deutschen* Kultraums entzieht.[58] Gerade auf dem Gebiet der Kirchenarchitektur könnte der umstrittene Begriff *Ottonik* unter Beachtung der Auftraggeberlage einen zeitlich begrenzten und auf bestimmte Bauwerke bezogenen Sinn erhalten, nur nicht, wenn er weiterhin abgehoben auf nationale oder gar abendländische Kategorien reflektiert wird.[59] Ebenso enthalten Jantzens Analysen der Buchmalerei, die ja den Kern der *Ottonischen Kunst* ausmacht, jenseits ihrer verklärenden Deutung wichtige Beobachtungen in begrifflich zugespitzter Form, die einer tiefergehenden geschichtlichen Betrachtung unentbehrlich sind. So hat erst kurzlich Wolfgang Christian Schneider in seinen Überlegungen zur Handlungsweise der Menschen im 10. und 11. Jahrhundert gezeigt, wie man unter Berücksichtigung der schriftlichen Quellen die in den Ewigkeitsbezug gleichsam *eingefrorene* Gebärdefigur Jantzens herauslösen und in ihr differenzierte Darstellungen historisch konkreter Interaktionsweisen begreifen kann.[60]

Jantzens Buch bleibt somit über seinen hier umrissenen disziplingeschichtlichen Stellenwert hinaus auch weiterhin eine Quelle gegenwärtiger Forschung und ein lesbares Buch obendrein.

Wolfgang Schenkluhn

Anmerkungen

1 erschienen als Nr. 89 in Rowohlts Deutscher Enzyklopädie, Reinbek bei Hamburg 1959.
2 im Münchner Verlag (bisher F. Bruckmann), München 1947.
3 Hans Jantzen, Ottonische Kunst, in: Festschrift Wölfflin, Dresden 1935, S. 96–110.
4 Ernst Gall, Karolingische und ottonische Kirchen, Burg bei Magdeburg 1930, S. 56; Paul Frankl, S. 77; zu Pinders Auffassung siehe weiter unten im Text.
5 Vor allem durch Vöge 1891, Swarzenski und Haseloff 1901 (die Titel in Jantzens Literaturhinweisen). Ein frühes, singuläres Beispiel der Auseinandersetzung mit Buchmalerei stellt Franz Kuglers Dissertation von 1835 über Bildhandschriften des Mittelalters dar (abgedruckt in: Franz Kugler, Kleine Schriften und Studien zur Kunstgeschichte, Bd. 1, Stuttgart 1853, S. 1–95).
6 F. Kraus (Hrsg.), Die Wandgemälde der St. Georgskirche zu Oberzell auf der Reichenau, aufgenommen von Fr. Beer, Freiburg 1884. Die Aufdeckung geschah vier Jahre zuvor.
7 Die formale Eigenart wird besonders von Heinrich Wölfflin in seinem Buch Die Bamberger Apokalypse. Eine Reichenauer Bilderhandschrift vom Jahre »1000«, München 1918, gewürdigt, aber auch schon von Szwarzenski (wie Anm. 5) erkannt.
8 Margret Burg, Ottonische Plastik, Bonn und Leipzig 1922, bes. S. 7f; Richard Hamann, Grundlegung zu einer Geschichte der mittelalterlichen Plastik in Deutschland, in: Marburger Jahrbuch für Kunstwissenschaft I (1924) und ders., Studien zur ottonischen Plastik, in: Städel-Jahrbuch VI (1930), S. 5–19.
9 Goldschmidt 1914ff (Titel in Jantzens Literaturhinweisen).
10 Der Große Brockhaus, Bd. 14, Leipzig 1933, S. 16.
11 Jantzen, wie Anm. 3, S. 96.
12 Jantzen, wie Anm. 3, S. 96.
13 Georg Dehio, Geschichte der deutschen Kunst, Bd. 1, Berlin und Leipzig 1919.
14 Dehio, wie Anm. 13, S. V.
15 alle Zitate von Dehio, wie Anm. 13, S. 57.
16 Jantzen, wie Anm. 3, S. 97.
17 Dehio, wie Anm. 13, S. 65.
18 Wilhelm Pinder, Die Kunst der deutschen Kaiserzeit, Leipzig 1935 (zit. nach der 5. Auflage, Frankfurt 1952, S. 106ff).
19 Pinder, wie Anm. 18, S. 106.
20 Pinder, wie Anm.18, S. 139ff und ders., Vom Wesen salischer Kunst (= Sitzungsberichte der Kunstgeschichtlichen Gesellschaft), Berlin 1936.
21 A. E. Brinckmann, Geist der Nationen. Italiener – Franzosen – Deutsche, Hamburg 1938.
22 Brinckmann, wie Anm. 21, S. 226f.
23 Jörn Rüsen, Historismus und Ästhetik – Geschichtstheoretische Voraussetzungen der Kunstgeschichte, in: Kritische Berichte 3 (1975), Heft 2/3, S. 7.
24 Heinz Schlaffer, Jacob Burckhardt oder das Asyl der Kulturgeschichte, in: Studien zum ästhetischen Historismus, Frankfurt 1975, S. 104f.
25 Der 13. Internationale Kunsthistorikerkongreß in Stockholm 1933 beschäftigte sich mit der Entstehung nationaler Stile in der Kunst, ebenso wie sein Nachfolgekongreß 1936 in Bern am Beispiel der Schweiz. Vgl. die entsprechenden Actes du Congrès und Résumés des communications présentées en section, Stockholm 1933 und Bern 1936.
26 Vgl. etwa die Kritik Paul Frankls (Zu Fragen des Stils, Weinheim 1988, S. 128ff) am Nationalstil mit Dagobert Frey, Die Entwicklung nationaler Stile in der mittelalterlichen Kunst des Abendlandes, in: Deutsche Vierteljahresschrift für Literaturwissenschaft und Geistesgeschichte 16 (1938), S. 1–74; Sonderdruck, Darmstadt 1970.
27 Einen Ausschnitt behandelt Lars Olaf Larsson, Nationalstil und Nationalismus in der Kunstgeschichte der zwanziger und dreißiger Jahre, in: Lorenz Dittmann (Hrsg.), Kategorien und Methoden der deutschen Kunstgeschichte 1900–1930, Stuttgart 1985, S. 169–184.
28 Hans Jantzen, Deutsche Kunstgeschichtswissenschaft 1933 bis 1942, in: Forschungen und Fortschritte 18 (1942), Nr. 35/36, S. 341.
29 Emile Mâle, Studien über die deutsche Kunst, Herausgegeben mit Entgegnungen von Paul Clemen, Kurt Gerstenberg, Adolf Götze, Cornelius Gurlitt, Arthur Haseloff, Rudolf Kautzsch, H. A. Schmid, Josef Strzygowski, Geza Supka, Oskar Wulff von Otto Grautoff, Leipzig 1917.
30 wie Anm. 29, S. 69.
31 wie Anm. 29, S. 66.
32 Siehe Anm. 8
33 J. W. Goethe, Von deutscher Baukunst (1773), in: dtv-Gesamtausgabe Bd. 33, München 1962, S. 5–13. Schinkels Entwürfe für einen Dom als Denkmal für die Befreiungskriege 1814/15, in: Ausst.-Kat., Karl Friedrich Schinkel, Berlin 1982, S. 83ff.

34 Vgl. Franz Mertens, Paris baugeschichtlich im Mittelalter, in: Försters Allgemeine Bauzeitung VIII (1843), S. 159 ff und 253 ff; ders., Die französische (gothische) Baurevolution, in: ebd. XII (1847), S. 62.

35 Vgl. Kurt Milde, Neorenaissance in der deutschen Architektur des 19. Jahrhunderts, Dresden 1981, S. 241 und die Studie von Harold Hammer-Schenk, Die Stadterweiterung Straßburgs nach 1870. Politische Vorgaben historistischer Stadtplanung, in: Geschichte allein ist zeitgemäß. Historismus in Deutschland, Gießen 1978, S. 121–141.

36 Heinrich Wölfflin, Die Architektur der deutschen Renaissance (Münchner Vortrag 1914), in: ders., Gedanken zur Kunstgeschichte. Gedrucktes und Ungedrucktes, Basel 1940, S. 110.

37 Wilhelm Lübke, Geschichte der Renaissance in Deutschland (= Burckhardt/Lübke, Geschichte der Neueren Buchkunst, Bd. 2), Stuttgart 1873, S. XI.

38 Milde, wie Anm. 35, S. 299 f.

39 St. Antonius in Rheine, 1899–1904 von J. F. Klomp errichtet. Siehe: Michael Bringmann, Studien zur neuromanischen Architektur in Deutschland, Hannover 1968, S. 291 ff, Abb. 53–56.

40 Milde, wie Anm. 35, S. 321.

41 Wölfflin, wie Anm. 36, S. 111.

42 Alois Riegl, Stilfragen. Grundlegung zu einer Geschichte der Ornamentik, Berlin 1893 (Nachdruck, Mittenwald 1977).

43 Heinrich Wölfflin, Kunstgeschichtliche Grundbegriffe. Das Problem der Stilentwicklung in der Neueren Kunst, München 1915, S. VII.

44 Vgl. den jüngst erschienenen Sammelband, Ansätze und Diskontinuität deutscher Nationsbildung im Mittelalter, hrsg. von Joachim Ehlers, Sigmaringen 1989. Dazu auch: Benedict Anderson, Die Erfindung der Nation. Zur Karriere eines folgenreichen Konzepts, Frankfurt/New York 1988.

45 Brinckmann, wie Anm. 21, S. 45 f.

46 Brinckmann, wie Anm. 21, S. 152.

47 Auf diesen Zusammenhang hat schon Larsson (wie Anm. 27, S. 174) hingewiesen.

48 Wölfflin, wie Anm. 43, S. 1 ff: Die doppelte Wurzel des Stils, insbes. S. 11 ff.

49 Wölfflin, wie Anm. 36, dort auch der Aufsatz von 1922 wiederabgedruckt auf S. 119–126. Die Buchfassung erschien München 1932.

50 Wölfflin, wie Anm. 36, S. 112.

51 Wölfflin, wie Anm. 36, S. 111.

52 Kurt Gerstenberg, Deutsche Sondergotik. Eine Untersuchung über das Wesen der deutschen Baukunst im späten Mittelalter, München 1913 (2., durchgesehene und ergänzte Auflage, Darmstadt 1969).

53 Wölfflin, wie Anm. 36, S. 109.

54 Wolf Lepenies, Erinnerungen an einen Glücksfall. Das neue Selbstbewußtsein der Deutschen könnte die bewährte Aufgabenteilung im Prozeß der Einigung Europas gefährden, in: Frankfurter Allgemeine Zeitung, Nr. 47 vom 24. 2. 1990, S. 27.

55 Hans Jantzen, Geist und Schicksal deutscher Nation, Köln (1935). Wiederveröffentlicht unter dem Titel Deutsche Kunst. Vom Karolingischen bis zum Barock, Köln [1948].

56 Sowohl bei Dehio (wie Anm. 13) und bei Jantzen 1947 auf den Vorsatzblättern zu finden.

57 Günter Bandmann, Mittelalterliche Architektur als Bedeutungsträger, 1. Auflage Berlin 1950, S. 7 f. Gerade er partizipiert mit neuen Deutungen an den Ergebnissen der vorausgegangenen nationalorientierten Kunstgeschichte.

58 Hans-Joachim Kunst, Aspekte zu einer Geschichte der mittelalterlichen Kirchenarchitektur in den niedersächsischen Städten, in: Ausst.-Kat., Stadt im Wandel. Kunst und Kultur des Bürgertums in Norddeutschland 1150–1650, Bd. 4, Braunschweig 1985, S. 339 f.

59 Louis Grodecki, L'Architecture ottonienne, Paris 1958.

60 Wolfgang Christian Schneider, Ruhm, Heilsgeschehen, Dialektik. Drei kognitive Ordnungen in Geschichtsschreibung und Buchmalerei der Ottonenzeit, Hildesheim/Zürich/New York 1988, besonders S. 242 ff.

Über den Verfasser

Hans Jantzen (1881–1967) promovierte als Schüler Adolph Goldschmidts 1908 in Halle mit der immer noch unübertroffenen Arbeit über «Das niederländische Architekturbild» und habilitierte sich dort 1912. 1916 erhielt er – als Leutnant im Felde stehend – den Ruf auf den kunsthistorischen Lehrstuhl der Universität Freiburg i. Br.. 1931 wurde er an die Universität Frankfurt am Main und 1935 nach München berufen, wo er bis zu seiner Emeritierung 1951 lehrte. Nach Freiburg zurückgekehrt, ernannte ihn die Universität zum Honorar-Professor. Bis ins hohe Alter war Jantzen wissenschaftlich tätig.

Die Bedeutung Hans Jantzens liegt nicht allein in der Ausbildung mehrerer Generationen hervorragender Kunsthistoriker, sondern vor allem in seinen Publikationen, die eine große sprachliche Klarheit auszeichnet.

Wichtige Veröffentlichungen:

«Das niederländische Architekturbild», 1910
«Deutsche Bildhauer des 13. Jahrhunderts», 1925
«Deutsche Plastik des 13. Jahrhunderts», 1941
«Ottonische Kunst», 1947
«Über den gotischen Kirchenraum und andere Aufsätze», 1951
«Die Hagia Sophia des Kaisers Justinian in Konstantinopel», 1967

LITERATURHINWEISE

Ars Sacra. Kunst des frühen Mittelalters (Katalog von A. Boeckler). 1950

Bassermann-Jordan, E., u. W. Schmidt, Der Bamberger Domschatz. 1914

Beenken, H., Romanische Skulptur in Deutschland. 1924

Beissel, St., Die Bilder der Handschrift des Kaisers Otto im Münster zu Aachen. 1886

Bellmann, Fr., Zur Bau- und Kunstgeschichte der Stiftskirche von Nivelles. 1941

Beseler, H., u. H. Roggenkamp, Die Michaeliskirche in Hildesheim. 1954

Boeckler, A., Abendländische Miniaturen bis zum Ausgang der romanischen Zeit. 1930

—, Das Goldene Evangelienbuch Heinrichs III. 1933

—, Der Codex Wittekindeus. 1938

—, Die Reichenauer Buchmalerei. In: Die Kultur der Abtei Reichenau 1925. S. 956 ff

—, Deutsche Buchmalerei vorgotischer Zeit. o. J. (1952)

Braun, J., Meisterwerke der deutschen Goldschmiedekunst der vorgotischen Zeit. 1922

—, Der christliche Altar II.

—, Die Reliquiare. 1940

Buddensieg, T., Die Basler Altartafel Heinrich II. Wallraf-Richartz-Jahrbuch, 1957, S. 133 ff

Burg, M., Ottonische Plastik. 1922

Creutz, M., Kunstgeschichte der edlen Metalle. 1909

Deér, J., Das Kaiserbild im Kreuz. Schweizer Beiträge zur Allgemeinen Geschichte, 1955 S. 48 ff

v. Falke, O., u. H. Frauberger, Deutsche Schmelzarbeiten des Mittelalters. 1914

v. Falke, O., R. Schmidt, G. Swarzenski, Der Welfenschatz. 1930

Fillitz, H., Die Insignien und Kleinodien des Heiligen Römischen Reiches. o. J. (1954)

Goldschmidt, A., Die Elfenbeinskulpturen aus der Zeit der karolingischen und sächsischen Kaiser. 1914 ff

—, Die deutschen Bronzetüren des frühen Mittelalters. 1926

—, Die deutsche Buchmalerei. Bd. II. o. J. (1928)

Grabar und Nordenfalk, Das frühe Mittelalter. Franz.: Le Haut Moyen Age du IV. au XI. siècle. 1957

Grodecki, L., L'architecture ottonienne. 1958

Hamann, R., Die Holztür von St. Maria im Kapitol. 1926

—, Studien zur ottonischen Plastik. Städel-Jahrbuch, 1930

Haseloff, A., in: Sauerland und Haseloff, Der Psalter Erzbischof Egberts von Trier Codex Gertrudianis in Cividale. 1901

Holtzmann, R., Geschichte der sächsischen Kaiserzeit. 1941

Humann, G., Die Kunstwerke der Münsterkirche zu Essen. 1904

Jantzen, H., Ottonische Kunst. In: Festschrift Heinrich Wölfflin 1935

—, Ottonische Kunst. o. J. (1947)

Karolingische und Ottonische Kunst (Forschungen zur Kunstgeschichte und christlichen Archäologie, Bd. III). 1957

Keller, H., Zur Entstehung der sakralen Vollskulptur in der ottonischen Zeit. In: Festschrift für Hans Jantzen. 1951

Kraus, F. X., Die Miniaturen des Codex Egberti in der Stadtbibliothek zu Trier. 1884

Kubach, H., Die vorromanische u. romanische Baukunst in Mitteleuropa. Literaturbericht 1950—1954. Ztschr. f. Kunstgesch. 1955

KUBACH, H., u. A. VERBEEK, Die vorromanische und romanische Baukunst in Mitteleuropa. Ztschr. f. Kunstgesch. 1951, S. 124 ff. (Lit. B.)
LANG, E., Ottonische und frühromanische Kirchen in Köln. 1932
LEHMANN, EDGAR, Der frühe deutsche Kirchenbau. 1938, 2. Aufl. 1949
LEHMANN-BROCKHAUS, OTTO, Schriftquellen zur Kunstgeschichte des 11. u. 12. Jahrh. für Deutschland, Lothringen und Italien. 2 Bde., 1938
LEHNERT, G., Illustrierte Geschichte des Kunstgewerbes. 1912
LEIDINGER, GEORG, Miniaturen aus Handschriften der Kgl. Hof- und Staatsbibliothek München. Heft I u. V, o. J.
LEMAIRE, R., De Romaanse Bouwkunst in de Nederlanden. 1952
MEDDING-ALP, E., Rheinische Goldschmiedekunst in ottonischer Zeit. o. J. (1952)
MESSERER, W., Der Bamberger Domschatz. o. J. (1952)
—, Das Relief im Mittelalter. 1959
METZ, P., Das Kunstgewerbe von der Karolingerzeit bis zum Beginn der Gotik. In: Geschichte des Kunstgewerbes, hg. von Bossert. Bd. V, 1933
MEYER, ERICH, Der Kaiserstuhl in Goslar. In: Ztschr. d. Deutschen Vereins f. Kunstw. Bd. 10, 1943
MOLINIER, E., L'orfèvrerie religieuse et civile. 1902. (MOLINIER, Histoire générale des arts appliqués à l'industrie du 5. à la fin du 18. siècle. IV)
NORDENFALK, C., Die spätantiken Kanontafeln. 1938. (s. a. GRABAR ...)
OTTO, W., Reichenauer Goldtreibarbeiten. In: Ztschr. f. Kunstgeschichte. 1950, S. 57 ff
PANOFSKY, E., Deutsche Plastik vom 11. bis 13. Jahrhundert. o. J. (ca. 1926)
PUIG Y CADAFALCH, J., La Géographie et les origines du Premier art Roman. 1935
RADEMACHER, F., Der Trierer Egbertschrein. Trierer Ztschr. 1936, S. 144 ff
ROSENBERG, MARC, Geschichte der Goldschmiedekunst auf technischer Grundlage. 1909—1922
SCHNITZLER, H., Rheinische Schatzkammer. (Tafelband) o. J.
—, Fulda oder Reichenau. Wallraf-Richartz-Jahrbuch XIX, 1957, S. 39 ff
SCHÖNE, W., Über das Licht in der Malerei. 1954. (Demnächst in rde)
SCHRADE, H., Frühromanische Malerei. 1958
SCHRAMM, P. E., Das Herrscherbild in der Kunst des frühen Mittelalters. Vorträge der Bibliothek Warburg. I. Teil, 1924
—, Die deutschen Kaiser und Könige in Bildern ihrer Zeit. 1928
SWARZENSKI, GEORG, Die Regensburger Buchmalerei des 10. und 11. Jahrhunderts. 1901
SWARZENSKI, HANS, Monuments of Romanesque Art. The Art of Church Treasures in North-Western Europe. Chicago o. J. (1953)
STEINGRÄBER, E., Email. Reallex. z. dtsch. Kunstgesch.
TIKKANEN, J., Studien über die Farbgebung in der mittelalterlichen Buchmalerei. 1933
UEBERWASSER, W., Deutsche Architekturdarstellung um das Jahr 1000. In: Festschrift für Hans Jantzen, 1951, S. 45 ff
VÖGE, W., Eine deutsche Malerschule um die Wende des ersten Jahrtausends. Westdeutsche Zeitschr. Ergänzungsheft VII, 1891
WACKERNAGEL, W., Die goldene Altartafel von Basel. 1857
WEIXLGÄRTNER, A., Die Weltliche Schatzkammer in Wien. In: Jahrb. d. kunsthistorischen Slg. in Wien N. F. Bd. I, 1926, S. 15—84
WESENBERG, R., Bernwardinische Plastik. Zur Ottonischen Kunst unter Bischof Bernward von Hildesheim. 1955
WILHELM-KÄSTNER, K., Das Münster in Essen. 1929
WÖLFFLIN, H., Die Bamberger Apokalypse. 2. Aufl. 1921
ZIMMERMANN, W., Das Münster zu Essen. 1956

PERSONEN- UND SACHREGISTER

Personenregister

Sachregister

Quellennachweis der Abbildungen

(Die Ziffern bezeichnen die Nummern der Abbildungen)

A. Textfiguren:

Fig. 4, 5, 6: Beseler-Roggenkamp, Die Michaeliskirche in Hildesheim, 1954
Alle anderen Textabbildungen aus Jantzen, Ottonische Kunst, München 1947

B. Kunstdrucktafeln:

1, 3, 5, 6, 7, 9, 10, 11, 12, 13, 14, 15, 16, 17, 18, 19, 21, 22, 23, 24, 25, 26, 27, 29, 30, 31, 32, 33, 34, 35, 36, 38, 39, 41, 43, 45, 46, 49, 50, 51, 52: Bildarchiv Foto Marburg
2, 4, 8, 20, 28, 37, 40, 42, 44, 47, 48: nach Jantzen, Ottonische Kunst, München 1947

1. Gernrode, Stiftskirche von Nordosten

2. Hildesheim, St. Michael

. Hildesheim, St. Michael, Seitenschiff

4. Köln, St. Pantaleon

5. Essen, Damenstiftskirche, Westbau

6. Essen, Damenstiftskirche, Westchor

7. Köln, St. Maria im Kapitol

8. Reichenau-Oberzell, Wandmalerei mit Auferweckung des Lazarus

9. Das kananäische Weib. Codex Egberti

10. Verkündigung. Aachener Evangeliar Kaiser Ottos

11. Fußwaschung Petri. Evangeliar Ottos III.

12. Auferweckung des Jünglings von Nain. Evangeliar Ottos III.

13. Verkündigung. Hitda Codex

14. Hochzeit zu Kana. Hitda Codex

15. Evangelist Johannes.
Codex Egberti

16. Majestas Domini. Hitda Codex

17. Verkündigung an die Hirten.
Perikopenbuch Heinrichs II.

18. Der Drache verfolgt das Weib.
Bamberger Apokalypse

19. Gefangennahme, Kreuztragung und Kreuzigung. Evangeliar Heinrichs III.

20. Evangelist Johannes. Evangelienbuch Heinrichs III. Escorial

21. Evangelist Lukas. Evangeliar Ottos III.

22. Anfang des Lukas-Evangeliums. Evangeliar Ottos III.

23. Die Frauen am Grabe.
Perikopenbuch Heinrichs II.

24. Die Frauen am Grabe.
Perikopenbuch Heinrichs II.

25. Huldigende Länder. Evangeliar Ottos III.

26. Otto III. Evangeliar Ottos III.

27. Krönungsbild Heinrichs II.
Sakramentar Heinrichs II.

28. Heinrich II. und Kunigunde,
von Christus gekrönt, um 1012.
Perikopenbuch Heinrichs II.

29. Initiale aus dem Egbertpsalter

30. Initiale aus dem Perikopenbuch Heinrichs II.

31. Initiale mit dem Propheten Jesaias. Bamberg

32. Kanonestafel. Reichenauer Schule um 1000

33. Hildesheim,
Bernwardstür

34. Hildesheim, Bernwardstür.
Austreibung aus dem Paradiese

35. Hildesheim, Bernwardsleuchter

36. Augsburg, Domtür

37. Köln, Holztür aus St. Maria im Kapitol

38. Goldene Altartafel Heinrichs II. aus dem Münster zu Basel. Paris, Cluny Museum

39. Gottesmutter im Münsterschatz zu Essen

40. Kopf des Werdener Kruzifixus

41. Buchdeckel. Metzer Schule des 10. Jahrhunderts. Paris, Bibl. Nat.

42. Deckel des Echternacher Evangeliars. Nürnberg, German. Museum

43. Buchdeckel im Aachener Münsterschatz

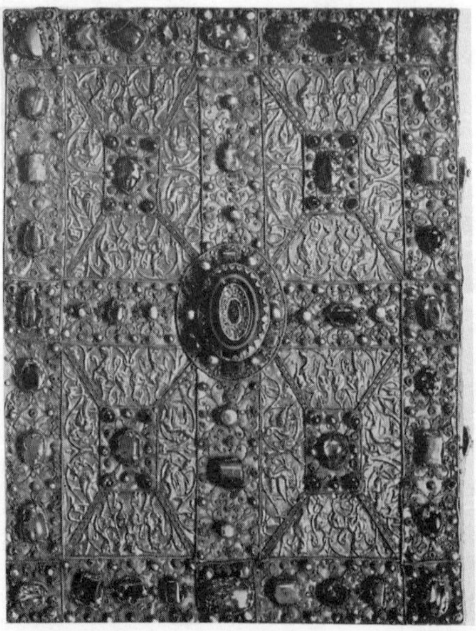

44. Goldener Buchdeckel. München, Staatsbibl. Cim. 59

45. Andreas-Reliquiar. Trier, Domschatz

46. Tragaltar Kaiser Heinrichs II. München, Residenzmuseum

47. Hl. Gregor. Einbandrückseite. München, Staatsbibliothek

48. Mathildenkreuz. Essen, Münsterschatz

49. Lotharkreuz. Aachen, Münsterschatz.

0. Reichskreuz. Wien, Schatzkammer

51. Deutsche Kaiserkrone. Wien, Schatzkammer

2. Edelsteinfassungen des Reichskreuzes